PPP项目全流程操作手册

主　编　杨卫东　敖永杰　韩光耀
主　审　翁晓红
组织编写　上海同济工程咨询有限公司

中国建筑工业出版社

图书在版编目（CIP）数据

PPP项目全流程操作手册/杨卫东，敖永杰，韩光耀主编.—北京：中国建筑工业出版社，2016.9
ISBN 978-7-112-19672-2

Ⅰ.①P… Ⅱ.①杨…②敖…③韩… Ⅲ.①政府投资-合作-社会资本-手册 Ⅳ.①F830.59-62 ②F014.39-62

中国版本图书馆CIP数据核字（2016）第194955号

责任编辑：赵晓菲　周方圆
责任校对：李美娜　刘　钰

PPP项目全流程操作手册

主编　杨卫东　敖永杰　韩光耀
主审　翁晓红
组织编写　上海同济工程咨询有限公司

*

中国建筑工业出版社出版、发行（北京西郊百万庄）
各地新华书店、建筑书店经销
北京锋尚制版有限公司制版
北京建筑工业印刷厂印刷

*

开本：787×1092毫米　1/16　印张：21¼　字数：346千字
2016年8月第一版　2018年1月第三次印刷
定价：55.00元
ISBN 978-7-112-19672-2
（29151）

版权所有　翻印必究
如有印装质量问题，可寄本社退换
（邮政编码 100037）

序 PREFACE

长期以来，我国地方政府过度依赖传统投融资方式，政府债务规模不断增加。截至2014年底，地方政府性债务总规模高达24万亿元，土地政策难以为继；与此同时，我国城镇化推进步伐加快，预计城镇化率2020年将达到60%左右，存在大量的资金需求。在此背景下，政府亟需创新投融资模式，解决资金缺口问题。2013年，党的十八届三中全会通过的《中共中央关于全面深化改革若干重大问题的决定》明确提出，允许社会资本通过特许经营等方式参与基础设施投资与运营。这是PPP模式首次出现在中央层面的文件表述中。

2014年，《关于加强地方政府性债券管理的意见》（国发〔2014〕43号文）出台，修明渠、堵暗道，限制融资平台贷款和非标高息融资，允许发行地方债券，推广使用政府与社会资本合作模式。2014年9月，《财政部关于推广运用政府和社会资本合作模式有关问题的通知》（财金〔2014〕76号）的公布，正式拉开了我国PPP的全新大幕。截至2016年5月31日，政府和社会资本合作中心公布的全国PPP综合信息平台项目库中共有入库项目8644个，项目金额104155.83亿元，涉及行业超过19个。全国PPP项目具有项目数量多、投资金额大、涵盖行业广、项目内容复杂等特点，需要具有综合实力的咨询公司提供服务。

上海同济工程咨询有限公司是依托学校和学科支撑在全国最早开展工程项目管理和工程咨询服务的试点单位之一，已具备国家发展和改革委员会、住房和城乡建设部、财政部、交通部、国家质量技术监督局等多部委、多行业在工程咨询、工程造价咨询、招标代理、政府采购代理、节能评估与评审、工程监理、设备监理等领域的多项甲级资质，已完成大中型项目万余项，积累了丰富的工程咨询经验。在全国大范围推广PPP模式的背景下,同济咨询以深厚的工程积淀为基础,充分利用公司和同济大学、同济设计院和同济规划院在技术、财务、金融、法务、经济等专业丰富的专家资源,为委托单位提供尽职调查、实施方案设计、物有所值评价、财政承受能力评估、项目采购等全方位全过程咨询服务。

PPP模式正处于实践操作的快速发展阶段,地方政府、社会资本、咨询机构、金融机构等都纷纷积极参与到PPP项目中,但我们在对外提供PPP咨询服务的过程中,也感到各方对PPP模式的认识不一,尤其对PPP模式的操作经验较为缺乏。因此,我们以公司参与的PPP咨询项目为基础,梳理PPP模式实践操作流程及要点,期待能够为我国PPP模式实践操作提供建议,并借此与业内企业和专业人士进行交流和学习,共同推动我国PPP模式的顺利实施。

上海同济工程咨询有限公司董事长

2016年6月8日

前言

政府和社会资本合作（Public-Private-Partnerships，PPP）兴起于20世纪的英国，是指政府为增强公共产品和服务的供给能力、提高供给效率，通过特许经营、购买服务、股权合作等方式，与社会资本建立的利益共享、风险分担的长期合作关系。在新的时代背景下，PPP模式在我国的发展将是大势所趋，是我国解决地方政府债务、吸纳民间资本、推进体制改革的重要举措。

十八届三中全会以来，随着PPP工作的不断推进，国务院、国家发展和改革委员会、财政部先后出台了一批PPP模式相关重要政策法规，以《政府和社会资本合作项目通用合同指南（2014年版）》（发改投资［2014］2724号印发）、《政府和社会资本合作模式操作指南（试行）》（财金［2014］113号印发）以及《基础设施和公用事业特许经营管理办法》为代表，逐步明确了PPP模式的含义、参与主体、项目范围、合同框架、操作流程等基本问题。《国务院办公厅转发财政部发展改革委人民银行关于在公共服务领域推广政府和社会资本合作模式指导意见的通知》（国办发［2015］42号）的出台，更是标志着国家将PPP模式提高到"推进国家治理体系和治理能力现代化"的高度。

本书以PPP项目操作流程为主线，注重理论方法与案例分析的结合，即对项目识别、项目准备、项目采购、项目执行和项目移交等各阶段的相关规定加以提示，并结合案例对各环节涉及的关键问题加以分析解答，具有较强的系统性和可操作性。本书共分为7章，由上海同济工程咨询有限公司组织编写，其中第1章由杨卫东、赵玲娴、敖永杰、齐德伦编写，第2章由韩光耀、沈翔、孙小静、张皓、胡文斌编写，第3章由翁晓红、周茂刚、王玉萍、李燕、高启嫒编写，第4章由熊志杰、方奇、刘志鹏、杨楠、房钰君编写，第5章由牟林森、敖永杰、齐德伦、张少柠编写，第6章由熊跃华、徐春芳、沙子振、刘学钦编写，第7章由沈翔、陈静、张虹、张皓编写。全书由杨卫东、敖永杰、韩光耀负责统稿和修改工作，由翁晓红负责审稿。

  在编写过程中得到了同济大学部分专家的大力支持和帮助。编写过程中参阅了大量文献，引用了部分著作及文献资料，在此对相关文献的作者和单位深表谢意。最后还要感谢中国建筑工业出版社领导和编辑等工作人员为本书出版所付出的辛勤劳动。

  由于时间仓促，加之编撰人员水平有限，本书难免有错漏之处，希望读者给予批评、指正。

上海同济工程咨询有限公司
2016 年 5 月 28 日

目录

1 PPP模式概述 1
- 1.1 PPP模式的来源 2
- 1.2 PPP模式的定义和特点 3
- 1.3 PPP模式的分类和运行绩效 5
- 1.4 PPP模式的发展 12
- 1.5 我国PPP模式政策解读 21

2 项目识别 30
- 2.1 项目发起 31
- 2.2 项目筛选 35
- 2.3 物有所值评价 41
- 2.4 财政承受能力论证 55
- 2.5 财务模型建立与测算 64
- 2.6 "物有所值评价"案例分析 79
- 2.7 "财政承受能力论证"案例分析 88
- 2.8 财务模型建立与分析案例 94

3 项目准备 99
- 3.1 项目融资手段 100
- 3.2 项目风险分配 105
- 3.3 项目运作方式 123
- 3.4 项目交易结构 130
- 3.5 项目合同体系 144
- 3.6 项目监管架构 153
- 3.7 "风险分配"案例分析 156

3.8 "运作方式"案例分析 ·················· 157
3.9 "回报机制"案例分析 ·················· 160
3.10 "合同体系"案例分析 ················· 164

4 项目采购 ························ 166

4.1 PPP模式采购与传统政府采购的区别 ······· 167
4.2 PPP模式的采购方式与流程 ············· 176
4.3 采购要点分析 ······················ 180
4.4 PPP项目社会资本采购常用方法 ·········· 182
4.5 PPP项目社会资本采购常用程序 ·········· 185
4.6 政府监督检查 ······················ 213
4.7 案例分析 ························· 219
4.8 对PPP采购模式方式的未来展望 ·········· 228

5 项目执行 ························ 230

5.1 项目公司设立 ······················ 231
5.2 项目融资管理 ······················ 233
5.3 项目合同履行与修订 ················· 235
5.4 违约处理机制 ······················ 238
5.5 绩效监测评估与监管 ················· 243
5.6 案例分析 ························· 248

6 项目移交 ························ 258

6.1 移交准备 ························· 259
6.2 资产评估 ························· 270
6.3 性能测试 ························· 276
6.4 资产交割 ························· 278

6.5 绩效评价 ·································· 280
6.6 "绩效评价"案例分析 ······················ 291

7 我国PPP应用现存问题及展望 ················ 303
7.1 现存问题 ·································· 304
7.2 展望 ······································ 321

参考文献 ······································ 326

1 PPP模式概述

1.1 PPP模式的来源

PPP模式来源于最早的PFI（Private Finance Initiative，私人融资启动）项目。20世纪中期大部分的PFI项目都集中于国防行业。第一个将公共服务特许给私人公司的项目出现在1959年的法国，该项目是由私人公司向法国军队提供服务，政府将合约签署给私人公司来完成国防产品的制造或采购。

1992年，英国政府正式提出PPP模式的概念。据当时英国审计署报告，由中央政府融资建设的项目接近70%都出现了项目延期问题，迫切需要在融资和采购上进行创新，公私合作模式由此应运而生。1997年英国又出台了相关法律，为私人部门参与政府融资消除了政策和法律障碍，同时设立了财政部特别工作小组，该小组在PPP的标准化方面做了很多重要工作，并且出版了应用于PFI项目的指导方针，提高了这些项目的实际效率。英国政府认为"PPP模式是政府提供现代、优质的公共服务以及提升国家竞争力战略的关键因素，是政府现代化的基石"。

世界上绝大部分的国家政府都认可充足稳定的基础设施对于推动和刺激一国经济发展起着至关重要的作用。近年来，亚洲国家的经济发展异军突起，经济的快速增长使得这些国家对于水利、电力、交通、电信以及其他基础设施项目的投资需求急剧增长。面对如此巨大的基础设施投资需求，不少发展中国家感受到了日益沉重的财政压力。此外，过去由政府承担的基础设施项目建设往往存在着成本超支、工期超期、质量安全绩效不佳、环境效果差等诸多问题。由于PPP模式可以有效地吸引国内外私人资本投入到基础设施项目的设计、融资、建设和运营中，近年来被世界各国广泛认可并迅速地发展起来。各国政府普遍认为，通过PPP模式可以实现向私营机构转移部分风险，降低政府部门的管理成本，解决政府预算不足的约束，提供更高质量的公共产品和服务，以及缩短项目工期等效果。

1.2 PPP模式的定义和特点

1.2.1 PPP模式的定义

关于PPP的概念目前还没有一个公认的说法。由于各国家地区PPP模式出现的时间和对其含义的理解不同，出现了几个具有代表性和权威性的定义，国际上比较通用的几种PPP模式定义见表1-1。

从各国和国际组织对PPP的理解来看，PPP有广义和狭义之分。广义的PPP是指公共部门与私人部门为提供公共产品或服务而建立的合作关系，以

PPP模式的几种定义　　　　　　　　　　表1-1

序号	国家及机构	PPP模式定义
1	联合国发展计划署	PPP是指政府、营利性企业和非营利性组织基于某个项目而形成的相互合作关系的形式。通过这种合作形式，合作各方可以达到比预期单独行动更有利的结果
2	欧盟委员会	PPP是指公共部门和私人部门之间的一种合作关系，双方根据各自的优劣势共同承担风险和责任，以提供传统上由公共部门负责的公共项目或服务
3	加拿大PPP国家委员会	PPP是公共部门和私人部门之间的一种合作经营关系，它建立在双方各自经验的基础上，通过适当的资源分配、风险分担和利益共享机制，更好地满足事先清晰界定的公共需求
4	美国PPP国家委员会	PPP是介于外包与私有化之间并结合了两者特点的一种公共产品提供方式。它充分利用私人资源进行设计、建设、投资、经营和维护公共基础设施，并提供相关服务以满足公共需要
5	德国	PPP专指长期的基于合同管理下的公共部门与私人部门的合作，以结合各方必要的资源（如专业知识、运营基金、资金、人力资源）和根据项目各方风险管理能力合理分担项目存在的风险，从而有效地满足公共服务需要
6	英国PPP委员会	PPP模式是指公共部门和私人部门之间基于共同的期望而带来的一种风险共担政策机制。某些政府部门，特别是教育和劳工部门认为服务外包也是PPP模式的一种形式
7	香港的效率促进会	一种协定，在该协定下，政府和私人部门各自提供互补的技能来共同开发项目，并保有各自不同水平的参与程度和责任，其目的是提供更好的公共服务或公共项目

授予特许经营权为特征，主要包含设计—建造（DB）、运营和维护（O&M）、设计—建造—运营（DBO）、转让—运营—转让（TOT）、建造—运营—转让（BOT）等。在不同模式下，项目所有权经营权情况、私人机构参与程度以及风险利润分配方面会有不同。狭义的PPP仅指政府与私营部门以合资组建公司的形式展开合作，共享收益，共担风险。

被誉为"民营化大师"的萨瓦斯教授将PPP的概念归为3个层次：第1层，PPP是一种公私部门共同参与生产和提供公共产品或服务的合约安排；第2层，PPP指一些环境复杂，参与方众多，且具有民营化特征的基础设施项目；第3层，PPP强调的是企业、社会贤达和地方政府官员为提供高质量的公共产品和服务而进行的一种正式合作方式。

在我国，财政部在《关于推广运用政府和社会资本合作模式有关问题的通知》（财金［2014］76号）中指出，PPP是指在基础设施及公共服务领域建立的一种长期合作关系。通常模式是由社会资本承担设计、建设、运营、维护基础设施的大部分工作，并通过"使用者付费"及必要的"政府付费"获得合理投资回报；政府部门负责基础设施及公共服务价格和质量监管，以保证公共利益最大化。国家发展和改革委员会在《关于开展政府和社会资本合作的指导意见》（发改投资［2014］2724号）中指出，PPP模式是指政府为增强公共产品和服务供给能力、提高供给效率，通过特许经营、购买服务、股权合作等方式，与社会资本建立的利益共享、风险分担及长期合作关系。

1.2.2 PPP模式的特点

根据对PPP模式的定义，PPP模式具有以下特点：

1. PPP合同的全面性、长期性

PPP合同通常是用来表明私人部门对项目的实质介入，至少完成对基础设施的建设和运营以实现提供公共产品或服务目的。PPP合同的全面性体现在对私人部门的委托形式在项目设计、建造、融资和运营4个阶段均有所不同。将项目的各个阶段捆绑在一起并包含在一个合同文件下，可以鼓励私人部门（一般是企业联合体）从整个项目生命周期成本节约的角度综合考虑其在各个阶段的行为。

PPP合约通常是一种长期契约，私人投资者的金融参与程度越高，合约期越长，交通项目一般长达20~30年。合约到期后，政府部门将重新获得资产并且可以重新将服务转包给其他服务提供商或者继续将服务委托给原私人合作者。

2. PPP项目产出标准化

PPP合同规定了私人部门提供的公共产品或服务的细化标准，私人方自己选择生产管理方式来达到或高于这些标准。这种产出细化既发挥了激励作用又提供了创新空间，实现借助私人部门的技术和知识来提高公共服务水平的目标。这种模式，留给私人部门自己选择如何满足产出要求和进行创新的空间，使得项目设计阶段和整个合同期都更加富有柔性。

3. 优势互补、风险分担

对每种PPP合同来说，主要通过合同激励或支付机制中的惩罚措施，或通过私人方负责的活动来将风险分配给私人合作方。但政府并不是把项目融资、建设、运营的所有责任全部转移给私人投资者，而是通过责任风险分担和控制权分配的方式发挥各自的能力和作用。另外，政府和社会资本谁对哪种风险更有优势控制力，谁就应承担相应的风险。如政府要创造稳定可预期的政策环境，有效降低政策风险；私人部门要发挥技术人才方面的优势，有效降低技术风险，从而实现整体风险最小化，由此可带来"承担相应的风险的机制效应，确保项目的质量和效益"。

PPP模式既可以发挥私营机构在技术经验、管理方式等方面的优势、降低项目风险，又可以充分发挥政府的作用，让政府参与项目并对项目进行监督，实现优势互补、协同合作的效果。

1.3 PPP模式的分类和运行绩效

1.3.1 PPP模式的分类

对PPP运作模式的分类是一项基础而复杂的工作，由于世界各国的意识形态、社会文化背景、经济体制的不同，以及在推广应用PPP模式时所积累的经验不同，各种国际组织机构以及专家学者对于PPP模式的分类分歧很大。世界各国和国际组织从不同角度对PPP模式进行了分类，表1-2列举了国际上具有代表性的PPP模式分类。

国际组织对PPP模式的分类　　　　　　　　　　　表1-2

序号	组织机构	分类
1	世界银行	服务外包（SC）、管理外包（MC）、租赁（Lease）、特许经营（Concession）、剥离（Divestiture）、BOT/BOO
2	欧盟委员会	（1）传统承包：服务外包、经营和维护、租赁；（2）一体化开发和经营：BOT、DBO；（3）合伙开发：特许经营、剥离
3	联合国培训研究院	特许经营、BTO/BOO
4	加拿大PPP国家委员会	（1）运营和维护（O&M）；（2）设计-建设（DB）；（3）设计-建设-主要维护（DBM）；（4）设计-建设-运营（DBO）；（5）租赁-开发-运营（LDO）；（6）建设-租赁-运营-移交（BLOT）；（7）建设-移交-运营（BTO）；（8）建设-运营-移交（BOT）；（9）建设-拥有-移交（BOOT）；（10）建设-拥有-运营（BOO）；（11）购买-建设-运营（BBO）
5	美国政府会计处	（1）建设-发展-运营（BDO）；（2）建设-运营-移交（BOT）；（3）建设-拥有-运营（BOO）；（4）购买-建设-运营（BBO）；（5）设计-建设（DB）；（6）设计-建设-融资-运营（DBFO）；（7）设计-建设-维护（DMB）；（8）设计-建设-运营（DBO）；（9）发展商融资（DF）；（10）运营、维护及管理服务合约（Operate Maintain and Managing）；（11）免税契约（Duty-free Contract）；（12）全包式交易（Whole-Transaction）
6	澳大利亚基础设施发展委员会	（1）设计-建设（D&C）；（2）运营和维护（O&M）；（3）设计-建设-运营（DBO）；（4）建设-拥有-运营-移交（BOOT）；（5）建设-拥有-运营（BOO）；（6）租赁-拥有-运营（LOO）
7	PPP学会	服务外包、管理外包、租赁、BOT及其变体、特许运营
8	英国政府	资产售卖、商业交易、合伙公司、PFT、联营体、合作投资、政策合作

续表

序号	组织机构	分类
9	Yukon政府	（1）设计-建设-融资-运营（DBFO）；（2）租赁-开发-运营（LDO）；（3）运营和维护（O&M）；（4）建设-租赁-运营-移交（BLOT）；（5）建设-拥有-运营-移交（BOOT）；（6）建设-拥有-运营（BOO）；（7）购买-建设-运营（BBO）；（8）融资（FO）；（9）设计-建设（DB）；（10）服务外包（SC）；（11）运行许可（OL）

目前，应用最为广泛的PPP分类体系是加拿大PPP国家委员会提出的按公共部门向私人部门转移风险从大到小排列的分类方式，表1-3总结了这种分类方法下PPP模式的主要类型、适用范围及各自的优缺点。

结合我国国情，我们在研究PPP模式的时候一般将其分为三大类：外包类、特许经营类及私有化类。每一个大的类型下面，有不同的项目实现形式。其中外包类一般由政府投资，社会资本承包整个项目中的一项或几项，通过政府付费实现收益，在外包类PPP项目中，私人部门承担的风险相对较小。特许经营类需要社会资本参与部分或全部投资，并通过一定的合作机制与公共部门分担项目风险、共享项目收益，政府根据项目实际收益向特许经营公司收取一定的特许经营费或给予一定的补偿，项目的资产最终由政府保留，因此一般存在使用权和所有权的移交过程，即合同结束后要求私人部门将项目的使用权或所有权移交给公共部门。私有化类则一般由社会资本负责项目的全部投资，建设项目的所有权归私人所有，在政府的监管下通过向用户收费收回投资实现利润，同时私人部门在这类PPP项目中承担的风险最大。

根据国家发展和改革委员会《关于开展政府和社会资本合作的指导意见》，PPP操作模式选择可分为经营性项目、非经营性项目和准经营性项目。对于具有明确的收费基础，并且经营收费能够完全覆盖投资成本的经营性项目，可通过政府授予特许经营权，采用BOT、BOOT等模式推进。对于经营收费不足以覆盖投资成本、需政府补贴部分资金或资源的准经营性项目，可通过政府授予特许经营权附加部分补贴或直接投资参股等措施，采用BOT、BOO等模式推进。对于缺乏"使用者付费"基础、主要依靠"政府付费"回收投资成本的非经营性项目，可通过政府购买服务、BOO、O&M等市场化模式推进。

PPP模式的主要类型及特点、适用范围及优缺点　　　表1-3

PPP模式类型与特点	适用范围	优点	缺点
1. 运营与维护（Operation and Maintenance，O&M）			
政府部门与私人合作者签订合同，由私人合作者运营和维护公共设施，以获取商业利润	市政服务，包括自来水厂、污水处理厂、固体垃圾收集、道路维护、公园景观的维护、停车场、娱乐设施等	提供服务的质量和效率，节约成本，合同设计灵活，政府拥有所有权	集体协议可能不允许外包，如果承包商不履行职责，会导致公众获得服务的成本很大且削弱所有者的控制力，降低对不断变化的公众需求的反应能力
2. 设计-建造（Design-Build，DB）			
由私人部门设计和建设符合标准与绩效要求的设施。设施建设完成后，政府有所有权，并且负责设施的运营和管理	公共基础设施和建设项目，包括自来水厂和污水处理厂、给水排水系统、道路、娱乐场所、游泳池等	利用私人部门的工程经验，创造力；节约成本；采购灵活；具有建设过程提升效率的可能；减少建设时间；减少建设要求	降低所有者的控制权；加入预期的设计特征与改变合同的成本增加；复杂的授予程序；运营与维护成本较高，可能会抵消较低的资本成本；私人部门承担的风险增加
3. 设计-建设-主要维护（Design-Build-Main Maintenance，DBM）			
公共部门承担DB模式中提供的基础设施的经营责任，但主要的维修功能交给私人部门	公共基础设施和建设项目，包括自来水厂和污水处理厂、给水排水系统、道路、娱乐场所、游泳池等	利用私人部门的工程经验和创新能力；采购灵活；具有建设过程提升效率的可能；减少建设时间；利于保证项目质量长期的可靠性；节约成本降低维护费用	降低所有者的控制权；加入预期的设计特征与改变合同的成本增加；复杂的授予程序；私人部门承担的风险增加
4. 设计-建设-运营（Design-Build-Operate，DBO）			
承包商在业主手中以某一合理总价私人部门设计并建造符合标准与绩效要求的设施，设施建设完成后负责运营该设施，满足该设施在运营期间公共部门的运作要求，公共部门拥有所有权并为该项目提供资金支持	公共基础设施和建设项目，包括自来水厂和污水处理厂、废物转运站、给水排水系统、高速公路、海水淡化等	区分了经营主体、建设主体与投资主体；避免项目所有权转移带来的风险；私人部门不需承担融资责任；可施工性高、施工周期更合理；设计费用降低；运营效率提高；可以保证项目质量长期的可靠性	公共部门承担融资责任；项目周期过长，大多私人部门很难接受；运营技术复杂

续表

PPP模式类型与特点	适用范围	优点	缺点
5. 建设–租赁–运营（Build-Lease-Operate-Transfer，BLOT）			
私人部门与公共部门签订长期租赁合同，私人部门投资建设设施并在租赁期内经营该设施，通过向用户收费而回收投资实现利润。合同结束后将该设施交还给公共部门			
6. 建设–移交–运营（Build-Transfer-Operate，BTO）			
由私人投资者进行融资和建设公共设施。设施建设后，私人部门把设施的所有权转移给政府。然后政府与私人部门签订租赁合同，实行租赁经营。在租赁期间，私人部门有机会收回投资，并得到合理的回报	适用于大部分的基础设施和公共设施，包括道路、供水系统、排水系统、自来水厂与污染处理厂、停车设施、政府建筑物、机场、剧院、游泳池等	政府能够从私人部门的专业建设知识中获益；公共部门通过私人部门的运营获益并节省成本；公共部门保持资产的所有权；公共部门所有权和运营外包限制了所有税收要求；公共部门保持控制服务水平和收费标准的权威；与BOT相比，可以避免法律、监管和侵权责任问题；政府可以控制运营表现、服务与维护水平	如果私人部门出现破产和违约情况，要替代私人部门或者终止协议将遇到困难
7. 建设–运营–移交（Build-Operate-Transfer，BOT）			
私人部门按照政府议定的价格建造设施，根据与政府签订的合约或特许经营协议经营设施，而在合约期内私人部门可取得合理的回报收益	适用于大部分的基础设施和公共设施，包括自来水厂和污水处理厂、垃圾处理、煤气供应、热力供应、热水供应、城市轨道交通、公路、桥梁、隧道、港口码头、体育馆、医疗卫生保健、文化娱乐设施等	可以使政府在有限的财政预算下降低成本；政府可以利用私人部门提高运营效率；鼓励外商投资及国外私人资金进入国内；可提前满足社会和公众需求；有利于培养各专业人才，有助于促进东道国法制制度的健全与完善	由于受BOT项目授权协议及相关条例的约束，政府应变的弹性差；投资额大，相对授权期限较长；投资回收期较长、投资风险大；前期准备工作资源耗费量大；项目参与方协作配合信任要求高

续表

PPP模式类型与特点	适用范围	优点	缺点
8. 建设–拥有–运营–移交（Build-Own-Operate-Transfer，BOOT）			
私人部门从政府部门得到特许权，负责融资、建设、经营、维护和管理公共设施，并在一定的期限内，通过使用者付费的方式，向使用者收取费用以收回投资。在特许经营期满后，所有权转让给政府	适用于大部分的基础设施和公共设施，包括自来水厂与污水处理厂、娱乐设施、机场、政府建筑物、停车设施及固体废物处理设施等	能够最大限度地利用私人部门的资金资源；在终身成本的基础上，确保能够建设最有效率和效果最好的设施；在不增加大额政府支出及长期负债的情况下，向社会提供公共设施；可以利用私人部门的经验、创新能力和劳动关系，节约成本；与私人部门分担风险	政府可能丧失对建设和运营模式的控制权；私人部门有权决定收费的标准（除非政府提供补贴）；在设施投入运营后，如果运营成本上涨，设施可能转回给政府；合同签订时需要考虑得十分周全，以涵盖未来可能出现的问题；与BTO模式相比，政府的控制权要少一些；如果私人部门出现破产和违约的情况，要替代私人合作者或终止协议将会遇到困难
9. 建设–拥有–运营（Build-Own-Operate，BOO）			
政府把现有公共设施的所有权和经营权移交给私人部门，或者与私人部门签订合同，由私人部门永久地建设、拥有和经营新的设施。由私人部门进行融资	适用于大部分的基础设施和公共设施，包括自来水厂与污水处理厂、停车设施、娱乐设施、机场及政府建筑	公共部门委托私人部门进行公共设施的建设或经营；公共部门不需要投资；公共部门能够对私人合作制所提供的"受监管的/垄断的"服务进行监管；无论是长期还是短期来看，私人部门都能够以最有效率的方式提供服务；政府通过对私人所有的设施征收所得税和财产税，增加公共利益；长期的所有权能够鼓励开发商进行重大的资本投资	在建设、运营设施和提供服务时，私人部门可能不会从公共利益角度考虑问题；公共部门没有监管服务价格的机制，除非该服务是一种受到特殊监管的产品；该产品或服务要受到省及联邦税收法规的约束；由于缺乏竞争，所以有必要制定必要的法规来规范经营活动并控制价格

续表

PPP模式类型与特点	适用范围	优点	缺点
10. 购买-建设-运营（Buy-Build-Operate，BBO）			
私人部门进行扩建或者改建从政府租赁或者购买的一项设施，然后根据与政府签订的合同进行运营。设施的改建或者完善由私人部门投资，并赋予合作者一段时期的经营权，使其能够收回投资并得到回报	适用于大部门基础设施和其他公共设施，包括道路、供水系统、自来水厂与污水处理厂、停车设施、政府建筑物、机场、剧院、游泳池等	如果私人合作者购买设施，政府可获得一笔可观的现金收入；政府不用为设施的更新投资；融资的风险政府不需承担；双方都能获得利益；灵活采购，提高建设效率，缩短项目完成时间	可能丧失对设施的控制；接受过资金援助的资本性资产在出售或租赁时存在问题；未来设施更新不能写入合同中；即使设施已出售给私人部门，失败的风险仍然存在，政府仍然可能成为服务或设施的提供者

1.3.2 PPP模式的运行绩效

PPP模式最典型的效用就是可以实现物有所值，根据其特点，主要体现在以下几个方面：

1. 节约政府资源

PPP模式将融资责任转移到私人部门，降低了政府债务和融资成本的同时，还可以抽出资金和智力资源投资教育和社会福利等其他公共领域，极大地提高了公共设施和公共服务的质量。与此同时，政府部门也相应减少其内部项目管理、维修工人和设备，以便节省资金投资于公共服务项目。另外，由于整个私人部门的融资能力是无限的，当部分项目不能用其他方法建设时，通过PPP模式可以早于预期完成。

2. 全生命周期成本控制

PPP合约的长期性迫使私营机构更加注重项目全生命周期成本。由于运营期一般都20~30年，因此运营成本会高达初始投资资本的10倍之多。通过从项目立项到设计、建造和运营，为整个项目设定一个单一责任点，会激励责任者在设计和建造时就会思考其运营效率和在运营期内管理维护设施的成本，使得项目整个生命周期的成本大大降低。换句话说，PPP模式可以激励私人部门在项目开发阶段就注重运营的效率，从而最终交付一个更加高效的运营产品。

3. 风险转移和分担

当私人方更有能力并且可以用相对政府较低的成本管理风险时，PPP模式允许政府将这些风险转移给私人部门。历史上，私人部门已经表现出了在管理风险方面的优势性。私人部门和政府部门存在着不同的动因，对于私人方来说其主要动因就是必要的获利要求，这就意味着要通过合理的风险管理来控制整个交付项目的成本；另一方面，政府方的主要动因则是将这些经常引起昂贵成本的风险转移出去。

4. 激励创新

PPP项目关注产出规格，因此为私营企业投标者提供了创新设计以及一些其他可以满足政府低成本要求的解决方案的机会。更进一步，私人部门还要设计一些创新性的解决方案以应对不可预见的风险的出现。

5. 资产效用

另外，一部分PPP项目可以为第三方提供使用设施的机会，其产生的收益在过去政府建设、拥有和运营的基础设施项目中不会出现。这是因为政府方没有商业动机。这些第三方收益可以减少政府作为唯一资产使用者的支付成本，或者可以打开共享超额收益的机会。

1.4　PPP模式的发展

1.4.1　国外PPP模式发展情况

1. 欧洲

欧洲PPP模式的发展走在世界的前列。法国在20世纪60年代出现PPP合约原型，这种公共特许经营权取得社会认可的过程十分曲折。在80年代，奥利机场内线（Orlyval）的特许协议暴露出其存在的法律问题和严重的客流量不足问题，以至于其后一段时间交通项目如果没有同类项目的成功案例就很难得到融资。到90年代，其他类型项目同样面临着困难境况。例如，90年代中期国家引入自由竞争建造的马赛隧道就面临着经济吃紧的尴尬局面；批准于1990年的米洛大桥（Millau Viaduct）项目，由于不符合必须经过竞争性投标过程的法律规定，其特许权被收回并于1998年才重新投标。90年代后期，法国政府开始探索城市交通系统的特许经营创新模式，包括兰斯地区（Reims）的轨道延伸项目、克莱蒙费朗地区（Clemont Ferrand）的新轨道建设项目和波尔多（Bordeaux）的电车项目。自2000年以后，法国的PPP项目进入了一个新的阶段，2002年的佩皮尼昂—菲格拉斯（Perpignan—Figueras）铁路和A28号高速公路都采用了PPP模式。为了检验新PPP法律草案的有效性，2004年法国政府展开了一系列关于PPP项目的计划，第一个项目就是图卢兹大学的设施翻新工程，其他的计划项目包括道路、轻轨、桥梁、博物馆、医院、监狱、垃圾处理项目以及政府保障房等[1]。

与法国PPP项目面临的诸多问题不同，西班牙建立了一套成功的道路交通特许权记录，直接推进了一系列成功的西班牙交通PPP项目。20世纪70年代，西班牙出现了第一代收费公路，其采用特许协议方式建设运营。1997年关于特许权的法律发生了变化，更改后的法律允许特许权期从50年延长到75年，允许公共部门贷款给特许权受让人，并且允许特许收益证券化。1998年，一些地区政府，例如马德里和穆尔西亚通过法律规定了收费公路特许经营的影子费率并且以DBFO特许模式批准了长达87公里的收费公路项目。随后，中央政府宣布未来10年另外10条道路也将采用特许方式修建的计划[1]。第二代收费公路采用了部分PPP模式，阿利坎特（Alicante）与卡塔赫纳（Cartagena）之间的收费公路是第一条采用这种方式的项目，于1999年批准并且采用成本和收益共享的方式。起初这条公路被认为在财务上是不可行的，但是通过降低私人资本成本和约定政府责任，即当收益低于预测水平时政府需注入1亿欧元（作为一种次级贷款），使得项目成功获批。此外，政府还期望从成功的PPP项目中获取收益，例如在埃斯特波纳—瓜迪亚纳（Estepona—Guadiaro）收费公路项目中规定，如果收益高于预期，政府将获取这部分收益[2]。

在英国，将私人投资者引入公共服务的领域的尝试最早出现在房地产行业。20世纪80年代，英国当局将政府住房转移给非盈利目的的私营房屋协会，房屋协会可以通过提供安全的基础担保物从私人贷款者那里筹集资金开发住房项目，如1986年的达特福德（Dartford）项目就是由私人融资完成的[3]。而第一个PFI概念出现在1993年的政府预算报告中。英国大臣肯尼斯·克拉克充分强调了PFI视野的重要性，他指出"PFI将会在世界各大洲的大多数国家中成为提高公共服务质量的选择"[4]。1995年，英国PFI/PPP项目的贷款总额达到1.7亿英镑，而到了下一年贷款额增加超过8倍达到了14.7亿英镑。1997年，英国政府将私人主动投资PFI改称为PPP，《国家健康服务条例》以及地方政府条例的通过扫清了针对PPP项目的法律障碍。1998年，英国财政部发布了第一个PPP项目的清单，该清单包括了50个项目。到2000年，通过PPP模式建造的学校项目投资额达到了7.84亿英镑，大大超出了1999年的1.15亿英镑。同时英国的卫生领域对PPP模式的信任也逐步提高，2010年通过PPP模式建造运营的医院达到100家，投资额接近70亿英镑。21世纪以来，英国的PPP项目几乎所有的都按时完成并且控制在预算范围之内，只有一小部分项目失败使得私营集团蒙受了财物损失。据估计英国的PFI/PPP项目将于2030年达到1239亿英镑。

在1997年及以前，德国的私人部门进入政府公共项目领域只是承担建设风险且完成建设后资产移交回政府，即BT模式。后来，德国开始了PPP模式的尝试，政府初步确定了15个项目计划委托给私营企业经营，其中包括了许多机场项目（柏林、杜塞尔多夫、汉诺威、科隆、法兰克福、汉堡）。与其他国家的PPP模式不同，德国的PPP模式依据传统的项目融资结构进行风险分担。德国政府将任何有私人投资者涉入的具有公共效益的项目都归类为PPP项目，而私营机构则不必承担项目风险。2003年，德国政府成立了一个专门指导PPP项目的小组KanzderAG[5]。

意大利政府于1996年设立了一个专项组（UTFP），其负责政府项目向私人部门开放工作。在意大利，将UTFP成功地引入并展开PPP模式，例如1996年的3个PPP项目以及TAV高速铁路项目。1998年，政府通过的《经济和财政计划》指出政府需要引入私人投资基础设施项目，包括：收费公路、水利、环境及国防领域。到21世纪早期，意大利政府预期前10年应用PPP模式的项目投资总额可以达到265万亿里拉[5]。1999年通过的梅洛尼—特尔法案（Meloni Ter Bill）为意大利的特许协议提供了更好的法律框架。这些法律将控制UTFP，从而进一步推动了PPP项目的发展。为了避免政府的资产负债表的债务并为私人集团提供便利，2002年意大利政府设立了一个半国营机构基础设施股份公司（S.P.A）来为多个PPP项目的投资提供必要的信用支持，为PPP模式在意大利的发展提供了更便利的条件[6]。

荷兰于1998年通过法案推广PPP项目，其形式类似于英国最开始的模式[7]。1999年政府建立了PPP知识中心，其负责PPP项目优先权排序及关注最有前景的项目。政府财政预算的压力推进了荷兰PPP结构的演变，在新的PPP结构下政府更加关注的是成本降低和公共服务效率的提高。2002年完成融资的HSL Zuid铁路项目和2003年完成融资的A59公路项目都采用了PPP模式，还有其他著名的交通PPP项目，如Zuiderzeelijn Rail Line（ZZL）项目，该项目首次采用了磁悬浮技术，中央政府补贴27亿欧元，地方政府补贴10亿欧元，而补贴总额和总成本之间的差额则由私人部门提供。在该项目中私人部门比过去的DBFO特许模式承担了更多的风险[8]。

在2000年的欧盟议会中PPP模式也被格外关注，最著名的是针对交通、能源和电信部门的跨欧洲能源网（TENs）计划。依照2000年议会计划，重新审视2000～2005年的欧盟财政预算的优先次序，重点关注涉及私人部门以融资参与或者其他方式介入、为TENs计划带来较高效率的项目[9]。

2. 美洲

美国采用PPP模式的步伐落后于欧洲。早期的PPP项目主要是监狱、办公楼以及体育场馆项目，在交通领域有两个著名的项目（加利福尼亚州橘子镇的SR91项目、华盛顿的杜勒斯收费公路项目）[10]。为了使PPP模式获得更广泛的认可，相关法律也发生了重大的变化。1991年的《地面联合运输法案》（ISTEA），对政府私人合资项目在计划和融资支持方面进行了推广。1994年对德克萨斯州—045项目的测试和评估中重新肯定了这种具有创新性的融资战略并且拟订了国家基础设施发展计划。同年，华盛顿州通过关于交通部门PPP项目的法律，一些类似的法律相继在明尼达苏州和南加利福尼亚州通过。1995年关于PPP模式的交通设施法案通过，同时国家高速公路系统法案也颁布了。这些法律为需求与日递增的交通设施PPP项目提供了更多的支持作用。1995年，美国议会颁布了第一个关于公私基础设施的法律——《国家基础设施开发条例》,并且由美国财政部出资建立了国家基础设施委员会（NTC）[11]。1997年贝克特尔（Bechtel）公司建议俄勒冈州波特兰市在波特兰市到波特兰国际机场之间修建一条轻轨,项目预算1.7亿美元,这是美国第一个采用PPP模式的轻轨项目。2000年,投资6.5亿美元的拉斯维加斯单轨电车项目是第一个在赌博产业特许的PPP项目。该项目的融资由内华达州工业和商业部发行的三种债券构成,没有使用政府资金,并且通过广告收入和乘客费用来偿还债务。2001年,美国军方征得议会同意,批准了当时最大的PPP项目,即军队居住区项目（投资额40亿美元）。该项目任务是整修和替换现有的单元房,并在得克萨斯州的基林市额外修建290套单元房。特许协议签订了50年,项目融资由政府和私营机构共同完成,其中私人部门在前10年投入3亿美元。尽管以上提到一些PPP项目,但是PPP在美国的发展还是比较缓慢,主要原因是这些大型项目背后存在着官僚主义,美国预算管理办公室的存在与15年经营租赁的限制也在一定程度上阻碍了项目融资的发展。

加拿大于1999年关闭了第一个PPP交通项目——407号高速公路。同年11月,在安大略省设立了一个"Super Build Office",用来接管私有化办公室的职责,并计划未来5年投入100亿美元在PPP项目上。在Super Build指导下的PPP项目有35号高速公路、115号高速公路、404号高速公路、409号高速公路、427号高速公路、尼加拉中半岛高速公路项目等[12]。继安大略省后,大不列颠哥伦比亚成立了一个由财政部管理的国有公司——大不列颠哥伦比亚合作公司,该公司致力于培育和推广PPP项目,其最早在卫生和交通领域试用。在交通领域,2003年大不列颠哥伦比亚合作公司推动了里奇蒙机场到温哥华快速通道工程（投资额17亿加元）、新弗雷泽河大桥（投资额6亿加元）等项目。

3. 亚洲及澳洲

俄罗斯于2002年开始了第一个PPP项目——圣彼得堡的西南污水处理厂项目。该项目投资1.68亿欧元并采用合资方式,其中该市的一家水处理机构出资40%,北欧环境金融公司出资20%,还有其他三个建筑公司共出资40%,项目运营期12年。第二个项目是圣彼得堡的北方污水处理厂,但是该工厂由政府建设、由私人部门运营[13]。

韩国于1999年成立了韩国私人基础设施投资中心，其负责选择合适的私人部门及签订公共项目特许协议，从而促使很多PPP项目获得批准。同时由于对环境等问题的关注，这些项目在韩国的实施相对缓慢。韩国政府还重新评估了其最初提供的90%预测收益水平担保的价值。釜山大邱市高速公路是具有代表性的PPP项目，该项目是Picko批准的第一个特许项目，获得了国内和国际金融机构的贷款资金。

日本于1999年通过了一项私人主动投资条例（PFI Law），该法律允许政府将公路、机场、政府办公楼、公共设施等基础设施项目通过特许方式开放给私人投资者。日本还制订了私营咨询企业与日本经济研究中心（JERI）的联合发展计划。1999年，在PFILaw颁布后的首批获批项目有东京的一个热电项目和一个水处理工厂项目。2000年完成了长崎集装箱码头PFI项目。2001年，神奈川的福利学院项目的特许权签订给一个联合集团，该项目是按照BT计划建造一座大学并获得对其设施为期30年的运营维护权。同年，日本颁布了PFI促进法，同时还在国际事务部的内阁办公室设立了一个促进委员会。在同时期，国际工业贸易部出台了PFI实施指导方针，到2001年末，市政当局一共批准40项PFI项目[14]。对于日本的PFI项目，Noda（2000）指出："所有的参与者认真的分析了项目的风险，并且这些风险以一种同英国PFI项目风险分担相类似的方法在公共和私人部门之间完成了分配。分析和分配风险的过程是区别于传统项目采购管理的一大突破[15]。"2002年，PPP项目在日本由地市推广到全国范围，一共有42项PFI项目，其中大部分由政府建造。同年批准的Kasumigaseki是到2003年以前日本最大的PFI项目，项目负责教育、文化、体育、科技部的住房工程，采用该模式比传统政府出资修建总成本降低了11%。在这期间几乎所有的国家项目都是采用BOT模式。2002年，Hibiki岛的Hibiki港口项目特许权授予了一家非日本公司，是第一个由国外投资者投资的PFI基础设施项目，这是日本PFI项目的另一个里程碑，同时，Hibiki港口项目也是日本第一个由私人投资者承担所有的需求风险的项目。2003年，接近100个项目是通过PFI完成的[16]。

澳大利亚是亚洲时区较早成功引入PPP模式的国家之一。维多利亚州于2001年正式出台PPP指南，随后新南威尔士、昆士兰和南澳大利亚州正式引入了PPP模式[17]。维多利亚州的PPP项目总投资花费大概40亿澳元，使得该地区项目成本节约了20%。2003年的维多利亚皇家女子医院PPP项目，项目签订了25年的运营特许协议和3年的建设期，投资额2.5亿澳元，其中政府投资600万澳元。维多利亚皇家女子医院开启了澳大利亚PPP项目的新阶段，不同于以往的PPP项目中承包商只负责建设，该项目中承包商提供权益资本并且主导项目建设。这种转变主要归功于澳大利亚PPP市场的成熟以及特许项目投标者对风险的了解。2001年新南威尔士政府出版了一本吸引私人部门投标PPP项目的指导书，其名为《与政府合作——新南威尔士的基础设施项目私人融资与政府服务》，随后又发布了PPP政策文件及未来4年PPP项目计划名单（每个不少于2000万澳元），总计投资额达50亿澳元。新南威尔士的PPP项目不包括私有化，因此所有与私人部门签订的合约最终都要在特许期结束后返还给政府。昆士兰于2001年开始引入PPP项目，2002年通过的PPP政策与指南规定，超过5000万元以上的项目可以考虑采用PPP模式。2003年南方银行Tafe研究所成了昆士兰的第一个PPP项目。2003年，南澳政府开始公开招标第一个PPP项目——警察局项目（投资3000万澳元）[18]。

1.4.2 国内PPP模式发展情况

我国在公用事业领域采购方面经历了三次转变：采购者与生产者合二为一（即政企不分阶段）、政企分开阶段（企业有一定自主权但是垄断生产经营阶段）与民营化阶段。前两个阶段不存在任何的竞争。而在第三个阶段——民营化阶段，企业、政府、市场形成一个复杂的制约三角关系，竞争因素被引入。改革开放后，我国引进PPP模式经历了一个曲折的发展过程，大致可以把我国的PPP发展经历归结为五个发展阶段。

第一阶段：探索阶段（改革开放至1994年）。20世纪80年代，中国开始尝试鼓励境外资本对我国基础设施项目进行直接投资，并开始尝试BOT模式的试点工作，由此拉开了PPP模式在我国基础设施项目领域应用和发展的序幕。这个阶段的项目是随机的，例如广州白天鹅酒店项目、北京国际饭店项目等。

第二阶段：试点阶段（1994~2002年）。1992年，对外经济贸易合作部颁发了《关于BOT方式吸引外商投资有关问题的通知》；1994年，国家计划委员会、电力部和交通部联合颁布了《关于试办外商投资特许经营权项目审批管理问题的通知》；加之中国各地方政府对于吸引外资的迫切需要，以电厂和水厂为主要投资对象、以外商为投资主体的第一次PPP投资浪潮在20世纪90年代中期达到顶峰。

党的十四大提出社会主义市场经济概念后，国家计委先后推出5个试点项目，称为BOT试点。深圳沙角B电厂BOT项目是我国第一个被选作试点的BOT项目，该项目吸引了香港财团投资建设并于1999年实现顺利移交，取得了良好的效果。其他有代表性的项目包括：中山坦洲供水厂（1992年）、漳州厚古电厂（1994年）、上海市三桥两隧（南浦大桥、杨浦大桥、徐浦大桥、延安东路隧道、打浦路隧道）（1994年）、广西来宾电厂（1995年）、山东日照电厂（1995年）、上海大场水厂（1996年）、成都第六水厂（1997年）等以及民营企业参与的泉州刺桐大桥（1994年）等项目。

此后，由于中国政府实施积极的财政政策，将大量国债资金投放于基础设施领域，且因为PPP项目实施中存在政府信用不良情况以及中央清理地方政府各种违规PPP项目等原因，第一次PPP投资浪潮于1998年后逐渐沉寂。从1999年开始，国内投资者成为第二轮PPP的主导力量。这时的PPP项目主要集中在交通设施（高速公路、隧道）、水厂及电厂。由于无法可依，这些PPP项目面临着极大的政策、法律风险，这一轮的项目大都以失败告终。

第三阶段：发展阶段（2003~2008年）。党的十六届三中全会提出"放宽市场准入，允许非公有资本进入法律法规未禁入的基础设施、公用事业及其他行业和领域"后，建设部发布了《大力推进市政公用市场化的指导意见》。这五年里PPP项目量非常大，例如兰州自来水项目、北京地铁四号线项目等。

2002年12月，建设部发布《关于加快市政公用行业市场化进程的意见》，正式确定了允许外来资本和民间资本同时进入，公平竞争供水、供气、供热、公共交通、污水处理、垃圾处理等市政公用设施项目。如2002年成都市政公用局将6条公交路线的特许经营权以拍卖方式有偿转让给私营投资者。2003年的杭州湾跨海大桥，50.25%的投资由17家私营企业组成的联合体承担。紧随其后，浙江省的沿海铁路、核电厂、火力电厂和高速公路项目，总投资额达3000多亿元，也以吸收私人投资的方式陆续开工。2003年，香港设立了公司合作特殊兴趣组，这是一个推动城市PPP项目的特别工作组，第一个PPP项目是为城市公立医院提供食品服务，主要包括为超过5万个病人提供每日的饮食。

2003年10月，中共十六届三中全会《决定》指出：要清理和修订限制非公有制经济发展的法律法规和政策，消除体制性障碍。放宽市场准入，允许非公有资本进入法律法规未禁入的基础设施、公用事业及其他行业和领域。许多公共事业领域的项目建设和管理工作都开始采用项目PPP融资模式。2004年建设部颁布了《市政公用事业特许经营管理办法》，在2003~2006年间，各地相应地出台了公用事业特许经营管理办法。2005年《国务院关于鼓励支持和引导个体私营等非公有制经济发展的若干意见》更是强调允许非公有资本进入电力、电信、铁路、民航、石油等垄断行业，加快完善政府特许经营制度，支持非公有资本参与各类公用事业和基础设施的投资、建设和运营。这些表明，新一轮PPP投资浪潮已经在中国开始。

2008年的北京奥运会主场馆的建设运营模式也采用了PPP特许经营模式，该项目由北京市国有资产经营有限责任公司和中信集团联合体共同组建项目公司，项目特许期30年，其中代表政府方的北京国有资产经营有限责任公司和私营投资方中信集团分别出资总投资额的58%和42%。北京地铁四号线PPP项目是我国第一条在城市交通轨道领域引入PPP模式的项目，该项目将工程的B部分包括车辆、信号等设备资产的投资、运营和维护采用PPP模式完成。北京基础设施投资有限公司、首创集团和香港地铁公司共同投资组建"京港公司"为项目公司，各方持股比例为2∶49∶49。该项目运营一年后经过评价，基本良好地实现了PPP模式带来的效用。

第四阶段：反复阶段（2009~2012年）。受金融危机影响，政府出台四万亿元经济刺激计划，国进民退导致PPP市场受到很大打击。2010年5月国务院出台"非公经济新36条"，PPP模式应用范围不断扩大。

第五阶段：推广阶段（2013年至今）。在这一阶段国务院及国家发改委、财政部、住房和城乡建设部等政府部委都在研究相关政策，为PPP模式的深度和广度应用提供强有力的政策支持空间。从地方来看，各省纷纷推出大规模发展PPP项目的计划。

2013年7月31日，国务院常务会议提出，要利用特许经营、投资补助、政府购买服务等方式吸引民间资本参与经营性项目建设与运营。这被视为新一轮PPP模式开启的信号。2013年11月，党的十八届三中全会明确，允许社会资本通过特许经营等方式参与城市基础设施投资和运营。2014年4月23日，国务院常务会议决定，在基础设施等领域首批推出80个项目，面向社会公开招标，鼓励和吸引社会资本以合资、独资、特许经营等方式参与建设营运。此后，国务院及相关部委出台了一系列性政策文件，大力推广PPP模式。公开信息显示，从2014年至今，政府部门下发了关于PPP的政策通知达到54份。2015年，国务院会议多次对推行PPP模式作出部署。2015年5月，李克强总理主持召开国务院常务会议，部署推广政府和社会资本合作（PPP）模式，汇聚社会力量增加公共产品和服务供给。当年8月，李克强主持召开国务院常务会议，决定进一步破解审批繁琐、资金缺口大等问题，加快棚改、铁路、水利等重大工程建设，设立PPP项目引导资金，扩大有效投资需求。据了解，截止到2016年3月，国家发改委总计推介PPP项目数2529个，总投资金额达到42443亿元；财政部总计推出PPP示范项目233个，总投资金额达到约8170亿元。

1.5 我国PPP模式政策解读

1.5.1 部分相关法律政策

2000年以来，国务院出台了一系列关于投融资体制改革、鼓励非公有制经济发展、在特定领域引入社会资本的指导性意见，各部委也相继出台了多项规范特许经营的规章文件，各地方政府则制定了一系列有关特许经营的管理办法。以此为基础形成的法律法规体系已可以满足与PPP模式相关的一般性要求。

总体来说，我国出台关于PPP模式的相关法律政策分为两个阶段：一是十八届三中全会之前在基础设施及公用事业特许经营方面的相关立法；二是十八届三中全会及此后针对政府和社会资本合作（PPP）模式所出台的相关政策法规。

2014年12月4日国家发改委出台的《开展政府和社会资本合作的指导意见》（简称《PPP指导意见》）和财政部出台的《政府和社会资本合作模式操作指南（试行）》（简称《PPP操作指南》）对现阶段我国PPP模式的开展具有较强的指导作用。政策要点归纳如下：

1. 关于PPP模式的适用项目范围

根据《PPP指导意见》，PPP模式主要适用于政府提供的公共服务和公共基础设施类项目，如燃气、供电、供水、供热、污水及垃圾处理等市政设施，一级公路、铁路、机场、城市轨道交通等交通设施，医疗、旅游、教育培训、健康养老等公共服务项目，以及水利、资源环境和生态保护等。按照这个思路，各地新建市政工程以及新型城镇化试点项目，应优先考虑采用PPP模式。

2. 关于PPP模式的类型选用

对于新建项目，《PPP指导意见》划分为经营性项目、准经营性项目和非经营性项目3类，分别通过政府授予特许经营权、授予特许经营权附加部分补贴或直接投资参股、政府购买服务等方式推动PPP项目，分别可以采用建设—运营—移交（BOT）、建设—拥有—运营—移交（BOOT）、建设—拥有—运营（BOO）等模式。对于存量项目，《PPP操作指南》规定可以采取转让—运营—移交（TOT）和改建—运营—移交（ROT）等模式，将原来的政府通过贷款形成的可收费项目，转让给民营部门经营，到期后再转让给政府，从而引入社会资本，积极参与存量项目的运营和改造。

3. 关于PPP模式的经济回报和风险分担

对于经济回报，《PPP操作指南》和《PPP指导意见》均规定，政府部门作为PPP项目的"合作者"和"监督者"，社会资本作为具体实施者，承担项目商业风险并获得投资回报。具体地，通过投资补助、基金注资、担保补贴、贷款贴息等多种方式支持社会资本参与重点领域建设，研究设立PPP项目中央支持基金；依法依规为准经营性、非经营性项目配置土地、物业、广告等经营资源，稳定投资回报、吸引社会投资。

对于风险分担，《PPP操作指南》规定，项目设计、建造、财务和运营维护等商业风险由社会资本承担，法律、政策和最低需求等风险由政府承担，不可抗力等风险由政府和社会资本共担。

1.5.2 PPP模式操作流程

根据《政府和社会资本合作模式操作指南（试行）》（财金［2014］113号），PPP项目的操作主要包括项目识别、项目准备、项目采购、项目执行和项目移交5个阶段，共19个步骤。具体操作流程如图1-1所示。

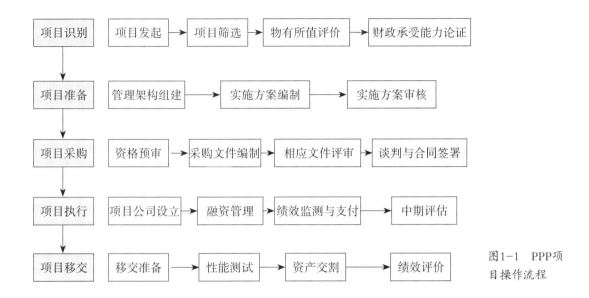

图1-1 PPP项目操作流程

1. 项目识别

（1）项目发起

PPP项目由政府和社会资本发起，以政府发起为主。

1）政府发起

财政部门（政府和社会资本合作中心，以下简称PPP中心）应负责向交通、住建、环保、能源、教育、医疗、体育健身和文化设施等行业主管部门征集潜在政府和社会资本合作项目。行业主管部门可从国民经济和社会发展规划及行业专项规划中的新建、改建项目或存量公共资产中遴选潜在项目。

2）社会资本发起

社会资本应以项目建议书的方式向财政部门（PPP中心）推荐潜在PPP项目。

（2）项目筛选

财政部门（PPP中心）会同行业主管部门，对潜在政府和社会资本合作项目进行评估筛选，确定备选项目。财政部门（PPP中心）应根据筛选结果制定项目年度和中期开发计划。

对于列入年度开发计划的项目，项目发起方应按财政部门（PPP中心）的要求提交相关资料。新建、改建项目应提交可行性研究报告、项目产出说明和初步实施方案；存量项目应提交存量公共资产的历史资料、项目产出说明和初步实施方案。

（3）物有所值评价

财政部门（PPP中心）会同行业主管部门，从定性和定量两方面开展物有所值评价工作。定量评价工作由各地根据实际情况开展。定性评价重点关注项目采用政府和社会资本合作模式与采用政府传统采购模式相比能否增加供给、优化风险分配、提高运营效率、促进创新和公平竞争等。定量评价主要通过对政府和社会资本合作项目全生命周期内政府支出成本现值与公共部门比较值进行比较，计算项目的物有所值量值，判断政府和社会资本合作模式是否降低项目全生命周期成本。

（4）财政承受能力论证

为确保财政中长期可持续性，财政部门应根据项目全生命周期内的财政支出、政府债务等因素，对部分政府付费或政府补贴的项目，开展财政承受能力论证，每年政府付费或政府补贴等财政支出不得超出当年财政收入的一定比例。

通过物有所值评价和财政承受能力论证的项目，可进行项目准备。

2. 项目准备

（1）管理架构组建

县级（含）以上地方人民政府可建立专门协调机制，主要负责项目评审、组织协调和检查督导等工作，实现简化审批流程、提高工作效率的目的。政府或其指定的有关职能部门或事业单位可作为项目实施机构，负责项目准备、采购、监管和移交等工作。

（2）实施方案编制

项目实施机构应组织编制项目实施方案，项目实施方案的选择与编制应基于可用的PPP项目运作方式、行业技术约束和目标、法律和监管体系、商业和财务要求，以及市场利益要求等因素。项目实施方案通常包含项目概况、风险分配基本框架、项目运作方式、交易结构、合同体系、监管架构、采购方式选择等内容。

（3）实施方案审核

财政部门（PPP中心）应对项目实施方案进行物有所值和财政承受能力验证，通过验证的，由项目实施机构报政府审核；未通过验证的，可在实施方案调整后重新验证；经重新验证仍不能通过的，不再采用PPP模式。

3. 项目采购

(1) 资格预审

项目实施机构应根据项目需要准备资格预审文件，发布资格预审公告，邀请社会资本和与其合作的金融机构参与资格预审，验证项目能否获得社会资本响应和实现充分竞争，并将资格预审的评审报告提交财政部门（PPP中心）备案。

资格预审公告应包括项目授权主体、项目实施机构和项目名称、采购需求、对社会资本的资格要求、是否允许联合体参与采购活动、拟确定参与竞争的合格社会资本的家数和确定方法，以及社会资本提交资格预审申请文件的时间和地点。提交资格预审申请文件的时间自公告发布之日起不得少于15个工作日。

(2) 采购文件编制

项目采购文件应包括采购邀请、竞争者须知（包括密封、签署、盖章要求等）、竞争者应提供的资格、资信及业绩证明文件、采购方式、政府对项目实施机构的授权、实施方案的批复和项目相关审批文件、采购程序、响应文件编制要求、提交响应文件截止时间、开启时间及地点、强制担保的保证金交纳数额和形式、评审方法、评审标准、政府采购政策要求、项目合同草案及其他法律文本等。

采用竞争性谈判或竞争性磋商采购方式的，项目采购文件除以上内容外，还应明确评审小组根据与社会资本谈判情况可能实质性变动的内容，包括采购需求中的技术、服务要求以及合同草案条款。

项目采用公开招标、邀请招标、竞争性谈判、单一来源采购方式开展采购的，按照政府采购法律法规及有关规定执行。

项目采用竞争性磋商采购方式开展采购的，按照下列基本程序进行：①采购公告发布及报名；②资格审查及采购文件发售；③采购文件的澄清或修改；④响应文件评审。

(3) 响应文件评审

项目实施机构应按照采购文件规定组织响应文件的接收和开启。

评审小组对响应文件进行两阶段评审：

第一阶段：确定最终采购需求方案。评审小组可以与社会资本进行多轮谈判,谈判过程中可实质性修订采购文件的技术、服务要求以及合同草案条款,但不得修订采购文件中规定的不可谈判核心条件。实质性变动的内容,须经项目实施机构确认,并通知所有参与谈判的社会资本。具体程序按照《政府采购非招标方式管理办法》及有关规定执行。

第二阶段:综合评分。最终采购需求方案确定后,由评审小组对社会资本提交的最终响应文件进行综合评分,编写评审报告并向项目实施机构提交候选社会资本的排序名单。具体程序按照《政府采购货物和服务招标投标管理办法》及有关规定执行。

(4)谈判与合同签署

项目实施机构应成立专门的采购结果确认谈判工作组。按照候选社会资本的排名,依次与候选社会资本及与其合作的金融机构就合同中可变的细节问题进行合同签署前的确认谈判,率先达成一致的即为中选者。确认谈判不得涉及合同中不可谈判的核心条款,不得与排序在前但已终止谈判的社会资本进行再次谈判。

确认谈判完成后,项目实施机构应与中选社会资本签署确认谈判备忘录,并将采购结果和根据采购文件、响应文件、补遗文件和确认谈判备忘录拟订的合同文本进行公示,公示期不得少于5个工作日。合同文本应将中选社会资本响应文件中的重要承诺和技术文件等作为附件。合同文本中涉及国家秘密、商业秘密的内容可以不公示。

公示期满无异议的项目合同,应在政府审核同意后,由项目实施机构与中选社会资本签署。

项目实施机构应在项目合同签订之日起2个工作日内,将项目合同在省级以上人民政府财政部门指定的媒体上公告,但合同中涉及国家秘密、商业秘密的内容除外。

4. 项目执行

(1)项目公司设立

社会资本可依法设立项目公司。政府可指定相关机构依法参股项目公司。项目实施机构和财政部门(PPP中心)应监督社会资本按照采购文件和项目合同约定,按时足额出资设立项目公司。

（2）融资管理

项目融资由社会资本或项目公司负责。社会资本或项目公司应及时开展融资方案设计、机构接洽、合同签订和融资交割等工作。财政部门（PPP中心）和项目实施机构应做好监督管理工作，防止企业债务向政府转移。

社会资本或项目公司未按照项目合同约定完成融资的，政府可提取履约保函直至终止项目合同；遇系统性金融风险或不可抗力的，政府、社会资本或项目公司可根据项目合同约定协商修订合同中相关融资条款。

当项目出现重大经营或财务风险，威胁或侵害债权人利益时，债权人可依据与政府、社会资本或项目公司签订的直接介入协议或条款，要求社会资本或项目公司改善管理等。在直接介入协议或条款约定期限内，重大风险已解除的，债权人应停止介入。

（3）绩效监测与支付

项目合同中涉及的政府支付义务，财政部门应结合中长期财政规划统筹考虑，纳入同级政府预算，按照预算管理相关规定执行。财政部门（PPP中心）和项目实施机构应建立PPP项目政府支付台账，严格控制政府财政风险。在政府综合财务报告制度建立后，PPP项目中的政府支付义务应纳入政府综合财务报告。

项目实施机构应根据项目合同约定，监督社会资本或项目公司履行合同义务，定期监测项目产出绩效指标，编制季报和年报，并报财政部门（PPP中心）备案。

政府有支付义务的，项目实施机构应根据项目合同约定的产出说明，按照实际绩效直接或通知财政部门向社会资本或项目公司及时足额支付。设置超额收益分享机制的，社会资本或项目公司应根据项目合同约定向政府及时足额支付应享有的超额收益。

项目实际绩效优于约定标准的，项目实施机构应执行项目合同约定的奖励条款，并可将其作为项目期满合同能否展期的依据；未达到约定标准的，项目实施机构应执行项目合同约定的惩处条款或救济措施。

社会资本或项目公司违反项目合同约定，威胁公共产品和服务持续稳定安全供给，或危及国家安全和重大公共利益的，政府有权临时接管项目，直至启动项目提前终止程序。

（4）中期评估

项目实施机构应每3~5年对项目进行中期评估，重点分析项目运行状况和项目合同的合规性、适应性和合理性；及时评估已发现问题的风险，制定应对措施，并报财政部门（PPP中心）备案。

政府相关职能部门应根据国家相关法律法规对项目履行行政监管职责，重点关注公共产品和服务质量、价格和收费机制、安全生产、环境保护和劳动者权益等。

社会资本或项目公司对政府职能部门的行政监管处理决定不服的，可依法申请行政复议或提起行政诉讼。

政府、社会资本或项目公司应依法公开披露项目相关信息，保障公众知情权，接受社会监督。

社会资本或项目公司应披露项目产出的数量和质量、项目经营状况等信息。政府应公开不涉及国家秘密、商业秘密的政府和社会资本合作项目合同条款、绩效监测报告、中期评估报告和项目重大变更或终止情况等。

社会公众及项目利益相关方发现项目存在违法、违约情形或公共产品和服务不达标准的，可向政府职能部门提请监督检查。

5. 项目移交

（1）移交准备

项目移交时，项目实施机构或政府指定的其他机构代表政府收回项目合同约定的项目资产。

项目合同中应明确约定移交形式、补偿方式、移交内容和移交标准。移交形式包括期满终止移交和提前终止移交；补偿方式包括无偿移交和有偿移交；移交内容包括项目资产、人员、文档和知识产权等；移交标准包括设备完好率和最短可使用年限等指标。

采用有偿移交的，项目合同中应明确约定补偿方案；没有约定或约定不明的，项目实施机构应按照"恢复相同经济地位"原则拟订补偿方案，报政府审核同意后实施。

（2）性能测试

项目实施机构或政府指定的其他机构应组建项目移交工作组，根据项目合同约定与社会资本或项目公司确认移交情形和补偿方式，制定资产评估和性能测试方案。

项目移交工作组应委托具有相关资质的资产评估机构，按照项目合同约定的评估方式，对移交资产进行资产评估，作为确定补偿金额的依据。

项目移交工作组应严格按照性能测试方案和移交标准对移交资产进行性能测试。性能测试结果不达标的，移交工作组应要求社会资本或项目公司进行恢复性修理、更新重置或提取移交维修保函。

（3）资产交割

社会资本或项目公司应将满足性能测试要求的项目资产、知识产权和技术法律文件，连同资产清单移交项目实施机构或政府指定的其他机构，办妥法律过户和管理权移交手续。社会资本或项目公司应配合做好项目运营平稳过渡相关工作。

（4）绩效评价

项目移交完成后，财政部门（政府和社会资本合作中心）应组织有关部门对项目产出、成本效益、监管成效、可持续性、政府和社会资本合作模式应用等进行绩效评价，并按相关规定公开评价结果。评价结果作为政府开展政府和社会资本合作管理工作决策提供参考依据。

2 项目识别

2.1 项目发起

政府和社会资本合作模式（Public-Private Partnership，PPP）按发起人不同可以分为由政府方发起和由社会资本方发起两种形式，但通常以政府方发起为主。该阶段的主要工作是组织完成PPP储备项目的立项、用地、环评审批/核准/备案。

2.1.1 由政府发起

由政府发起PPP项目是世界各国和地区主流的发起形式，仔细分析我们便能得到这种现象发生的主要原因。

1. 由合作范围所决定

财政部《关于推广运用政府和社会资本合作模式有关问题的通知》（财金[2014]76号）指出："政府和社会资本合作模式是在基础设施及公共服务领域建立的一种长期合作关系"。基础设施的建设及公共服务的提供是政府的一个重要职能，而其最终目的是满足居民基本生活需求、保障城市运行安全。出于这种原因，PPP项目往往由政府发起。

2. 有利于城市总体规划

国务院《关于加强城市基础设施建设的意见》（国发[2013]36号）指出："坚持先规划、后建设，切实加强规划的科学性、权威性和严肃性。发挥规划的控制和引领作用，严格依据城市总体规划和土地利用总体规划，充分考虑资源环境影响和文物保护的要求，有序推进城市基础设施建设工作。"基础设施建设要遵循城镇化和城乡发展客观规律，以资源环境承载力为基础，科学编制城市总体规划，做好与土地利用总体规划的衔接，统筹安排城市基础设施建设。

由于社会资本获得的信息具有限制性，无法了解城市的统筹规划，通常只局限于对可能的项目所在区域进行调查。社会资本提出的项目并不在城市总体规划内，或者存在重复建设的可能，往往很难得到政府的同意，也打击了社会资本发起项目的积极性，造成社会资本提出PPP项目在我国较少。

3. 政府职能部门之间信息更为畅通

国务院《关于在公共服务领域推广政府和社会资本合作模式的指导意见》（国办发〔2015〕42号）中指出："政府发起的PPP项目由财政部门负责向交通、住建、环保、能源、教育、医疗、体育健身和文化设施等行业主管部门征集潜在政府和社会资本合作项目。"由于政府发起的项目信息均在政府内部流转，信息传递过程较为顺畅，可以加快立项过程。

2.1.2 社会资本自提

《政府和社会资本合作法（征求意见稿）》首次提到了社会资本自提的概念，由社会资本自提PPP项目是对政府项目发展能力的一种有益补充。但世界各国和地区政府对于由社会资本方提出的PPP项目持有两种截然不同的态度。一些国家和地区的政府认为由社会资本发起PPP项目容易导致透明度不高、压制竞争、不利于实现物有所值原则等，因此完全否定由社会资本方自提的方式。

与之不同，另一些国家和地区的政府允许由社会资本自提，但为了提高项目的透明度，促进竞争，政府往往会设置较高的门槛，制定较多的原则和规定去检查、审视这些由社会资本发起的项目，并要求社会资本提交非常详细的提案。另一方面，政府通常会采用竞争性招标的方式引入其他潜在投资者参与竞争。

目前社会资本发起方式在我国几乎不存在，但由社会资本自提的形式在我国是被允许的。国务院《关于在公共服务领域推广政府和社会资本合作模式的指导意见》（国办发〔2015〕42号）中指出由社会资本发起的PPP项目，社会资本应以项目建议书的方式向财政部门（政府和社会资本合作中心）推荐潜在政府和社会资本合作项目。

然而，社会资本自提能否在操作层面全面铺开仍然需要克服不少困难。

1. 从政府的角度而言

（1）充分认识并肯定由社会资本发起项目的价值和意义

由于社会资本在挖掘项目的可能性时具有不同于政府部门的视角，往往可以提出极具创新精神的项目方案，这也是由社会资本发起项目的最大优点。作为对政府的项目发展能力的有益补充，尤其是缺少政府发展项目能力的地区，政府部门应当充分认识并肯定由社会资本发起项目的价值和意义，鼓励和支持社会资本发挥其创新性，使其在PPP项目领域起到推动作用。

（2）纳入政府规划或政策

社会资本发起的项目由于不是由政府主导的，因此并不在政府规划或政策范围之内，这就要求政府部门调整其规划和政策，从更为宏观的角度考虑项目的可操作性，避免重复建设等问题。

（3）合理引入竞争，提高项目透明度

在社会资本自提的方式下，社会资本往往会提出其拥有关键技术或知识产权，或者公开招标费用过大等理由，希望政府以非公开招标的方式来完成项目采购，以避免激烈的竞争。

然而，这种方式排除了其他投资人的竞争，缺乏足够的透明度，容易滋生腐败，因此成为众多国家和地区不允许社会资本发起PPP项目的主要原因。但是简单地照搬政府发起项目的模式引入其他投资人通过招标方式选定社会资本虽然可以保证充分竞争、提高项目透明度，却会在很大程度上打击原始投资人的积极性。如何在引入充分竞争的前提下保证原始投资人的利益成为全世界社会资本发起PPP项目考虑的共同话题，《政府和社会资本合作法（征求意见稿）》明确指出"被采纳的政府和社会资本合作实施方案建议的提出者，未被依法选择为社会资本的，有权获得制作实施方案建议的成本补偿。补偿标准和办法由国务院财政部门会同有关部门制定"。

目前，其他国家和地区较为成熟的操作模式包括：奖励模式、Swiss Challenge模式以及最后及最优报价模式。

1）奖励模式

通过奖励模式鼓励原始项目发起人指在招标过程中对原始项目发起人给予一定奖励。奖励形式通常有：在标书评估过程中，原始项目发起人的技术分或商务分获得额外加分或当项目原始发起人的报价与最佳报价的差距在一定的比例范围内，则选择原始发起人授标。奖励的额度由政府的项目主管部门确定，通常有一个最高限额。韩国和智利较多采用奖励模式，并且设置奖励最高限额为10%。

【例】某社会资本发起某污水处理工程，在公开招标过程中规定低价中标，但采用奖励模式，即当项目原始发起人的报价与最佳报价的差距在10%范围内，则选择原始发起人授标。假设公开招标中，最低收费报价是0.90元/m^3，原始发起人的报价是0.95元/m^3，则原始发起人中标，因为项目原始发起人的报价与最低报价相差在10%以内。

2）Swiss Challenge模式

当社会资本发起项目进入公开招标程序后，Swiss Challenge模式也是一种较为常见的对原始项目发起人进行补偿的方式。这一模式与奖励模式类似，在指定期限内允许其他投资人进行投标，在意大利、菲律宾、关岛及中国台湾等国家和地区广泛应用。该模式下，原始发起人没有预先设定的奖励，但是有权利与其他更优报价的投标进行一对一的比较竞争。

【例】某社会资本发起某污水处理工程，在公开招标过程中规定低价中标，但采用Swiss Challenge模式，原始发起人可以在30个工作日内相应调整自己的报价，以匹配最优报价。假设公开招标中，最低收费报价是0.90元/m^3，原始发起人的报价是0.95元/m^3。如原始发起人在开标后30个工作日内匹配最低报价，则项目原始发起人中标，如其选择不匹配，则递交最低报价的其他投资人中标。

3）最后及最优报价模式

最后及最优报价模式其实是奖励模式和Swiss Challenge模式的一种变形。在该种模式下，在多轮的投标过程中，原始发起人可以直接进入最后一轮的投标。最后一轮投标要求在之前胜出的投标人给出最优的最终报价。标底价不会公开，中标人将在最后一轮投标中选出。如果中标人不是原始发起人，则中标人可能需要补偿原始发起人的项目开发成本，该费用可在招标文件中进行约定。

需要指出的是，奖励模式和最后及最优报价模式也可以共同使用。

【例】某社会资本发起某污水处理工程，在公开招标过程中规定低价中标，并采用奖励模式及最后及最优报价模式，若原始发起人的报价与最优报价相差在5%以内，则原始发起人中标。但是如果原始发起人的报价与最优报价相差在5%~20%之间，则原始发起人可以重新给出调整报价并进入第二轮投标。假设第一轮投标中，最低收费报价是0.90元/m^3，原始发起人的报价是

0.92元/m³，则原始发起人直接中标。假设第一轮投标中，最低收费报价是 0.90元/m³，原始发起人的报价是 0.95元/m³，则原始发起人可调整其投标报价并进入第二轮报价，投标人仍然为低价中标。

2. 从社会资本发起人角度而言

（1）提高项目质量，控制交易成本

社会资本发起项目过程中不可避免地将产生项目开发成本，一旦最终未能立项，社会资本的开发成本势必会"打水漂"。要解决这一情况，社会资本发起人必须保证项目质量，避免因为项目本身问题在立项时遭到否定。

（2）就竞争补偿及政策优惠与政府达成一致

作为原始发起人，社会资本方为了保障自身利益，往往会在招标过程中谋求补偿。另一方面，原始发起人也希望政府出台一系列政策及优惠支持其项目。以上两方面往往也会成为政府及项目原始发起人博弈的焦点。

由于社会资本发起PPP项目的内容在我国现行法律法规及政策中存在缺失，因此亟待相关部门填补这一空白，对社会资本发起项目加以引导，充分发挥社会资本发起项目的优势。

2.2 项目筛选

项目发起后，财政部门（政府和社会资本合作中心）会同行业主管部门应对国民经济和社会发展规划及行业专项规划中的新建、改建项目或存量公共资产中的潜在项目进行评估筛选，确定备选项目。

根据《基础设施和公用事业特许经营管理办法》（2015年第25号令），PPP合作项目包括基础设施类项目和公共服务类项目。基础设施类项目包括公路、铁路、港口、机场、城市轨道交通、供水、供暖、燃气和污水垃圾处理等项目；公共服务类项目包括环境保护、大气污染治理、教育培训、公共医疗卫生、养老服务、住房保障、行政事业单位房产运行维护等项目。

财政部门（或政府和社会资本合作中心）应根据筛选结果制订项目年度和中期开发计划。对于列入年度开发计划的项目，项目发起方应按财政部门

（政府和社会资本合作中心）对新建、改建项目及存量项目的要求提交相关资料。新建、改建项目应提交可行性研究报告、项目产出说明和初步实施方案等；存量项目应提交存量公共资产的历史资料、项目产出说明和初步实施方案等。

2.2.1 政府对项目的筛选

什么样的项目适合采用PPP模式，什么样的项目不适合，政府方必须要综合考虑众多衡量因素，主要包括：

1. 财政补贴额度

绝大部分PPP项目是经营性项目，或者准经营性项目，如轨道交通、高速公路、污水处理厂等。经营性项目全寿命周期内经营收入足以覆盖投资成本，社会资本可以获得预期的合理投资回报，政府方主要通过政策提供支持，无需给予财政补贴；准经营性项目有收费机制，具有潜在的利润，但由于其建设和运营直接关系公众切身利益，因而其产出的价格由代表公众利益的政府确定，往往无法收回成本，即具有不够明显的经济效益，市场运行的结果将不可避免地形成资金的缺口，需要政府通过适当政策优惠和/或多种形式的补贴予以维持。PPP模式通过引入社会资本，可以解决政府在城镇化进程中的资金缺口以及地方债务所带来的压力，把一次性财政支出转化为长期支出。

因此，公益性项目或是投资回报大部分需要通过财政补贴获得的项目，这些项目原则上不宜采用PPP模式。因为社会资本投资一个项目必定会要求取得合理的投资回报，而公益性项目本身没有收益，投资者的回报要么来自政府财政补贴，要么通过政府购买服务获得。公益性项目，如果由政府直接投资，只需花费投资的成本；如果改为PPP模式，不仅需要投资的成本，还要加上资本的回报，总的来讲，政府会花更多的钱。

2. 长期合作关系

"PPP不是一场婚礼，而是一段婚姻"。PPP项目是政府部门和社会资本在基础设施及公共服务领域建立的一种长期合作关系，其合作期限一般要长达几十年。PPP模式下，政府可以利用社会资本专业的经营管理能力来提高效率，靠后期运营的收益来弥补前期的投资。因此只有长期项目才适合做PPP项目，单纯的资产建设交付不适合采用PPP模式。

3. 需求长期稳定

除了长期合作，适合由政府和社会资本合作的项目必须具备需求长期稳定的特点，只有当需求长期稳定，社会资本才可对投资回报作出判断，如果社会资本接受这样的投资回报率则会参与投资。反之，如果需求不稳定，那么社会资本并不能看清其中的利益，出于对风险的考虑就会放弃参与其中。

4. 投资额具有一定规模

PPP的应用对项目规模有一定要求，一般涉及大额资本投资，因为PPP项目一般有较高的交易成本，如果投资额过小，交易成本占比过高，则很难实现项目的物有所值。

5. 风险能够合理分配给社会资本

项目风险能否得到合理转移，也是判断项目是否采用PPP的重要考量因素，如果项目大部分风险并不适合转移给社会资本方，仍需由政府方承担，则项目并不适合采用PPP，而是由政府方来实施更物有所值。

2.2.2 社会资本方对项目的筛选

与政府需要筛选项目一样，社会资本同样面临着选择项目的问题，但综合考量的因素却有所不同，主要包括：

1. 区域调研

社会资本方选择PPP项目时，首先需要对投资区域的宏观经济形势、金融规模、区域政策情况、政府信用、区域资源情况、竞争合作对手等作全方位的调研，在此基础上筛选。

（1）宏观经济形势

宏观经济运行指标能综合反映出经济的发展状况及所处阶段。根据民生证券对591个已知所在省份信息的PPP签约项目的调查显示，华东地区的浙江省、江苏省、山东省，华南地区的广东省的签约数占全国总签约数的比例均较高，原因便在于这些省份的经济较为发达，债务的偿还能力可靠。此外，受"西部大开发"、"一带一路"等政策影响，西部地区基础设施的建设需求较大，西部地区也成为PPP项目签约的重要区域。

（2）金融规模

金融规模可充分显示区域的金融活跃度、融资便捷度，这两方面都是社会资本较为关心的方面，会在一定程度上影响其对项目的筛选。

（3）区域政策情况

政策代表着政府部门的诚信和承诺，如果政策随意制定或任意更改，最终的结果就是投资者的资本金和收益无法得到保障。由于PPP项目中政府与社会资本是长期合作关系，社会资本必然会担心法律政策的连续性和稳定性。此外，PPP项目的特许期限一般都会超过一届政府的任期，当政府换届时，下一届的政府官员很可能会改变当地的发展战略，导致所需要的市政配套、土地等承诺就难以保证或使原先的现金流估计发生重大改变，从而使项目无法进行。

因此，社会资本在选择项目过程中必须对该区域政策是否多变或存在矛盾，以及可否通过合同条款与政府合理分配此类风险等作出判断。

（4）政府信用

执行PPP的基础设施项目在实施过程中，社会资本也会关注政府的诚信承诺。作为政府，在签署PPP协议时往往会由于财政资金缺乏，市政建设项目紧急等原因为项目提供各项优惠措施，但是在运作过程中经常会出现：不履约、在履约的过程中拖沓，前期市政配套、土地等承诺无法兑现，违约赔偿难以取得、承诺排他情况下建设竞争项目、建设后勤保障不及时等不诚信的表现。

产生政府信用危机的原因很多，主要表现为：

1）项目运作过程中政策调整而导致的信用风险。包括上文提到的"法律政策风险"以及"换届风险"。

2）项目运作过程中政府部门利益调整而导致的信用风险。项目初期政府官员往往会许诺社会资本较为优厚的条件。如遇换届等情况，而过快增长的投资，需要后任官员在任期内支付大量的基础设施投资回报，使后任官员面临严重的支付危机，政府无法信守承诺。

3）特许经营模式本身带来的不确定性风险。高利润可能导致消费者的不满，政府慑于舆论压力而选择违约，取消约定的调价机制或提高考核的绩效标准。

4）基于法律法规的不健全导致的风险。目前，我国PPP法尚未颁布，法律体系也正处在快速发展和变化之中，法律法规的变动不可避免地带来各方利益的调整，在一定程度上造成投资收入和地方收益的不确定性。

在这种情况下，社会资本对当地政府的信用度的了解和判断对最终是否参与投资起到了至关重要的作用。

（5）区域资源情况

企业操作PPP项目需整合多方资源，属地化的资源供给将决定企业在项目操作中或可涉及的成本。成本将直接影响社会资本可获得的回报，因此充分了解区域资源情况对社会资本而言是必须的、重要的。

（6）竞争合作对手

PPP项目将会有多家企业参与投标，尤其是当地企业更具操作优势，因而需充分了解竞争合作对手的情况。

2. 项目边界清晰

项目的关键要素，包括土地获取、特许经营期、定价和调价机制、产权归属、政府保证、风险分担、利益共享方式、产品/服务要求、争端解决方式等是社会资本最为关心的方面，在筛选时社会资本必须全面清楚地了解。

3. 合理的回报机制

社会资本方参与投资一个项目一定是认为项目是有盈利的，最关心的往往是项目的回报机制。对于经营性项目，社会资本方的评估重点必须着眼于对预期收费的测算和收费保底条件，对未来20~30年的收费进行准确预测。而对于准经营性项目，由于经营性现金流无法弥补投资成本，社会资本必须考虑政府补贴等回报机制，对政府购买服务的资金（回购资金）保障进行评估。

4. 一定的优惠待遇

优惠待遇主要包括以奖代补、税收优惠以及融资便利等要素，也是社会资本选择项目时需要衡量的因素。

财政部已发布的《关于实施政府和社会资本合作项目以奖代补政策的通知》(财金〔2015〕158号)提出,通过以奖代补方式支持政府和社会资本合作(PPP)项目规范运作,对中央财政PPP示范项目中的新建项目,财政部将在项目完成采购确定社会资本合作方后,按照项目投资规模给予一定奖励。随后,各地的以奖代补政策也陆续出台。

PPP项目涉及的税收优惠政策中企业所得税优惠政策包括从事《公共基础设施项目企业所得税优惠目录(2008年版)》规定的项目可享受三免三减半的企业所得税政策、专用设备投资额的10%抵免当年企业所得税应纳税额、项目公司为境内居民企业间分配股利免征企业所得税等;增值税优惠政策包括销售自产的再生水免征增值税、污水处理劳务免征增值税、增值税即征即退的政策,垃圾处理、污泥处理处置劳务免征增值税等。

国家发展委与国家开发银行联合印发《关于推进开发性金融支持政府和社会资本合作有关工作的通知》(发改投资〔2015〕445号)中提出,国家开发银行在监管政策允许范围内,将给予PPP项目差异化信贷政策,包括加强信贷规模的统筹调配,优先保障PPP项目的融资需求;对符合条件的PPP项目,贷款期限最长可达30年,贷款利率可适当优惠;建立绿色通道,加快PPP项目贷款审批;支持开展排污权、收费权、集体林权、特许经营权、购买服务协议预期收益、集体土地承包经营权质押贷款等担保创新类贷款业务,积极创新PPP项目的信贷服务等。在这种大背景下,对于融资优惠政策也将成为社会资本选择项目过程中需要考虑的问题。

5. 风险分担措施

PPP项目运营中面临的风险因素极其复杂,合理分担风险是保障PPP模式顺利运营的前提。社会资本方必须遵从风险应由最适宜的一方来承担,参与方对哪种风险控制力最强,就应发挥其优势控制哪种风险;高风险高收益,低风险低收益,承担的风险要和参与方的能力相适应等原则。对于风险过大而收益不足的项目,社会资本方应选择回避。

2.3 物有所值评价

2.3.1 物有所值评价内涵

物有所值（Value For Money，VFM）最早出现于英国，已经广泛地应用于国外PPP项目实践，如英国、澳大利亚、加拿大、美国等政府机构相继颁布了完整的VFM评价程序和评价指南，由于各国国情不同，甚至不同区域也有所差别，因此不同国家和地区的VFM评价体系也有所差别。但其共同的关键评估标准均为支付能力、风险竞争和分摊，评价目标为最优风险转移、有效的公共服务、公共基金的利用率、创新设计、充分利用私人部门。

目前，我国PPP模式正处于起步阶段，尚未建立完善的VFM评价体系。近年来，物有所值的理念在我国的一些PPP项目评价中得到应用，因此开始受到关注。

对于VFM，国际上没有PPP范畴下的物有所值的统一定义。根据《政府和社会资本合作模式操作指南（试行）》（财金〔2014〕113号），物有所值是指一个组织运用其可利用资源所获得的长期最大利益。用老百姓喜闻乐见的白话来说，就意味着少花钱、多办事、办好事。显然，物有所值是一个比较的概念。

PPP范畴下的物有所值也是一个相对概念，需要将PPP模式与政府传统采购模式进行比较。一般是假设两种采购模式的效果相同，比较不同模式下政府支出成本的净现值大小来判断哪种模式更能实现物有所值。其中，政府传统采购模式是指政府及其所属机构直接负责项目设计、投融资、建设和运营维护等工作（含委托他人执行其中部分工作），并承担项目主要风险，一般不奉行全生命周期管理理念的采购模式。

VFM评价的引入是为了避免在促进基础设施领域民间资本参与的政策背景下盲目推进PPP项目，因为并非所有公共项目都适合采用PPP模式。VFM评价的最终目的是：通过对项目采用PPP模式与传统模式的比较，判断项目在采用PPP模式下是否实现"物有所值"，即是否实现资源的最大化利用，更好地实现公共项目建设运营的经济性、效率及效果。

2.3.2 物有所值评价框架

物有所值评价包括定性评价和定量评价。鉴于物有所值评价是政府进行PPP决策的有力工具，谨慎和全面地准备物有所值很重要。为了保持其有效性，物有所值评价启动后就应首先制定详细的产出说明，明确产出和服务交付的规格要求，并定义一个由政府采用传统采购模式实施、所提供服务符合产出说明规格要求的参照项目，然后，进行物有所值定性评价和定量评价。

根据《关于印发〈PPP物有所值评价指引（试行）〉的通知》（财金［2015］167号），我国境内拟采用PPP模式实施的项目，应在项目识别或准备阶段开展物有所值评价。鼓励在项目全生命周期内开展物有所值定量评价，并将其作为全生命周期风险分配、成本测算和数据收集的重要手段，以及项目决策和绩效评价的参考依据。

从国际经验上看，物有所值评价可以贯穿应用于项目的全生命周期，识别阶段用于判断项目是否采用PPP，准备阶段用于判断边界条件深化或方案完善调整后是否仍然采用PPP，采购阶段用于判断不同的响应文件是否能够达成物有所值以及哪个响应文件达成了更高程度的物有所值，执行阶段在中期评估中检验项目是否达成物有所值，移交阶段在后期评价中复评全生命周期的物有所值达成情况。

项目各阶段物有所值评价的基本框架如图2-1所示。

2.3.3 物有所值评价资料

物有所值评价资料主要包括：（初步）实施方案、项目产出说明、风险识别和分配情况、存量公共资产的历史资料、新建或改扩建项目的（预）可行性研究报告、设计文件等。

2.3.4 物有所值评价方法

物有所值评价包括定性评价和定量评价。我国现阶段以定性评价为主，鼓励开展定量评价。

定量评价可作为项目全生命周期内风险分配、成本测算和数据收集的重

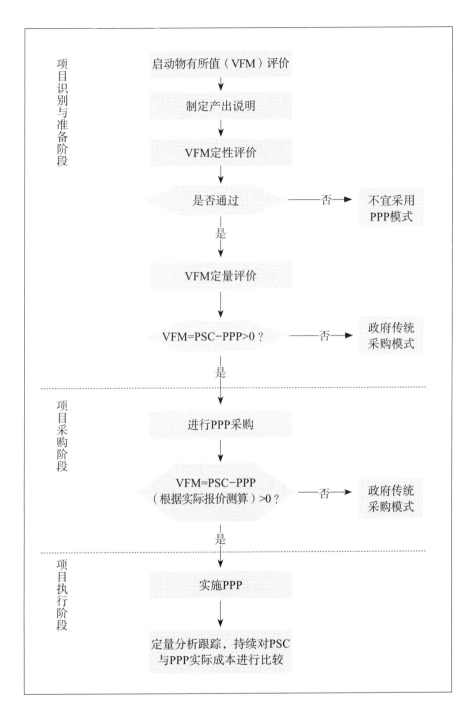

图2-1
项目各阶段物有所值评价的基本框架

要手段,以及项目决策和绩效评价的参考依据。

1. 定性评价

定性评价一般通过专家咨询方式进行,侧重于考察项目的潜在发展能力、可能实现的期望值以及项目的可完成能力。根据定性评估的结果判断是否需要进行定量评估，如果定性评估的结果显示项目不适合采用PPP模式，则可以直接进行传统模式采购的决策，而不需要转入定量分析。

（1）定性评价内容

根据《PPP物有所值评价指引（试行）》（财金［2015］167号），定性评价的主要内容包括：全生命周期整合程度、风险识别与分配、绩效导向与鼓励创新、潜在竞争程度、政府机构能力、可融资性这6项基本评价指标。

与原《物有所值评价指引（试行）》相比，定性评价基本指标由7项缩减到6项，但新版的6项目涵盖了原版7项的全部内容，并增加了可融资性作为1项基本评价指标，原绩效导向、鼓励创新、政府采购政策落实潜力这3个项目评价指标合并为绩效导向与鼓励创新1项指标。

其中：

全生命周期整合程度指标主要考核在项目全生命周期内，项目设计、投融资、建造、运营和维护等环节能否实现长期、充分整合。

风险识别与分配指标主要考核在项目全生命周期内，各风险因素是否得到充分识别并在政府和社会资本之间进行合理分配。

绩效导向与鼓励创新指标主要考核是否建立以基础设施及公共服务供给数量、质量和效率为导向的绩效标准和监管机制，是否落实节能环保、支持本国产业等政府采购政策，能否鼓励社会资本创新。

潜在竞争程度指标主要考核项目内容对社会资本参与竞争的吸引力。

政府机构能力指标主要考核政府转变职能、优化服务、依法履约、行政监管和项目执行管理等能力。

可融资性指标主要考核项目的市场融资能力。

另外，项目本级财政部门（或PPP中心）会同行业主管部门，可根据具体情况设置补充评价指标。补充评价指标主要是6项基本评价指标未涵盖的其他影响因素，包括项目规模大小、预期使用寿命长短、主要固定资产种类、全生命周期成本测算准确性、运营收入增长潜力及行业示范性［与原《物有所值评价指引（试行）》相比，补充评价指标减少了法律和政策环境、资产利用及收益、融资可行性（调入基本指标）3项，增加了运营收入增长潜力、行业示范性2项］。

（2）评价要求

1）指标权重

在各项评价指标中，6项基本评价指标权重为80%，其中任一指标权重一般不超过20%；补充评价指标权重为20%，其中任一指标权重一般不超过10%。

2）指标评分等级与标准

每项指标评分分为5个等级，即有利、较有利、一般、较不利、不利，对应分值分别为81～100、61～80、41～60、21～40、0～20分。

3）专家要求

定性评价专家组包括财政、资产评估、会计、金融等经济方面专家，以及行业、工程技术、项目管理和法律方面专家等。与原《物有所值评价指引（试行）》相比，删除了专家小组由不少于7名专家组成的规定。

4）专家组会议

专家组会议基本程序如下：

①专家在充分讨论后按评价指标逐项打分。

②按照指标权重计算加权平均分，得到评分结果，形成专家组意见（与原《物有所值评价指引（试行）》相比，不需要去掉一个最高分和一个最低分）。

（3）定性评价结论

项目本级财政部门（或PPP中心）会同行业主管部门根据专家组意见，作出定性评价结论。原则上，评分结果在60分（含）以上的，通过定性评价；否则，未通过定性评价。

2. 定量评价

（1）定量评价的概念

物有所值定量评价是在项目个案基础上，比较PPP模式的总收益和总成本与传统公共采购模式的总收益和总成本，看哪种采购模式总成本低而总收益高。实践中，在进行物有所值定量评价时，一般假设不管采用何种采购模式，都将得到相同的产出、效果和影响（如社会经济效益和财务效益），即定量评价建立在产出规格相同的基础之上。基于这一假设，只需要比较不同采购模式下的净成本现值，净成本现值小的采购模式物有所值。

根据国际经验，目前PPP项目的定量评价有两种不同的概念与计算方法。一种概念与计算方法是：对项目采用传统模式下的预计全寿命周期成本，即"公共部门参考标准"（"PSC"），与采用PPP模式下的预计全寿命周期成本（Life-Cycle Cost，以下称"LCC"，指一个建构筑物系统在一段时间内拥有、运行、维护和拆除的总成本，通常由建设期利息、建设成本、运营管理费用、上缴的税金和风险控制成本构成）进行对比衡量，两者的差额部分体现的就是"物有所值"（VFM），即$VFM=PSC-LCC$，这里的LCC值包含了政府部门和私人部门两部分的合计成本；另一种概念与计算方法，也是我国目前推行采用的，是在假定采用PPP模式与政府传统投资方式产出绩效相同的前提下，通过对PPP项目全生命周期内政府方净成本的现值（PPP值）与公共部门比较值（PSC值）进行比较，判断PPP模式能否降低项目全生命周期成本，即：$VFM=PSC-PPP$，这里的PPP值只包含了政府部门的成本。

根据我国实际国情，以下定量计算方法根据我国《PPP物有所值评价指引（试行）》（财金〔2015〕167号）的相关规定进行。

（2）定量评价标准（计算公式）

$$VFM=PSC值-PPP值$$

（3）定量评价的计算要素

1）公共部门比较值（PSC）

PSC值是指在项目全生命周期内，政府采用传统采购模式提供与PPP项目产出说明相同的公共产品和服务的全部成本的现值。

PSC值是以下三项成本的全生命周期净现值之和：

①参照项目的建设和运营维护净成本；

②竞争性中立调整值；

③项目全部风险成本。

其中：

参照项目可根据具体情况确定为：

• 假设政府采用现实可行的、最有效的传统投资方式实施的、与PPP项目产出相同的虚拟项目。

• 最近五年内，相同或相似地区采用政府传统投资方式实施的、与PPP项目产出相同或非常相似的项目。

建设净成本主要包括参照项目设计、建造、升级、改造、大修等方面投入的现金以及固定资产、土地使用权等实物和无形资产的价值,并扣除参照项目全生命周期内产生的转让、租赁或处置资产所获的收益。

运营维护净成本主要包括参照项目全生命周期内运营维护所需的原材料、设备、人工等成本,以及管理费用、销售费用和运营期财务费用等,并扣除假设参照项目与PPP项目付费机制相同情况下能够获得的使用者付费收入等。

竞争性中立调整值主要是采用政府传统投资方式比采用PPP模式实施项目少支出的费用,通常包括少支出的土地费用、行政审批费用、有关税费等。

项目全部风险成本包括可转移给社会资本的风险承担成本和政府自留风险的承担成本。政府自留风险承担成本等同于PPP值中的全生命周期风险承担支出责任,两者在PSC值与PPP值比较时可对等扣除。

PSC的计算流程如图2-2所示。

PSC值确定的难点在于,传统政府投资运营方式运作的项目数据统计工作不到位,同时竞争性中立调整值和风险成本的定量化测算也需要大量数据

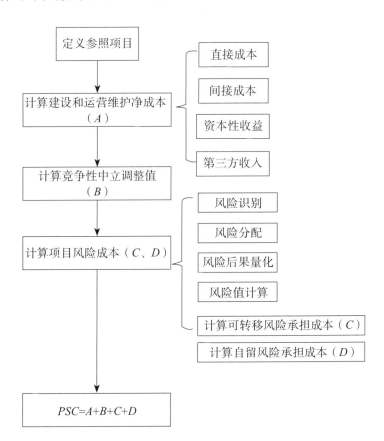

图2-2
PSC的计算流程图

支撑，尤其是竞争性中立调整值，还应包括公共服务的提供主体因所有制差异产生的行为差异导致的成本差异，其客观数据基本不可得。

2）PPP值

PPP值是指政府采用PPP模式实施项目并达到产出说明要求所应承担的全生命周期净成本和自留风险承担成本之和的净现值。

根据《PPP物有所值评价指引（试行）》（财金〔2015〕167号），PPP值可等同于PPP项目全生命周期内股权投资、运营补贴、风险承担和配套投入等各项财政支出责任的现值，参照《政府和社会资本合作项目财政承受能力论证指引》（财金〔2015〕21号）及有关规定测算。

（4）定量评价的结论

PPP值小于或等于PSC值的（即VFM≥0），认定为通过定量评价（与原《物有所值评价指引（试行）》相比，当PPP值等于PSC值时，也认为通过物有所值定量评价）；PPP值大于PSC值的（即VFM<0），认定为未通过定量评价。

"通过"物有所值评价为进行财政承受能力论证的前提条件。

2.3.5 物有所值评价的关键要素

1. 折现率

物有所值定量评价中的成本、收入、风险承担成本、竞争性中立调整值等包括的具体内容都需要用现金流表示。各种现金流在全生命周期内发生的具体时间不同，先后可达数年甚至数十年。根据资金的时间价值原理，不能简单地对不同时间的现金流直接进行算术计算和比较，而是需要先按照某特定比率将它们折算到同一个时间点上，一般折算到项目的起始点，即将未来各年的现金流折算为现值。该特定比率即为折现率。折现率的大小影响现值的大小，从而对物有所值评价产生显著影响。

（1）折现率的类型

折现率的类型较多，比较经典的类型有四种：资本的社会机会成本、社会时间偏好折现率、资本资产定价模型确定的折现率、无风险利率。

1）资本的社会机会成本

机会成本是当把一定的生产要素用于提供某种产品或服务时，失去的利用这些生产要素提供其他产品或服务可以获得的最高收益，本质上是对不能利用的机会所付出的成本，可以客观地衡量，也可以由经验丰富的专家主观分析。

实践中，资本的社会机会成本按资本类别的比例计算，即计算资本的加权平均成本，首先将每种资本的成本乘以该种资本占总资本的比重，然后进行加总：$WACC=(E/V)\cdot R_e+(D/V)\cdot R_d\cdot(1-T_c)$，其中，$R_e$=股本的成本（即股本投资要求的回报率）；$R_d$=债务的成本（即债务资金的利率）；$E$=项目的股本资金；$D$=项目的债务资金；$V$=项目总投资；$T_c$=企业所得税税率。

2）社会时间偏好折现率

社会时间偏好是指"相对于未来消费，社会成员更喜爱现在消费"的价值。社会时间偏好折现率量化反映社会成员对于社会费用效益价值的时间偏好，并反映不同时刻或不同时代的效用比较。社会时间偏好折现率（r）有两个组成部分：一是假设人均消费没有变化，将未来消费折现为当前消费的折现率，用p表示；二是预计人均消费量将随着时间增长，意味着未来消费相对于当前状况将是丰富的，因此边际效用将降低，可以用人均消费年增长率（g）与消费的边际效用弹性系数（μ）的乘积表示。社会时间偏好折现率可以由下列公式计算：

$R=p+g\cdot\mu$，一般p本身还包括两个元素：纯时间偏好和灾难性风险。纯时间风险反映社会成员对当前消费比未来消费的偏好，人均消费水平在时间上不变。灾难性风险是指一些具有足够颠覆性以至于消除了从政策、计划或项目获得的所有回报的事件，或者发生彻底和不可预知改变的事件，例如，技术进步导致过早报废、自然灾害、重大战争等。灾难性风险很难量化。

3）资本资产定价模型确定的折现率

利用资本资产定价模型确定的折现率反映影响市场整体的系统性风险，例如经济衰退风险。根据资本资产定价模型，政府把系统性风险转移给社会资本，社会资本应通过一个较高的回报率来获得补偿。

$$r = r_f+\beta(r_m-r_f)$$

式中　r——资产的预期回报率；

　　　r_f——无风险利率；

　　　β——资产的系统性风险系数；

r_m——预期的市场回报率。

4）无风险利率

政府的长期借款利率是一种典型的无风险利率。如果风险不反映在现金流中，或者将风险量化为一个确定值后再纳入现金流，就可采用无风险利率。

（2）折现率的选取

根据《政府和社会资本合作项目财政承受能力论证指引》（财金〔2015〕21号），年度折现率应考虑财政补贴支出发生年份，并参照同期地方政府债券收益率合理确定。

（3）折现期的选取

折现期应为PPP项目全生命周期的总年数。

2. 风险分配与量化

从公共部门比较值PSC值的构成可以看出，自留风险和可转移风险的承担成本是PSC值的两个重要组成部分，风险的鉴别和量化是调整初始PSC值的关键，对物有所值具有显著影响。估算风险承担成本的关键，一方面是如何确定政府和社会资本之间的风险分配，另一方面是定量分析风险承担成本，即风险定价。

（1）风险在政府和社会资本间的分配

风险分配和转移是PPP模式物有所值的核心驱动因素之一。从政府角度看，有三种风险分配策略：一是将风险转移给社会资本，从而鼓励社会资本在PPP采购中创新项目交付方式；二是自留风险，即政府自己承担风险；三是公担风险，即由于风险的不确定性，难以评价或管理，而将某个风险安排为部分转移、部分自留。

政府一般会按照风险分配给最善于管理该风险的一方的原则，在风险分配的同时采用这三种策略，做到最优化风险分配，最大程度提高物有所值，而不是向社会资本最大化转移风险。

为了确定风险的优化配置，需要针对每个风险，比较政府与潜在的社会资本承担该风险的能力，判断谁更有能力承担该风险。原则上，政府承担法律、政策和最低需求等风险，社会资本承担设计、建造、财务、运营维护等风险，政府和社会资本合理共担不可抗力等风险。在实践中，应该根据项目具体情况合理分配风险。

（2）风险的定量分析

根据《政府和社会资本合作项目财政承受能力论证指引》（财金〔2015〕21号），风险的定量分析可采用比例法、情景分析法及概率法。

1）比例法：在各类风险支出数额和概率难以进行准确测算的情况下，可以按照项目的全部建设成本和一定时期内的运营成本的一定比例确定风险承担支出。

2）情景分析法：在各类风险支出数额可以进行测算、但出现概率难以确定的情况下，可针对影响风险的各类事件和变量进行"基本"、"不利"及"最坏"等情景假设，测算各类风险发生带来的风险承担支出。计算公式为：

风险承担支出数额=基本情景下财政支出数额×基本情景出现的概率+不利情景下财政支出数额×不利情景出现的概率+最坏情景下财政支出数额×最坏情景出现的概率。

3）概率法：在各类风险支出数额和发生概率均可进行测算的情况下，可将所有可变风险参数作为变量，根据概率分布函数，计算各种风险发生带来的风险承担支出。

从目前我国的实际应用来看，由于项目的各类风险支出数额和概率难以准确测算，一般采用比例法对风险承担成本进行定量，比例法最简单，但准确性不高。

其中，在确定可转移风险成本时，一般需要比较完备的当前和历史数据作为估价标杆。由于不同国家对于相关数据的参考和采用程度不相同，因此各国对转移风险的估计值也有所不同。如，澳大利亚PPP项目采购的平均转移风险成本在项目总成本的8%左右，而英国的转移风险成本一般为项目总成本的10%~15%，平均值约为12%。在我国，可转移风险承担成本一般占项目总成本的14%~17%左右。

3. 合理利润率

根据《政府和社会资本合作项目财政承受能力论证指引》（财金〔2015〕21号），对于政府付费项目和可行性缺口补助项目，合理利润率的大小影响政府对项目运营补贴支出的数额，而政府对项目的运营补贴支出是PPP值的重要组成部分，因此，在计算PPP值时，应当充分考虑合理利润率变化对运营补贴支出的影响。

合理利润率应以商业银行中长期贷款利率水平为基准，充分考虑可用性付费、使用量付费、绩效付费的不同情景，结合风险等因素确定。

4. 定价调价机制

在可行性缺口补助模式下，运营补贴支出责任受到使用者付费数额的影响，而使用者付费的多少因定价和调价机制而变化。因此，在计算PPP值时，应当充分考虑定价和调价机制的影响。

（1）PPP项目产品或服务的定价影响因素

1）需求量

如交通量、水量等，在市场经济中，产品的供需情况对其价格起着重要作用，一般而言，需求量越大价格越低，因此，公众的需求应是PPP项目经营者和相关部门制定票价的主要依据。以交通运输为例，这种需求反映到市场中就表现为当不同运输方式因提供不同服务而制定相应票价时，公众会根据自己对服务的需求以及对相应价格的接受程度来选择运输方式。

2）总投资额

总投资额是特许经营期内发生的现金流出，直接影响项目现金流量的变化，总投资额越高，项目的成本越多，收益也要增多才能保证可持续经营，故价格也会相应提高。

3）经营成本

经营成本是PPP项目在运营期内发生的现金流出，主要包括：燃料及动力费、人工福利费、日常维护费、管理费等。而对于水、电类的基础设施项目，产品的原材料、能源所占的经营成本的比重较大。同样的，经营成本越高，价格越高。

4）投资收益率

从投资者的角度，在项目的特许经营期内，应保证在正常情况下投资者能归还银行贷款和利息，收回股本投资和达到最低投资收益率；并且争取实现与之承担风险适应的投资回报最大化。因此，投资收益率是确定PPP项目重要的基础特许定价要素之一。投资收益率越高，价格越高。相应的，在保证项目可行的前提下，其他条件不变，若使用的基准收益率越低，则只需较低的现金流就行，从而需要的价格就小；若使用的基准收益率越高，则需要较高的现金流来支撑，从而需要更高的价格。

5）通货膨胀率

通货膨胀率会使得投资方的投资收益率缩水，使得实际投资收益率只剩下原设定量减去通货膨胀率后的程度，因此，通货膨胀风险影响的对象是基础定价要素中的投资收益率。在PPP项目中，通常通货膨胀由政府方和投资方共同承担，投资方承担一定范围内的通货膨胀风险。当通货膨胀率（包括通货紧缩率）达到或超过一定范围时，由政府承担；而当通货膨胀率在该范围内时，就得由投资方承担。这里的通货膨胀率是逐年累计的。由于投资方承担风险的原则是承担风险就要伴随利润，所以要考虑该风险造成的投资收益率缩水后仍能保证投资方取得目标利润。因此，通货膨胀率也是PPP项目定价的影响因素之一。

6）外汇汇率

外汇汇率风险是在当地获取的现金流入不能按预期的汇率兑换成外汇。其原因可能是因为货币贬值，也可能是因为政府将汇率人为地定在一个很不合理的官方水平上，这会减少收入的价值，降低项目的投资回报。私营合作方在融资建设PPP项目时总是选择融资成本最低的融资渠道，不考虑其是何种外汇或本币，因此为了能抵御外汇风险，私营合作方必然要求更高的投资回报率。政府可以通过承诺固定的外汇汇率或确保一定的外汇储备以及保证坚挺货币（如美元）的可兑换性与易得性承担部分汇率风险，这样私营合作方的汇率风险将大大降低，在其他条件（盈利预期）相同的情形下，项目对民营部门的吸引力增强。外汇汇率越高，则项目所在国的货币贬值越厉害，价格则要提高才能保证私营企业预期的收益。

7）特许经营期

特许经营期作为一项时间和经济的指标，也直接影响着项目投资回报的大小。从私营投资财团角度看，希望特许经营期越长越好，其获利的机会和数额会越大；而从政府角度看，则希望特许经营期越短越好，其对项目的控制权和所有权可尽早实现，从而获得更多的利益。对私营投资方，特许经营期就是项目公司运营项目的经济寿命期，特许经营期越长，私营企业经营期越长，价格则要调低。

8）公众的经济承受能力和选择

公众的经济承受能力指的是公众的消费能力，公众的消费能力越强，价格可以相应提高。以交通消费为例，除了公众对票价的承受能力之外，还会考虑方便程度、舒适程度、安全性以及风景观光等各种因素，同时乘客的时间价值观也是影响其选择的一个重要方面。

9）政府的补贴和优惠政策

PPP项目多数是基础设施公用事业等准公共产品，具有一定的公益性。尽管公众会为其所得到的服务支付了相应的费用，但这部分费用远远小于该项目的建设和运营成本，而企业作为投资经营的主体却要承担所有的成本。为了使企业能够经营，政府必须承担相应的责任，即通过一定的手段对成本与收入的差额进行补偿，使企业能够产生合理的经营利润。在此基础上，PPP项目才可能吸引私营投资者的进入。政府的补贴或优惠政策越多，相应的公众为产品或服务支付的费用越少，则价格越低。

10）替代品的竞争因素

以轨道交通为例，考虑到与常规公交的竞争，轨道交通的票价应发挥性价比的优势，因为竞争的结果直接关系到轨道交通占有的运输市场份额和实际完成的客运量。因此，轨道交通的票价应与其他公共交通工具的票价有一个合理的比例，这样既体现了轨道交通的方便、快捷、舒适和环保的优势，又能吸引合理的客流量，从而实现轨道较大的经济效益和社会效益的统一。替代品的竞争越激烈，则该产品或服务的定价就会调低。

（2）PPP项目产品或服务的调价机制

PPP项目的特许经营期限一般为20～30年，在特许经营期内，风险因素的产生或居民消费指数的变化都会影响产品的运营成本，为了保障PPP项目企业的利益需要建立一个完善的价格调整机制。价格调整机制并没有增加或损伤某一方的利益，它强调的是各方利益与风险达到动态平衡。

1）调价条件

在漫长的特许经营期内，项目的经营成本不是固定不变的，价格调整机制的出发点是保护企业的利益，但不意味着任何成本变动风险都由政府或公众来承担，市场条件变化、外汇变动、不可抗力风险等由政府和企业共同承担，因此，在指定价格调整机制时需要约定价格调整的时间间隔或者临界条件，只有满足时才能进行调整。

决定价格调整的条件一般包括下列三个：①通货膨胀率、汇率指数变动；②原材料、劳动力价格变动；③不可预见的风险因素且该风险因素不属于企业的责任。通常情况下，合同约定满足上述三个条件中的一个或多个，且变化幅度超过了一定限度后，可实行价格调整。

如北京地铁四号线的票价实行政府统一定价机制，但《特许经营协议》中约定了开通年的初始票价的同时也约定了可以根据CPI、工资、电价等因素的变化而调整测算票价，若实际票价低于测算票价，政府就其差额向PPP项目公司进行补偿；反之，若实际票价高于测算票价，政府与公司分成。

2）调价方式

一般情况下，价格调整方式分为固定式和浮动式。固定式是指合同中预先约定了价格变动的幅度；浮动式则是根据实际情况（物价指数、风险因素等）来调整价格。不同项目适用不同的调价方式。

3）调价公式

调价公式有两种：固定式和浮动式，固定式调价是在原定价的基础上按照约定的幅度直接进行调整。浮动式调价则是在原定价基础上根据物价指数、风险因素等实际情况进行调整。

目前，我国的PPP项目调价机制还存在一些问题，如将企业自身的因素与外部经济环境因素混淆、调价时间过长、价格脱离市场、多因素影响下的调价公式缺乏科学性等。政府及相关行业主管部门应在考虑项目自身成本收益的基础上，根据每个项目的性质、项目所在地的消费能力等因素制定最适合的调整方式，将价格控制在项目各方参与者均满意的范围内。

2.4 财政承受能力论证

2.4.1 财政承受能力论证的内涵

为有序推进PPP项目实施，保障政府切实履行合同义务，有效防范和控制财政风险,财政部于2015年4月7日出台印发了《政府和社会资本合作项目财政承受能力论证指引》(财金〔2015〕21号),对财政承受能力论证的内涵有了明确的定义。

财政承受能力论证是指识别、测算PPP项目的各项财政支出责任,科学评估项目实施对当前及今后当地政府年度财政支出的影响,为PPP项目财政管理提供依据。财政承受能力评估包括财政支出能力评估以及行业和领域平衡性评估。财政支出能力评估,是根据PPP项目预算支出责任,评估PPP项目实施对当前及今后年度财政支出的影响;行业和领域均衡性评估,是根据PPP模式适用的行业和领域范围,以及经济社会发展需要和公众对公共服务的需求,平衡不同行业和领域PPP项目,防止某一行业和领域PPP项目过于集中。

在实际计算时,首先进行财政支出能力评估,若财政支出能力评估未通过则不需要再进行领域平衡性评估;如若财政支出能力评估通过再进行领域平衡性评估,只有当财政支出能力评估与领域平衡性评估均通过时,才能说PPP项目财政承受能力论证通过。通过论证的项目,各级财政部门应当在编制年度预算和中期财政规划时,将项目财政支出责任纳入预算统筹安排。

PPP项目财政承受能力论证工作由各级财政部门(或PPP中心)会同行业主管部门共同开展,必要时可通过政府采购方式聘请专业中介机构协助。省级财政部门负责汇总统计行政区域内的全部PPP项目财政支出责任,对财政预算编制、执行情况实施监督管理。每一年度全部PPP项目需要从预算中安排的支出责任,占一般公共预算支出比例应当不超过10%。

2.4.2 财政支出责任测算内容与方法

在论证PPP项目财政承受能力时,首先需要考虑对PPP项目全生命周期过程的财政支出责任进行认定与测量,财政支出责任主要包括股权投资、运营补贴、风险承担、配套投入这四部分。在实际PPP项目中可能全部包含,也可能只包含这四项中的某几种。

1. 股权投资的测量内容与方法

股权投资支出责任是指在政府与社会资本共同组建项目公司的情况下,政府承担的股权投资支出责任。如果社会资本单独组建项目公司,政府则不承担股权投资支出责任。

股权投资支出应当依据项目资本金要求以及项目公司股权结构合理确定。股权投资支出责任中的土地等实物投入或无形资产投入，应依法进行评估，合理确定价值。计算公式为：

$$股权投资支出 = 项目资本金 \times 政府占项目公司股权比例$$

【例】上海某地区拟采用PPP方式建设一体育馆，项目预计总投资100亿元，项目资本金比例为20%，政府出资比例为10%，则本项目股权投资支出=100亿×20%×10%=2亿元。

2. 运营补贴支出的测量内容与方法

运营补贴支出责任是指在项目运营期间，政府承担的直接付费责任，根据PPP项目付费模式的不同，政府承担的运营补贴支出责任也不同。目前PPP项目有使用者付费、可行性缺口补助以及政府付费三种付费模式，不同付费模式下，政府承担的运营补贴支出责任与测量方法是不同的。政府付费模式下，政府承担全部运营补贴支出责任；可行性缺口补助模式下，政府承担部分运营补贴支出责任；使用者付费模式下，政府不承担运营补贴支出责任。

在计算PPP项目实际运营补贴支出时应当根据项目建设成本、运营成本及利润水平合理确定，并按照不同付费模式分别测算。

对政府付费模式的项目，在项目运营补贴期间，政府承担全部直接付费责任。政府每年直接付费数额包括：社会资本方承担的年均建设成本（折算成各年度现值）、年度运营成本和合理利润。计算公式为：

$$当年运营补贴支出数额 = \frac{项目全部建设成本 \times (1+合理利润率) \times (1+合理折现率)^n}{财政运营补贴周期（年）} + 年度运营成本 \times (1+合理利润率)$$

对可行性缺口补助模式的项目，指使用者付费不足以满足社会资本或项目公司成本回收和合理回报，由政府以财政补贴、股本投入、优惠贷款和其他优惠政策的形式，给予社会资本或项目公司的经济补助。因此在项目运营补贴期间，政府承担部分直接付费责任。政府每年直接付费数额包括：社会资本方承担的年均建设成本（折算成各年度现值）、年度运营成本和合理利润，再减去每年使用者付费的数额。计算公式为：

$$\text{当年运营补贴支出数额} = \frac{\text{项目全部建设成本} \times (1+\text{合理利润率}) \times (1+\text{合理折现率})^n}{\text{财政运营补贴周期（年）}} +$$

年度运营成本 × (1+合理利润率) − 当年使用者付费数额

上述计算公式中 n 代表折现年数，财政运营补贴周期指财政提供运营补贴的年数。

合理的折现率应考虑财政补贴支出发生年份，并参照同期地方政府同期债券收益率合理确定，在实际计算中一般与项目财务预算中的折现率是相同的。若当地政府没有发行同期债券或者同期债券收益率明显不合理，需要实际计算折现率时可以采取以下方法：

（1）加权平均资本成本法。用企业的加权平均资本成本作为折现率的替代，这是PPP项目常用的一种方法。如项目资本金比例为20%，其余80%为银行借款，5年期银行借款利率为4.9%，而股权投资要求收益率为8%，则加权平均资本成本=20%×8%+80%×4.9%=5.52%。

（2）行业平均资产收益率法。将被评估企业所在行业的平均资产收益率作为折现率，行业平均资产收益率是企业运行情况的综合体现，可以反映不同行业的收益状况，具体行业取值可以参考国家发改委和住建部发布的中国部分行业投资项目财务基准收益率。

（3）资本资产定价模型。折现率由无风险报酬率和风险报酬率组成。计算公式为：

$$i = R_f + \beta(R_m + R_f) + \alpha$$

式中　i——折现率；

R_f——无风险报酬率，一般选取政府发行的5～10年国债的利率；

R_m——期望报酬率；

β——风险系数；

α——项目个别风险调整系数。

该模型确定了在不确定条件下投资风险与报酬之间的数量关系，在一系列严格资本假设条件下推导而出，如投资人是风险厌恶者、不存在交易成本、市场是完全可分散和可流动的等。根据我国目前资本市场的发展现状，运用该模型的条件还不太成熟。β系数的计算需要大量的数据支持，一般只有上市公司能够计算。目前在实际工作中，主要由专门机构定期计算公布，所以在

PPP项目中这种方法很少应用。

合理利润率应以商业银行中长期贷款利率水平为基准，充分考虑PPP项目所属的行业，以及可用性付费、使用量付费、绩效付费的不同情景，结合风险等因素确定。在计算运营补贴支出时，应当充分考虑合理利润率变化对运营补贴支出的影响。但是在实际运用时，资本金要求的合理利润率一般为8%~12%。

PPP项目特许经营期一般为10年以上，有些市政道路类的项目甚至长达30年，未来不确定性因素过多，因此大部分PPP项目均设计了调价机制。不同类型的项目调价机制所涉及的因素不同，但是大部分项目实施方案中的定价和调价机制通常与消费物价指数、劳动力市场指数等因素挂钩，定价的变化会影响运营补贴支出责任。在可行性缺口补助模式下，运营补贴支出责任受到使用者付费数额的影响，而使用者付费的多少因定价和调价机制而变化。在计算运营补贴支出数额时，应当充分考虑定价和调价机制的影响。

3. 风险承担支出的测量内容与方法

风险承担支出责任是指项目实施方案中政府承担风险带来的财政或有支出责任。通常由政府承担的法律风险、政策风险、最低需求风险以及因政府方原因导致项目合同终止等突发情况，会产生财政或有支出责任。

在计算政府风险承担支出时应充分考虑各类风险出现的概率和带来的支出责任，可以采用比例法、情景分析法及概率法这三种方法进行测算。如果PPP合同约定保险赔款的第一受益人为政府，则风险承担支出应为扣除该风险赔款金额的净额。

（1）比例法。比例法是PPP项目财政承受能力论证中用于预测政府风险承担支出应用比较广泛的一种方法，是指在各类风险支出数额和概率难以进行准确测算的情况下，可以按照项目的全部建设成本和一定时期内的运营成本的一定比例确定风险承担支出。按照风险是否可以通过一定措施进行转移可划分为可转移风险、可分担风险以及不可转移分担风险三种。

第一类可转移风险，是指事前可以通过一定的合同、保险以及风险交易工具等手段将项目风险转移给其他第三方的风险。在PPP项目中主要包括：项目建设期间可能发生的组织机构、施工技术、工程、投资估算、资金、市场、财务等风险，项目公司通过参加商业保险后，大部分风险可以有效转移。在实际计算中，一般可转移风险占风险承担成本的80%左右，不可转移风险占20%左右，而风险承担成本占项目全部建设成本的5%上下。

第二类可分担风险是指有政府与社会资本共同分担的风险，包括项目建设和运营期间可能发生的法规政治风险、自然灾害等不可抗力风险等，应当在合同事先约定可分担风险的比例以及社会资本与政府各自分担的比例。

第三类不可转移风险是指不能事先通过一定的合同、保险以及风险交易工具等手段将项目风险转移给其他第三方的风险，包括：主要项目运营期间受消费物价指数、劳动力市场指数等影响可能发生的价格调整和利润等。

（2）情景分析法。在各类风险支出数额可以进行测算、但出现概率难以确定的情况下，可针对影响风险的各类事件和变量进行"基本"、"不利"及"最坏"等情景假设，测算各类风险发生带来的风险承担支出。计算公式为：

风险承担支出数额=基本情况下财政支出数额×基本情况出现的概率+不利情况下财政支出数额×不利情况出现的概率+最坏情况下财政支出数额×最坏情况出现的概率

（3）概率法。在各类风险支出数额和发生概率均可进行测算的情况下，可将所有可变风险参数作为变量，根据概率分布函数，计算各种风险发生带来的风险承担支出数额。

4. 配套投入支出的测量内容与方法

配套投入支出责任是指政府提供的项目配套工程等其他投入责任，通常包括土地征收和整理、建设部分项目配套措施、完成项目与现有相关基础设施和公用事业的对接、投资补助、贷款贴息等其他配套投入总成本和社会资本方为此支付的费用。配套投入支出应依据项目实施方案合理确定。

配套投入支出责任应综合考虑政府将提供的其他配套投入总成本和社会资本方为此支付的费用。配套投入支出责任中的土地等实物投入或无形资产投入，应依法进行评估，合理确定价值。计算公式为：

配套投入支出数额=政府拟提供的其他投入总成本−社会资本方支付的费用

2.4.3 财政承受能力论证操作流程

政府财政承受能力论证主要包括责任识别、支出测算、能力评估和信息披露四个步骤，详细流程如下。

1. 责任识别

在进行政府财政承受能力论证时，首先要对政府在PPP项目中承担的财政支出责任进行论证，财政支出责任主要包括股权投资、运营补贴、风险承担、配套投入这四部分。但是不同的项目，政府承担的财政支出责任是不同的，因此应根据项目实际情况进行责任识别。

2. 支出测算

在识别PPP项目对项目全生命周期过程的财政支出责任后分别对各财政支出责任进行测算。在实际测算时应当结合PPP项目所处的行业与具体的投融资方案，选取正确的测量方法，尤其在测算风险承担支出时，要明确项目风险的种类与对应的承担主体和承担比例，然后选择适当的测算方法，测算相应的数值。

3. 能力评估

财政部门（或PPP中心）识别和测算单个项目的财政支出责任后，汇总年度全部已实施和拟实施的PPP项目，进行财政承受能力评估。

根据财政部公布的《政府和社会资本合作项目财政承受能力论证指引》（财金〔2015〕21号）要求每一年度全部PPP项目需要从预算中安排的支出责任，占一般公共预算支出比例应当不超过10%。但是为了鼓励列入地方政府性债务风险预警名单的高风险地区，采取PPP模式化解地方融资平台公司存量债务，各省级财政部门可根据本地实际情况，因地制宜确定具体比例，并报财政部备案，同时对外公布，不过各省级部门在制定比例时要审慎控制新建PPP项目规模，防止因项目实施加剧财政收支矛盾。在实际计算的时候，如果没有特别说明，一般参照10%的比例限额来衡量财政支出能力是否通过。

在进行财政支出能力评估时，未来年度一般公共预算支出数额可参照前五年相关数额的平均值及平均增长率计算，并根据实际情况进行适当调整。如国家新规划的产业园区，在未来几年有大量的企业投资、生产，当地政府的财政收入和财政支出会呈现跳跃式增长，因此在测算当地PPP项目财政承受能力时应实际考虑当地政府未来几年财政收入的大幅度增长，确定合适的公共预算支出增长率。

财政承受能力评估包括财政支出能力评估以及行业和领域平衡性评估。为了平衡不同行业和领域PPP项目，防止某一行业和领域PPP项目过于集中。在进行财政支出能力评估通过后进行领域平衡性评估。只有当财政支出能力评估以及行业和领域平衡性评估都通过论证时，才能说此PPP项目通过论证，否则为未通过论证项目。"通过论证"的项目，各级财政部门应当在编制年度预算和中期财政规划时，将项目财政支出责任纳入预算统筹安排。财政承受能力评估包括财政支出能力评估以及行业和领域平衡性评估，"未通过论证"的项目，则不宜采用PPP模式。

在PPP项目正式签订合同时，财政部门（或PPP中心）应当对合同进行审核，确保合同内容与财政承受能力论证保持一致，防止因合同内容调整导致财政支出责任出现重大变化。财政部门要严格按照合同执行，及时办理支付手续，切实维护地方政府信用，保障公共服务有效供给。

4. 信息披露

各级财政部门（或PPP中心）要以财政承受能力论证结论为依据，会同有关部门统筹做好项目规划、设计、采购、建设、运营、维护等全生命周期管理工作，并定期披露当地PPP项目目录、项目信息及财政支出责任情况。

各级财政部门（或PPP中心）负责组织开展行政区域内PPP项目财政承受能力论证工作。省级财政部门负责汇总统计行政区域内的全部PPP项目财政支出责任，对财政预算编制、执行情况实施监督管理。及时向财政部报告，财政部通过统一信息平台（PPP中心网站）发布。

各级财政部门（或PPP中心）应当通过官方网站及报刊媒体，每年定期披露当地PPP项目目录、项目信息及财政支出责任情况。应披露的财政支出责任信息包括：PPP项目的财政支出责任数额及年度预算安排情况、财政承受能力论证考虑的主要因素和指标等。

财政部门按照权责发生制会计原则,对政府在PPP项目中的资产投入,以及与政府相关项目资产进行会计核算,并在政府财务统计、政府财务报告中反映;按照收付实现制会计原则,对PPP项目相关的预算收入与支出进行会计核算,并在政府决算报告中反映。

在PPP项目实施后,各级财政部门(或PPP中心)应跟踪了解项目运营情况,包括项目使用量、成本费用、考核指标等信息,定期对外发布。

财政承受能力论证操作流程如图2-3所示。

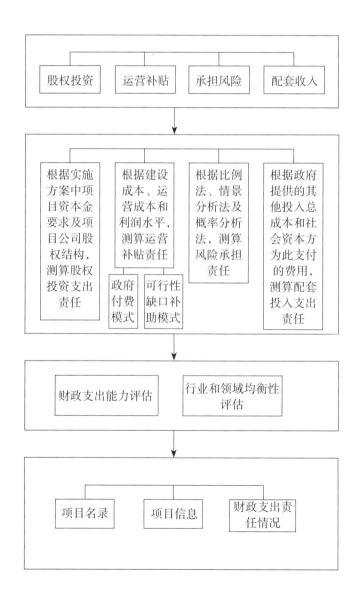

图2-3 财政承受能力论证操作流程图

2.5 财务模型建立与测算

2.5.1 财务模型建立

1. 确定资产属性

一个准确的财务模型,对于PPP项目来说至关重要,是判断SPV公司在特许经营期内能否正常运营,社会资本能否获得合理利润的标尺。

由于PPP项目安排的财务核算通常较为复杂,我国财政部于2008年发布了《企业会计准则解释第2号》(以下简称《解释第2号》),对BOT业务提出了在现行企业会计准则体系下的具体核算指引,上述解释公告的发布有效地消除了实务中相同业务在会计处理和披露上的分歧,为不同行业、不同地域的PPP项目提供了可比的核算数据,有助于政府及其他利益相关方了解PPP项目的进程及财务效果。

《解释第2号》强调了社会资本(或项目公司)对项目设施的"控制权"判断,这种控制权不因项目公司是否拥有基础设施的法定权利而改变。当社会资本(或项目公司)对所建造的基础设施不具有控制权时,不应将其作为自有的固定资产。

因此,在建立财务模型时,首先应对"控制权"进行分析。目前,我国大部分PPP项目采用BOT形式其所实施的项目所有权归政府所有,即"控制权"在于政府。处于这种情况下,项目公司不应将其建造的设施作为自有的固定资产,而应根据BOT合同对项目公司经营服务收入的安排分为两种模式:

(1)金融资产模式

该模式下,项目公司可以无条件地向合同授予方收取可确定金额的货币资金及其他金融资产或当项目公司提供运营服务的收费低于某一限定金额的情况下,合同授予方按照合同规定负责将有关价差补偿给项目公司。而这种权利与需求风险没有挂钩。典型的项目如市政道路PPP项目、配套绿化PPP项目等。

在这种情况下,项目公司应在确认建造收入的同时确认金融资产。

(2)无形资产模式

该模式下,项目公司可以在特许经营期内向使用者收取费用,但收费金额不确定,且需要承担相应的需求风险。这种权利不构成一项可以无条件收取确定金额的货币资金或其他金融资产的权利。典型的项目有高速公路PPP项目，供水、供气PPP项目等。

在这种情况下，项目公司应在确认建造收入的同时确认无形资产。

以上两种模式在财务模型中的处理方式主要区别在：第一，对于借款费用的处理，在金融资产模式下，借款利息是费用化的，而在无形资产模式下，借款利息是资本化的。第二，在无形资产模式下，需要计算无形资产摊销。虽然从全生命周期的角度出发，两种模式产生的净利润总额是相同的，但是由于在整个特许经营期内，可能出现无形资产摊销和运营收入无法完全配比的情况，从而导致两种模式下的净利润金额在各年有所不同。

（3）混合模式

在很多情况下，由于合同约定的运作方式不同，也经常出现需求风险在授予方和经营方之间共担的安排，实务中称其为"混合模式"。例如，经营方向使用者收费，但授予方提供差额担保的安排。在此情况下，授予方承担差额担保部分的需求风险，而经营方承担超出部分的需求变动风险。根据现行企业会计准则的精神，经营方需要将已获担保部分的对价确认为金融资产，并将剩余部分确认为无形资产。该无形资产代表经营方从使用者处赚取超出最低限额部分的权利。在实务中，此类由经营方和授予方共担需求风险的特许服务权协议可能相当普遍，因此有必要仔细审阅协议条款以确定经营方所获得对价的性质。

2. 确保数据准确

根据《关于印发政府和社会资本合作模式操作指南（试行）的通知》（财金（2014）113号），我国的PPP项目根据回报机制的不同大致分为使用者付费、可行性缺口补助和政府付费三类，其中以使用者付费和可行性缺口补助两种模式较为特殊，其原因就在于这种回报机制的项目会涉及对未来收入的预期，若过分高估项目收入，则很可能造成在特许经营期内项目公司僵尸化，最终靠政府大量"输血"维持，若过分低估项目收入，则很可能打破PPP项目保本微利的原则。因此，建立财务模型的第二步就是对PPP项目未来的收入进行较为准确的预测。

根据以往的经验，在对未来收入进行预测时，通常是基于项目的可研报告、类似项目的收支情况等资料。在参考这些资料时，需事先甄别数据的准确性，剔除数据中的不合理处，因为往往由于一个数据小错误而导致财务指标与正确值的巨大出入，给PPP后续工作带来较大的困难。以下实例是对确定项目收入的重要性的分析。

【例】某市化工园区公共管廊PPP项目，在尽职调查期间，咨询方通过深入调研，对管廊的使用率、收费模式、定价方法、运营成本和利润率已有了清晰的认识。但之后发现，调研资料显示的数据和该项目可行性研究报告的分析有较大的差异。

根据咨询方尽职调查，由于化工园区公共管廊项目介于经营性项目和准经营性项目之间，在化工园区运营早期，其入驻企业较少，未形成规模效应，需要财政支持。但该项目可研报告中对项目的收益作了极为乐观的预测，认为项目建设完成后的第一年，项目公司就能获得利润，且在15年的特许经营期内，财务内部收益率高达14%。这对地方政府造成了误导，使他们以为化工园区管廊项目具有较大的盈利。当提出该项目运营前期需前期财政补贴时，地方政府则对此方案感到难以理解。

之后，咨询方本着实事求是和对当地政府负责的态度，对可研报告中的数据进行了全面复查，尤其是管廊使用率的修正。在可研报告中，管廊使用率为98%，这一数据背离了实际情况，而该数据直接影响管廊公司的收入情况（使用率直接影响可收费面积）。由于在化工园区不具备完整的上下游产业链时，很容易出现管廊闲置的情况。对比某市化工园区的管廊使用率，其入驻企业153家，已形成完整的上下游关系的前提下，管廊的使用率保持在75%左右。因此，咨询方根据该市化工园区的实际情况，模拟未来的管道铺设情况，将该值修正为50%。由此，管廊收入减少了近50%，而政府财政相应支出这50%的收入。试想，若事先不剔除数据中的水分，则将来会导致项目公司早期亏损严重，而政府有无相应财政预算的局面，更有可能导致PPP项目中止。

3. 预测政府财政增长率

目前对于政府财政增长率预测，国内普遍参照GDP增长率法，如2015年我国的GDP增速为6.9%，则后期财政收入增长率按照6%或者7%确定。这种方法将后期增长率固定，与实际情况相差较大，因此需采用更科学的方法。一般现在比较成熟的预测方法为指数平滑法（Exponential Smoothing，ES），该办法由布朗（Robert G.Brown）提出，根据时间序列的态势具有稳定性或规则性的特点，将时间序列合理地顺势推延，并且考虑最近的过去态势与未来持续可能性更加接近，在预测期前期设置更大的权重，增加预测的准确性。

指数平滑法预测公式：

$$y_{t+1}' = ay_t + (1-a)y_t'$$

式中　y_{t+1}'——$t+1$期的预测值，即本期（t期）的平滑值S_t；

　　　y_t——t期的实际值；

　　　y_t'——t期的预测值，即上期的平滑值S_{t-1}。

a的取值，若观测值呈较稳定的水平发展，a值取0.1~0.3之间；观测值波动较大时，a值取0.3~0.5之间；观测值波动很大时，a值取0.5~0.8之间。

例如，我国的GDP增速从2008年开始，分别为9.6%、9.2%、10.6%、9.5%、7.7%、7.7%、7.3%、6.9%，则后期GDP增长预测如下：

首先，计算初始平滑值y_0=（9.6%+9.2%+10.6%）/3=9.8%

其次，按照指数平滑法的计算公式，得出第2年数据：

$$y_2' = ay_1 + (1-a)y_1' = 0.3 \times 9.6\% + 0.7 \times 9.8\% = 9.74\%$$

剩余年份依次类推，见表2-1。

我国GDP增长率预测（平滑指数法）　　　　　表2-1

年份	实际值	预测值
		9.80%
2008	9.60%	9.74%
2009	9.20%	9.58%
2010	10.60%	9.88%
2011	9.50%	9.77%
2012	7.70%	9.15%
2013	7.70%	8.71%
2014	7.30%	8.29%
2015	6.90%	7.87%
2016		5.51%

根据平滑指数法预测，2016年GDP增速为5.51%。

2.5.2 财务指标的测算

《政府和社会资本合作项目财政承受能力论证指引》（财金〔2015〕21号）中提出了政府财政补贴支出数额的计算公式。这个计算公式备受关注，因为它直接影响对政府付费模式的项目在项目运营补贴期间，政府承担的直接付费责任。

此公式涉及两个率，第一个是合理利润率，第二个是年度折现率。

$$\text{当年运营补贴支出数额} = \frac{\text{项目全部建设成本} \times (1+\text{合理利润率}) \times (1+\text{年度折现率})^n}{\text{财政运营补贴周期（年）}} + \text{年度运营成本} \times (1+\text{合理利润率})$$

1. 合理利润率

合理利润率是一种相对静态的指标，根据《政府和社会资本合作项目财政承受能力论证指引》中的公式来看，其定义更接近于资本金净利润率。其中，由于PPP项目的建设期涉及较大的投资额度，为了缓解地方财政压力，将建设期的投资额均分到运营期内归还。

在建立财务模型时，值得注意的是上文中提到的均分，一定是简单的数学平均，因为若在此处考虑了资金的时间价值，那么整个财务模型中所有的数据都应考虑资金的时间价值，换句话说，每一年的收入和支出都是前一年收入和支出的倍数（倍率即为1+折现率）。若只考虑了建设成本的时间价值，将会造成越到运营期的后期，财政支出越大，项目公司获得的收入越多，但支出却始终没有改变，整个项目的计算结果都会偏离正确的轨道，造成一种"暴利"的假象，殊不知是公式使用错误。

那为什么财政部公布的公式里就给建设成本加上了时间价值呢？原因很简单，这个公式是指导当PPP项目落地、补贴实际发生时用的，例如，在计算2020年的补贴费用的时候，所有的成本、使用者付费都来自于真实的数据，这些数据相较于2016年的数据本身就具有了时间价值。此时把建设成本也加上时间价值，那么公式中所有的数据都是2020年这个时间节点上的数据，此时计算的补贴就是正确合理的。

综上，在使用财政部的这个公式的时候，要不就是所有数据都考虑时间价值，要不就是所有的数据都不考虑时间价值。

2. 折现率

在《政府和社会资本合作项目财政承受能力论证指引》第十七条中明确，年度折现率应考虑财政补贴支出发生年份，并参照同期地方政府债券收益率合理确定。若单纯的参考地方政府债券收益率，折现率的确定将会偏低。原因在于，折现率不是利率。虽然折现率的确定通常和当时的利率水平是有紧密联系的。但以下因素将是二者本质上的区别：

（1）利率是资金的报酬，折现率是管理的报酬。利率只表示资产（资金）本身的获利能力，而与使用条件、占用者和使用途径没有直接联系，折现率则与资产以及所有者使用效果相关。

（2）如果将折现率等同于利率，则将问题过于简单化、片面化了。折现率从企业在购置或者投资资产时的角度来讲，就是企业所要求的必要报酬率。投资人通常对自有资金的回报有较高的期望，根据风险收益率公式：

$$R_r = \beta \times (K_m - R_f)$$

可知，若承担的风险越高，则投资人对收益率的要求也会越高。众所周知，PPP项目合约期是较长的，这就意味着投资人将会面临一系列的风险，诸如政府信用、政策变化、不可抗力等。此时相比于无风险或风险较小的投资（政府债券），投资人肯定不能满足于债券的收益率。

综上建议，在确定PPP项目的折现率时使用下面的公式：

$$折现率 = 自有资金比例 \times 回报率 + 融资比例 \times 融资成本率$$

其中，回报率应综合考虑风险、投资人期望等因素。根据目前我国平稳发展的新常态，一般认为8%~12%是较为合理的区间。

融资成本率，应根据PPP项目设计的融资结构计算，从实际的角度来说，PPP项目融资很难单一依靠银行完成。若项目融资涉及基金，则应保证融资成本率可以覆盖银行利息和基金的收益率。

【例】某一个片区开发的PPP存量项目，该地区2015年新发五年期的债券票面利率为4.04%，由于该项目投资额很大，社会资本在投资时设立了产业基金，目前，我国的产业基金的收益率维持在6%左右，考虑基金的融资成本，将基金投资的收益率定为7%，银行五年期及以上贷款利率为4.9%，综合考虑建设运营期跨度（10年），以及当地政府的财政承受能力，最终将自有资金回报率定为11%，根据上述公式，确定该PPP项目折现率为5.77%。这与4.04%的债券利率相差1.73%，这部分差值是社会资本对自有资金利润的诉求，也是根据实际情况计算出来的。若简单按照4.04%的折现率计算，当PPP项目落地，政府实际支付每年补贴时，差距将是几何倍数的鸿沟。

3. 内部收益率

当财务模型建立完成，将每年的现金流准确计算出来后，就可以得出一个动态的经济指标——内部收益率。

从计算方法来说，内部收益率是资金流入现值总额与资金流出现值总额相等、净现值等于零时的折现率。而内部收益率的计算根据不同的现金流、考虑因素也可以继续细分为项目内部收益率（Project IRR）、股权内部收益率（Equity IRR）和混合股权内部收益率（Blended Equity IRR）。其中，项目内部收益率代表了整个项目加权平均资金成本（Weighted Average Capital Cost，WACC），该计算适用于不考虑项目融资部分的项目现金流，主要包含了资本成本、运营维护成本、项目收入以及周转资金调整等。股权收益率则特别考虑了优先债影响后的内部收益率。混合股权内部收益率则是考虑了股权收益和次债收益后的内部收益率。

从实际意义来讲，内部收益率是一个宏观概念指标，最通俗的理解为项目投资收益能承受的货币贬值，通货膨胀的能力。比如内部收益率10%，表示该项目操作过程中每年能承受货币最大贬值10%，或通货膨胀10%。同时内部收益率也表示项目操作过程中抗风险能力，比如内部收益率10%，表示该项目操作过程中每年能承受最大风险为10%。另外如果项目操作中需要贷款，则内部收益率可表示最大能承受的利率，若在项目经济测算中已包含贷款利息，则表示未来项目操作过程中贷款利息的最大上浮值。

在计算内部收益率过程中，需注意以下几个方面：

（1）现金流时间顺序。由于通货膨胀的存在，现金流入和流出的时间顺序影响内部收益率的大小。如果前期现金流入大，后期现金流出少，则内部收益率大。

【例】某PPP项目，政府提供了两种购买服务的方式，第一个是按建设投资总额在整个运营期均匀支付（运营期10年，财务成本费用另行计算），每年支付10%，另一种是在运营期前五年不支付费用，从第六年起按30%、20%、15%、15%、10%的比例支付。这两种支付方式虽然总额是相同的，但由于通货膨胀的存在，其实均匀支付的这种方式对项目公司来说更有利（不考虑资金周转、尽快还本等因素）。而实际计算的结果也是进一步印证了上述观点。

（2）移交税费。根据《重庆市地方税务关于建筑业营业税有关政策问题的通知》《江西省地方税务局关于BT方式建设项目有关税收政策问题的公告》等地方文件的要求，工程完工交付业主的，应全额缴纳建筑营业税，其计税营业额为取得的全部回购价款（包括工程建设费用、融资费用、管理费用和合理的回报等）。通常可以看到很多项目的财务测算方案，营业税都是在当年就进行计算了的。相比于最后一期一并支付这种方式，在每一年都支付营业税其本质是减少了现金流入。这将使计算出的内部收益率偏小。

（3）项目施工建设利润。在实际测算内部收益率时，需注意项目施工建设本身的利润，若项目公司自身承担施工，则建设投资中包含了一定的施工利润。目前我国很多PPP项目，社会资本是具有施工能力的。那在考虑全生命周期利润时，需考虑这部分利润。一般情况下，该施工建设利润可达建筑安装工程费用的6%（毛利）。这部分利润若被忽略，则可能造成两种后果：第一，补贴费用虚高；第二，内部收益率偏低。两者都不是项目参与各方愿意接受的。

2.5.3 财务测算关键要素

1. 如何"甄别"PPP项目

自2002年建设部推动基础设施和公用事业市场化以来，"PPP"这个概念在我国经历了反复曲折的过程，且一直没有被官方提及和认可，仅在水务、垃圾处理等少数领域以"特许经营"、"BOT"等含义较窄的词来诠释PPP。但从2013年年底起，财政部开始推行PPP，之后PPP项目呈现井喷式发展，无论是理论研究，还是项目实践；也无论是国家层面，还是地方层面，都掀起了PPP在我国发展的一个新高潮，可见PPP项目是顺应时势的产物。

但是，目前国家特别是各地方推出的PPP项目数量众多、情况参差不齐，很容易将整个行业引上不归途，等到那个时候，回过头来再来"收拾"PPP，这是大家都不希望看到的。

从经济的角度"甄别"一个PPP项目，就是要判断其在整个生命周期的运行情况，其本质就是判断这个项目的盈利能力、偿债能力、财务生存能力、抗风险能力。在实际操作中，判断以上四种能力需要综合多个评价指标，这些指标有主有次，可以从不同侧面反映投资方案的经济效果。

（1）投资收益率又称投资利润率，是指投资方案在达到设计一定生产能力后一个正常年份的年净收益总额与方案投资总额的比率。投资收益率是评价投资方案盈利能力的静态指标，表明投资方案正常生产年份中，单位投资每年所创造的年净收益额。对运营期内各年的净收益额变化幅度较大的方案，可计算运营期年均净收益额与投资总额的比率。

投资收益率指标经济意义明确、直观、计算简便，在一定程度上反映了投资效果的优劣，可适用于各种投资规模。但不足的是，没有考虑投资收益的时间因素，忽略了资金具有时间价值的重要性。

（2）投资回收期，指通过资金回流量来回收投资的年限，根据是否考虑资金的时间价值，可分为静态投资回收期和动态投资回收期。

静态投资回收期是在不考虑资金时间价值的条件下，以项目的净收益回收其全部投资所需要的时间。静态投资回收期可自项目建设开始年算起，也可自项目投产年开始算起，但应予注明。具体计算公式为：

1）项目建成投产后各年的净收益（即净现金流量）均相同，则静态投资回收期的计算公式如下：$P_t = K/A$

2）项目建成投产后各年的净收益不相同，则静态投资回收期可根据累计净现金流量求得，也就是在现金流量表中累计净现金流量由负值转向正值之间的年份。其计算公式为：

P_t =累计净现金流量开始出现正值的年份数-1+上一年累计净现金流量的绝对值/出现正值年份的净现金流量

动态投资回收期是把投资项目各年的净现金流量按折现率（前文已讲述）折成现值之后，再来推算投资回收期，这就是它与静态投资回收期的根本区别。动态投资回收期就是净现金流量累计现值等于零时的年份。

投资者一般都十分关心投资的回收速度，为了减少投资风险，都希望越早收回投资越好。动态投资回收期是一个常用的经济评价指标。动态投资回收期弥补了静态投资回收期没有考虑资金的时间价值这一缺点，使其更符合实际情况。其计算公式为：

P'_t =（累计净现金流量现值出现正值的年数-1）+上一年累计净现金流量现值的绝对值/出现正值年份净现金流量的现值

（3）偿债备付率又称偿债覆盖率，是指项目在借款偿还期内，各年可用于还本付息的资金与当期应还本付息金额的比值。其表达式为：

偿债备付率=可用于还本付息的资金/当期应还本付息的金额×100%

可用于还本付息的资金=息税前利润加折旧和摊销

（4）净现值是指一个项目预期实现的现金流入的现值与实施该项计划的现金支出的现值的差额。净现值为正值的项目可以为股东创造价值，净现值为负值的项目会损害股东价值。

（5）内部收益率就是资金流入现值总额与资金流出现值总额相等、净现值等于零时的折现率。内部收益率容易被人误解为是项目初期投资的收益率，事实上，内部收益率的经济含义是投资方案占用的尚未回首的资金的获利能力，它取决于项目内部。

2. 如何解决"并表"问题

合并财务报表是指由母公司编制的，将母子公司形成的企业集团作为一个会计主体，综合反映企业集团整体财务状况、经营成果和现金流量的报表。母公司是指有一个或一个以上子公司的企业；子公司是指被母公司控制的企业。母公司应当是依法登记，取得企业法人资格的控股企业。合并财务报表的合并范围应当以控制为基础予以确定。具体包括以下几种情况：

（1）母公司直接或通过子公司间接拥有被投资单位半数以上的表决权，表明母公司能够控制被投资单位，应当将该被投资单位认定为子公司，纳入合并财务报表的合并范围。但是，有证据表明母公司不能控制被投资单位的除外。

（2）母公司拥有被投资单位半数或以下的表决权，且满足下列条件之一的，视为母公司能够控制被投资单位，但是，有证据表明母公司不能控制被投资单位的除外：

1）通过与被投资单位其他投资者之间的协议，拥有被投资单位半数以上的表决权。

2）根据公司章程或协议，有权决定被投资单位的财务和经营政策。

3）有权任免被投资单位的董事会或类似机构的多数成员。

4）在被投资单位的董事会或类似机构占多数表决权。

（3）在确定能否控制被投资单位时，应当考虑企业和其他企业持有的被投资单位的当期可转换的可转换公司债券、当期可执行的认股权证等潜在表决权因素。母公司应当将其全部子公司，无论是小规模的子公司还是经营业务性质特殊的子公司，均纳入合并财务报表的合并范围。

结合PPP项目来说，SPV公司从成立开始就离不开大量的资金注入，在财务分析时，不仅要测算SPV公司的收益，更要注意解决SPV公司的资金来源。我国的PPP项目大都涉及基础设施建设领域，比如地下综合管廊、城市道路、综合区域开发等，这种类型的项目对资金需求量较大，那就意味着SPV公司需要较高比例、较大额度的融资。对于参与PPP项目的社会资本来说，SPV公司负债一旦与母公司并表就会直接影响母公司后续的发展和再融资。

因此，降低SPV公司的负债率也成了PPP项目财务分析和结构设计时的重要考虑因素之一。

目前，解决"并表"问题较为常见的解决方式主要包括产业投资基金、ABS方式两种方式。

（1）产业投资基金

根据原国家发展计划委员会2006年制定的《产业投资基金管理暂行办法》，产业投资基金（或简称"产业基金"），是指一种对未上市企业进行股权投资和提供经营管理服务的利益共享、风险共担的集合投资制度，即通过向多数投资者发行基金份额设立基金公司，由基金公司自任基金管理人或另行委托基金管理人管理基金资产，委托基金托管人托管基金资产，从事创业投资、企业重组投资和基础设施投资等实业投资。按投资领域的不同，产业投资基金可分为创业投资基金、企业重组投资基金、基础设施投资基金等类别。

产业投资基金本质上是一种融资媒介，政府通过成立基金，吸引资金以股权形式介入项目公司，参与基建类项目的建设和运营，可以解决政府三个问题：

1）解决新建项目融资问题

对于新建类项目，政府可以发起母基金，吸引银行、保险等金融机构和实业资本提供项目建设所需要的资金，解决当前建设资金不足的问题。

2）解决存量项目债务问题

对于存量的项目，可以通过TOT、ROT等方式，由产业投资基金设立的项目公司接手具体项目运营。尤其是对于已到回购期的BT类项目，原先政府的付费期是3~5年，产业基金介入项目后，政府通过授予特许经营权，政府的补贴或支付期限可以延长到十年甚至更长，大大减轻地方政府的短期偿债压力。

3）解决项目公司资产负债约束问题

绝大多数基建类的PPP项目都由项目公司负责融资、建设和运营，这直接造成项目公司的资产负债表膨胀，由于社会资本方对项目公司拥有实际的控制权，那么项目公司将会与母公司（社会资本）合并报表，这将提高母公司（社会资本）的资产负债率，从而影响母公司（社会资本）的银行贷款和债券发行。若项目公司能通过发起设立产业投资基金，以基金的形式筹集资金，可以实现表外化的融资，降低项目公司的资产负债率。从而减轻对母公司（社会资本）的影响。

与传统的平台投融资模式对比，前者是地方政府以自身信用为平台公司的投融资项目承担隐性担保。而后者是地方财政以较小比例的股权加入投融资项目，以较小的一笔资金撬动了更多的资金。这更好地解决了地方基建融资问题，提高财政资金的使用效益。

在各地不断涌现的PPP产业投资基金中，根据基金发起人的不同而分成三种模式。

【模式一】由省级政府层面出资成立引导基金，再以此吸引金融机构资金，合作成立产业基金母基金。各地申报的项目，经过金融机构审核后，由地方财政做劣后级，母基金做优先级，杠杆比例大多为1：4。地方政府做劣后，承担主要风险，项目需要通过省政府审核。这种模式一般政府对金融机构还是有隐性的担保，其在河南、山东等地运用的比较广泛。

2014年12月，河南省政府与建设银行、交通银行、浦发银行签署"河南省新型产业投资基金"战略合作协议，总规模将达到3000亿元，具体可细分为"建信豫资城镇化建设发展基金"、"交银豫资产业投资基金"和"浦银豫资城市运营发展基金"。

以单只基金的总规模为1000亿元为例，母基金按照子基金10%的规模设计，金融机构与省财政分别出资50%，省财政出资部分由河南省豫资公司代为履行出资人职责，即母基金规模100亿元，金融机构和省豫资公司各出资50亿元，按承诺分期同步到位。

功能类子基金的出资比例具体为母基金占比10%、地方政府占比20%、金融机构占比70%。交通银行河南省分行目前已在郑州航空港区项目的子基金中出资19.98亿元，将全部用于产业园区的棚户区改造。

子基金设立前将由市县政府和省级投资公司进行项目推荐，随后交由金融机构和省豫资公司履行调查程序。一旦出现风险，将采取优先劣后的退出机制，保证金融机构的本金和收益。

【模式二】由金融机构联合地方国企发起成立有限合伙基金，一般由金融机构做LP优先级，地方国企或平台公司做LP的次级，金融机构指定的股权投资管理人做GP。这种模式下整个融资结构是以金融机构为主导的。

2015年2月兴业基金管理有限公司与厦门市轨道交通集团签署了厦门城市发展产业基金合作框架协议，基金总规模达100亿元，将投资于厦门轨道交通工程等项目。该基金采用PPP模式，由兴业基金全资子公司兴业财富资产管理有限公司通过设立专项资管计划，与厦门市政府共同出资成立"兴业厦门城市产业发展投资基金"有限合伙企业。兴业财富和厦门轨道交通集团各出资70%和30%，分别担任优先级有限合伙人和劣后级有限合伙人，厦门轨道交通集团按协议定期支付收益给优先级有限合伙人，并负责在基金到期时对优先级合伙人持有的权益进行回购，厦门市政府提供财政贴息保障。

【模式三】有建设运营能力的实业资本发起成立产业投资基金，该实业资本一般都具有建设运营的资质和能力，在与政府达成框架协议后，通过联合银行等金融机构成立有限合伙基金，对接项目。某建设开发公司与某银行系基金公司合资成立产业基金管理公司担任GP，某银行系基金公司作为LP优先A，地方政府指定的国企为LP优先B，该建设开发公司还可以担任LP劣后级，成立有限合伙形式的产业投资基金，以股权的形式投资项目公司。项目公司与业主方（政府）签订相应的财政补贴协议，对项目的回报模式进行约定，业主方根据协议约定支付相关款项并提供担保措施。

这类有运营能力的社会资本发起成立产业投资基金，可以通过加杠杆的形式提高ROE。全球范围看建筑业的毛利率是3%，净利率是1%~2%，而且对投入资本要求很高，通过成立产业投资基金参与基建项目，若企业出资10%，可以放大9倍杠杆，除去付给优先级LP的成本后，放大杠杆的过程就会有很大一块利润，再加上建筑总包的利润，也能实现在营业收入一定的情况下提高净值产收益率。

（2）ABS（Asset-Backed Securitization）方式

ABS方式的运作过程主要包括以下几个方面：

1）组建特殊目的机构SPV。该机构可以是一个信托机构，如信托投资公司、信用担保公司、投资保险公司或其他独立法人，该机构应能够获得国际权威资信评估机构较高级别的信用等级（AAA或AA级）。由于SPV是进行ABS的融资的载体，成功组建SPV是ABS能够成功运作的基本条件和关键因素。

2）SPV与项目结合。即SPV寻找可以进行资产证券化融资的对象。一般来说，投资项目所依附的资产只要在未来一定时期内能带来现金收入，就可以进行ABS融资。拥有这种未来现金流量所有权的企业（项目公司）称为原始权益人。这些未来现金流量所代表的资产，是ABS融资方式的物质基础。在进行ABS融资时，一般应选择未来现金流量稳定、可靠、风险较小的项目资产。而SPV与这些项目的结合，就是以合同、协议等方式将原始权益人所拥有的项目资产的未来现金收入的权利转让给SPV，转让的目的在于将原始权益人本身的风险割断。这样SPV进行ABS方式融资时，其融资风险仅与项目资产未来现金收入有关，而与建设项目的原始权益人本身的风险无关。

3）进行信用增级。利用信用增级手段使该组资产获得预期的信用等级，为此，就要调整项目资产现有的财务结构，使项目融资债券达到投资级水平，达到SPV关于承包ABS债券的条件要求，SPV通过提供专业化的信用担保进行信用升级，之后委托资信评估机构进行信用评级，确定ABS债券的资信等级。

4）SPV发行债券。SPV直接在资本市场上发行债券募集资金，或者经过

SPV通过信用担保，由其他机构组织债券发行，并将通过发行债券筹集的资金用于项目建设。

5）SPV偿债。由于项目原始收益人已将项目资产的未来现金收入权利让给SPV，因此，SPV就能利用项目资产的现金流入量，清偿其在国际高等级投资证券市场上所发行债券的本息。

那么ABS方式与传统的BOT方式有什么区别呢？

具体所有权、运营权归属、适用范围、对项目所在国的影响、融资方式、风险分散度、融资成本等方面都有不同之处。

项目所有权、运营权归属。BOT融资方式中，项目的所有权与经营权在特许经营期内是属于项目公司的，在特许经营结束之后，所有权及经营权将会移交给政府；在ABS的融资方式中，根据合同规定，项目的所有权在债券存续期内由原始权益人转至SPV，而经营权与决策权仍属于原始权益人，债券到期后，利用项目所产生的收益还本付息并支付各类费用之后，项目的所有权重新回到原始权益人手中。

适用范围。对于关系国家经济命脉或包括国防项目在内的敏感项目，采用BOT融资方式是不可行的，容易引起政治、社会、经济等各方面的问题；在ABS融资方式中，虽在债券存续期内资产的所有权归SPV所有，但是资产的运营与决策权仍然归属原始权益人，SPV不参与运营，不必担心外商或私营机构控制，因此应用更加广泛。

资金来源。BOT与ABS融资方式的资金来源主要都是民间资本，可以是国内资金，也可以是外资，如项目发起人自有资金、银行贷款等；但ABS对强调通过证券市场发行债券这一方式筹集资金，是ABS方式与其他项目融资方式一个较大的区别。

对项目所在国的影响。BOT会给东道国带来一定负面效应，如掠夺性经营、国家税收流失及国家承担价格、外汇等多种风险，ABS则较少出现上述问题。

风险分散度。BDT风险主要由政府、投资者/经营者、贷款机构承担；ABS则由众多的投资者承担，而且债券可以在二级市场上转让，变现能力强。

融资成本。BOT过程复杂、牵涉面广、融资成本因中间环节多而增加；ABS则只涉及原始权益人、SPV证券承销商和投资者，无需政府的许可、授权、担保等，过程简单，降低了融资成本。

2.6 "物有所值评价"案例分析

2.6.1 案例背景

××化工园区是一个专业化工园区，也是××市的重点园区。为了解决入驻企业生产装置区与港区码头之间物料的输送问题，避免企业自行敷设管道造成的各种管道杂乱无序、占用大量土地、破坏园区整体美观等诸多不利因素，同时，为积极响应近年来国务院、国家发改委、财政部等部委出台的有关鼓励和推动政府和社会资本合作（PPP）的模式的法律政策精神，结合化工园区实际情况，当地政府拟采用PPP模式实施××化工园区公共管廊项目（以下简称"本项目"），见表2-2。

××化工园区公共管廊工程PPP项目　　　　表2-2

案例概览	
公共管廊主要技术指标	长约4km，宽6m，2层
项目运作方式	建设—运营—转移（BOT）
项目发起方式	政府发起
项目运作主体	社会资本和政府指定主体共同出资设立的项目公司作为运作主体（社会资本控股项目公司），其中社会资本对项目公司持股88.6%，社会政府方指定主体对项目公司持股11.4%
项目回报机制	可行性缺口补助，由公共管廊使用者付费，同时政府以财政补贴的形式，给予项目公司适当的经济补助，以满足项目公司回收成本并获得合理回报
项目融资方式及来源	社会资本和政府指定主体的股权融资+银行借款债务融资
资本金出资比例	30%
长期贷款利率	4.9%
贷款年限	16年
管廊有效使用率	55%
合理利润率	6.86%
年度折现率	4.97%
合作期限	26年（建设期1年，运营期25年）
总投资（含建设期利息）	6997.13万元

2.6.2 物有所值定性评价

1. 风险分配

PPP项目的风险分配是定性评价的重要环节，分配机制以风险最优分配原则为核心，原则上法律、政策、环境问题等风险由政府承担；融资、建设、运营等风险由社会资本承担；不可抗力风险由双方共同承担。本项目拟采取的风险分配方案见表2-3。

本项目风险分配表　　　　　　　　表2-3

编号	风险种类	风险承担方
1	政策风险	政府和社会资本共担
2	政府信用风险	政府
3	政府决策失误或过程冗长	政府
4	完工风险	社会资本
5	财务风险	社会资本
6	合同风险	政府和社会资本共担
7	资金风险	社会资本
8	施工质量与安全风险	社会资本
9	利率风险	社会资本
10	不可抗力风险	政府和社会资本共担

2. 物有所值专家评价

物有所值定性评价采用专家打分法。定性评价专家组包括财政、资产评价、会计、金融等经济方面专家，以及行业、工程技术、项目管理和法律方面专家等。在专家独立评分环节，评分机构设定各项指标及其权重，采用百分制评分法，专家在充分讨论项目情况后，对照评分标准，按指标对项目进行评分（表2-4）。针对每个指标求专家评分的总分，计算每个指标对应的平均分，再对平均分按照指标权重计算加权分，得到评分结果（表2-5）。

专家评分表   表2-4

	指标	权重	评分						
			专家1	专家2	专家3	专家4	专家5	专家6	专家7
基本指标	①全生命周期整合程度	15%	70	80	75	70	80	75	80
	②风险识别与分配	15%	80	85	75	85	85	80	80
	③绩效导向与鼓励创新	15%	75	70	70	75	75	70	75
	④潜在竞争程度	15%	60	60	55	60	65	55	60
	⑤政府机构能力	10%	70	75	70	70	65	75	70
	⑥可融资性	10%	60	50	55	60	60	60	55
	基本指标小计	80%	—	—	—	—	—	—	—
补充指标	⑦项目规模大小	5%	40	25	25	30	30	40	35
	⑧预期使用寿命长短	5%	80	80	85	90	85	80	85
	⑨全生命周期成本估计准确性	5%	90	80	90	80	85	80	85
	⑩运营收入增长潜力	5%	80	80	75	80	85	80	75
	补充指标小计	20%	—	—	—	—	—	—	—
	合计	100%	—	—	—	—	—	—	—
	备注	每项指标评分分为五个等级，即有利、较有利、一般、较不利、不利，对应分值分别为81~100分、61~80分、41~60分、21~40分、0~20分							

专家评分结果表   表2-5

	指标	权重A	总分B	平均分C=B÷专家数	加权分F=C×A
基本指标	①全生命周期整合程度	15%	530	76	11.4
	②风险识别与分配	15%	570	81	12.2
	③绩效导向与鼓励创新	15%	510	73	10.9
	④潜在竞争程度	15%	415	59	8.9
	⑤政府机构能力	10%	495	71	7.1
	⑥可融资性	10%	400	57	5.7
	基本指标小计	80%	—	—	56.2

续表

	指标	权重A	总分B	平均分C=B÷专家数	加权分F=C×A
补充指标	⑦项目规模大小	5%	225	32	1.6
	⑧预期使用寿命长短	5%	585	84	4.2
	⑨全生命周期成本估计准确性	5%	590	84	4.2
	⑩运营收入增长潜力	5%	555	79	4.0
	补充指标小计	20%	—	—	14.0
	评分结果	100%	—	—	70.1

本项目专家定性评价指标具体设定如下：全生命周期整合程度、风险识别与分配、绩效导向与鼓励创新、潜在竞争程度权重均为15%；政府机构能力和可融资性权重均为10%。定性评价的补充指标项目规模大小、预期使用寿命长短、全生命周期成本估计准确性、运营收入增长潜力权重均为5%，总权重为20%。

3. 物有所值定性评价的结论

本项目采用PPP模式可以优化风险的分配，避免政府方承担全部风险；在项目操作过程中会遇到资金风险、市场风险、政策风险、财务风险及不可抗力等风险。若采用传统的政府投资，这些风险将全部由政府或其实施机构承担，而采用PPP模式将会以风险最优分配为原则，根据政府和社会资本各方在风险管理方面的优势及风险化解能力确定风险的承担方。如果采用PPP模式引入社会资本实施本项目，引入市场机制，政府在缓解财政压力的同时，可以提高项目在融资、建设、运营等方面的效率，充分利用社会资本的管理经验和技能。

经过专家打分及综合评价，本项目平均分值达到70.1分，满足定性评价要求（超过60分则该项目适合采用PPP模式）。

综上，对本项目PPP模式所作的物有所值定性评价表明，项目满足物有所值的要求。

2.6.3 物有所值定量评价

1. 本项目的PSC值

(1) 建设和运营维护净成本计算

本项目的生命期即PPP协议期约为26年。其中,建设成本在建设期2016年一年内全部投入。其余成本在项目建成后,每年投入相应数额。项目移交不计残值。根据类似项目的运营情况,按年度计算成本净现值(NPV),结果见表2-6。

本项目建设和运营维护成本(万元) 表2-6

序号	项目	合计	2016年	2017年	2018年	……	2036年	2037年	2038年	2039年	2040年	2041年
1	项目建设成本		6997.13	0.00	0.00		0.00	0.00	0.00	0.00	0.00	0.00
1.1	建设成本		6997.13	0.00								
1.2	其他											
2	资本性收益											
3	运营维护成本			602.00	657.55		420.00	420.00	420.00	420.00	420.00	420.00
3.1	运营管理成本			362.00	420.00		420.00	420.00	420.00	420.00	420.00	420.00
3.2	借款利息			240.00	237.55		0.00	0.00	0.00	0.00	0.00	0.00
4	项目收入			580.80	929.28		1161.60	1161.60	1161.60	1161.60	1161.60	1161.60
4.1	公共管廊租赁收入			580.80	929.28		1161.60	1161.60	1161.60	1161.60	1161.60	1161.60
4.2	其他收入											
5	建设和运营维护净成本		6997.13	21.20	−271.73		−741.60	−741.60	−741.60	−741.60	−741.60	−741.60
6	建设和运营维护成本净现值	−1107.02	6665.84	19.24	−234.93		−267.79	−255.11	−243.04	−231.53	−220.57	−210.12

其中：

1）建设和运营维护净成本=项目建设成本-资本性收益+运营维护成本-项目收入。

2）本项目运营维护成本包括运营管理成本和借款利息，其中运营管理成本又主要包括人员工资及福利费、管廊的修理费及其他费用（如管理费）。

3）项目收入是假设参照项目与PPP项目付费机制相同情况下能够获得的使用者付费收入。

4）本项目在计算PSC时，按照加权平均资本成本法选取的折现率为4.97%，下同。

（2）竞争性中立调整值计算

本项目采用政府传统采购模式与采用PPP模式相比，存在税费待遇（如所得税、营业税）、土地费用（本项目土地占用以向政府交纳土地使用费的形式获取）等方面的差异，为了使物有所值定量评价能真正对两种采购模式进行公平比较，需要将此差异（竞争性中立调整）反映到公共部门比较值中。

经测算，本项目中企业所得税、营业税及土地使用费等竞争性调整值的计算结果见表2-7。

本项目竞争性中立调整值（万元） 表2-7

序号	项目	合计	2016年	2017年	2018年	……	2036年	2037年	2038年	2039年	2040年	2041年
1	竞争性中立调整值			58.25	71.11		201.71	212.94	224.72	237.10	250.09	263.72
1.1	土地费用			20.00	20.00		20.00	20.00	20.00	20.00	20.00	20.00
1.2	税费			38.25	51.11		181.71	192.94	204.72	217.10	230.09	243.72
1.2.1	营业税金及附加			38.25	51.11		67.36	69.48	71.70	74.04	76.49	79.07
1.2.2	所得税			0.00	0.00		114.35	123.46	133.02	143.06	153.60	164.66
2	竞争性中立调整值净现值	2014.96	0.00	52.87	61.48		72.84	73.25	73.65	74.02	74.38	74.72

（3）风险承担成本测算

由于本项目各类风险支出数额和概率难以准确测算，因此，本项目选用比例法，按照项目的全部建设成本和运营成本的一定比例确定风险承担支出，对风险承担成本进行量化，量化公式为：

本项目风险承担成本=项目建设运营成本×15%（风险承担比例）

其中：可转移风险承担成本=项目全部风险承担成本×80%

自留风险承担成本=项目全部风险承担成本×20%

计算结果见表2-8：

本项目风险承担成本测算值（万元） 表2-8

序号	项目	合计	2016年	2017年	2018年	……	2036年	2037年	2038年	2039年	2040年	2041年
1	风险承担成本		1049.57	90.30	98.63		63.00	63.00	63.00	63.00	63.00	63.00
1.1	可转移风险承担成本		839.66	72.24	78.91		50.40	50.40	50.40	50.40	50.40	50.40
1.2	自留风险承担成本		209.91	18.06	19.73		12.60	12.60	12.60	12.60	12.60	12.60
2	风险承担成本净现值	2071.26	999.88	81.95	85.28		22.75	21.67	20.65	19.67	18.74	17.85

综上，本项目PSC=项目的建设和运营维护净成本+竞争性中立调整值+风险承担成本

=-1107.02+2014.96+2071.26=2979.20万元。

2. PPP值计算

（1）PPP值的计算方法

PPP值是指政府实施PPP项目所承担的全生命周期成本的净现值。

PPP值=政府建设运营成本+政府自留风险承担成本

1）PPP模式下的政府建设运营成本。政府应承担的建设运营成本包括政府建设成本和政府运营维护成本。计算公式为：

政府建设运营成本=（政府建设成本-资本性收益）+（政府运营维护成本-第三方收入）

其中：

①政府建设成本，包括政府以现金、固定资产或土地使用权等方式对项目设计、建设进行的投资补助。

②资本性收益，是指项目全生命周期内产生的转让、租赁或处置资产所获得的收益。

③第三方收入，是指项目全生命周期内，因提供项目基础设施及公共服务而从第三方获得的收入（如使用者付费）。

④政府运营维护成本，包括政府向社会资本支付的运营维护费、财政补贴等。

2）政府自留风险承担成本。一般包括政府因承担法律、政策等自留风险所支出的成本。与PSC的保留风险成本相比，二者相差不大。

（2）本项目的PPP值

本项目PPP值主要由以下几部分组成：

1）PPP模式下的政府建设成本

本项目政府在建设期的成本主要是对项目公司的股权出资，根据运作模式的设定，本项目政府方对项目实施主体项目公司持有约11.4%的股份，股权出资约150万元。

2）政府运营维护成本

本项目政府的运营维护成本主要是由于使用者付费不足以满足项目公司成本回收和合理回报，而由政府以财政补贴的形式给予项目公司的经济补助。

根据财政部《政府和社会资本合作项目财政承受能力论证指引》（财金[2015]21号）文件，本项目政府运营维护成本的计算公式为：

$$政府运营维护补贴 = \frac{项目全部建设成本 \times (1+合理利润率) \times (1+合理折现率)^n}{财政运营补贴周期（年）} + 年度运营成本 \times (1+合理利润率) - 当年使用者付费数额$$

其中，折现率取值同上，为4.97%，合理利润率的测算以目前金融机构中长期贷款基准利率4.9%为基数，为了使项目利润水平接近投资人的一般要求（行业利润水平通常在8%左右），设定调整系数为1.4，即合理利润率取值为6.86%。

经测算，本项目在运营期第一年（管道占用率约50%）政府补贴约114.73万元,运营期第2年(管道占用率约80%)至第18年不需要补贴,从运营期第19年(2035年)到第25年,每年支付额度从26.31万~275.98万元逐年递增(表2-9)。

财政补贴测算结果   表2-9

运营年份	2017	2018	2019	2020	2021	2022	2023	2024	2025
政府补贴(万元)	114.73	0.00	0.00	0.00	0.00	0.00	0.00	0.00	0.00
运营年份	2026	2027	2028	2029	2030	2031	2032	2033	2034
政府补贴(万元)	0.00	0.00	0.00	0.00	0.00	0.00	0.00	0.00	0.00
运营年份	2035	2036	2037	2038	2039	2040	2041		
政府补贴(万元)	26.31	63.04	101.60	142.08	184.56	229.16	275.98		

3)政府自留风险承担成本

约等于PSC的保留风险成本。

本项目PPP值计算结果见表2-10。

本项目PPP值测算(万元)   表2-10

序号	项目	合计	2016年	2017年	2018年	……	2035年	2036年	2037年	2038年	2039年	2040年	2041年
1	政府建设成本		210.00										
2	政府资本性收益												
3	政府运营维护成本(补贴)			114.73	0.00		26.31	63.04	101.60	142.08	184.56	229.16	275.98
4	政府收入												
5	政府自留风险承担成本		209.91	18.06	19.73		12.60	12.60	12.60	12.60	12.60	12.60	12.60
6	PPP值		419.91	132.79	19.73		38.91	75.64	114.20	154.68	197.16	241.76	288.58
7	PPP值净现值	673.59	400.03	120.51	17.06		14.75	27.32	39.29	50.69	61.56	71.91	81.77

注:计算PPP时选取的折现率为4.97%。

综上,本项目PPP值=PPP模式下的政府建设运营成本+政府自留风险承担成本=673.59万元。

3. 物有所值定量评价的结论

通过 PSC 值和 PPP 值的计算可得，本项目全生命周期的物有所值定量值（VFM）为：2979.20-673.59＝2305.61万元。根据物有所值评价的要求，如果公共部门比较值（PSC）大于全生命周期政府支出净成本现值（PPP），则意味着政府传统采购模式成本更高，选择PPP模式是更为经济的；差值越大，越应该采用PPP模式。具体而言，当物有所值评价量值和指数为正时，说明项目适宜采用PPP模式，否则不适宜采用PPP模式。本项目的量值和指数均为正，从定量角度看适宜采用PPP模式。

综上，无论定性评价还是定量评价，本项目的测算数据都表明是物有所值的。因此，该项目适合采用PPP模式。

2.7 "财政承受能力论证"案例分析

2.7.1 案例背景

案例项目为某地区公共管廊PPP项目，建筑结构为地上钢架管廊，主要用于解决入驻该地区化工园区企业生产装置区与港区码头之间物料的输送问题。

2.7.2 财政承受能力论证

1. 责任识别

依据《政府和社会资本合作项目财政承受能力论证指引》（财金〔2015〕21号）文件的相关规定，为了科学评价项目实施对当前及今后财政收支平衡状况的影响，并为PPP项目财政预算管理提供依据，需要对项目的各项财政支出责任清晰识别和测算。

在项目全生命周期内，对应政府承担的不同义务，财政支出主要包括股权投资、运营补贴、风险承担、配套投入等其他支出。

（1）股权支出责任

股权支出责任指在政府与社会资本共同组建项目公司的情况下，政府承担的股权投资责任。为进行政府和社会资本合作项目建设运营，社会资本可依法设立项目公司，政府也可指定相关机构依法参股项目公司。如果由政府参与出资组建项目公司，相应地存在财政股权投资支出责任；如果由社会资本单独组建项目公司，则不存在财政股权投资支出责任。本项目资本金比例为30%，是由政府与社会资本共同出资，所以财政支出责任包括股权投资支出责任。

（2）运营补贴支出

运营补贴支出指在项目运营期间，政府承诺的直接付费责任。不同的付费模式下，政府承担的运营补贴支出责任不同：政府付费模式下，政府承担全部运营补贴支出责任；可行性缺口补助模式下，政府承担部分运营补贴支出责任；使用者付费模式下，政府不承担任何运营补贴支出责任。本项目采取可行性缺口补助模式，因此财政支出责任包括运营补贴支出。

（3）风险承担支出

风险承担支出指由政府承担的风险带来的财政或有支出责任。应依据实施方案中的风险分配机制，识别或有支出责任：通常政府承担法律、政策、最低需求、环境问题等风险，以及因政府方原因导致项目合同终止等突发情况会产生的相应的财政或有支出责任。本项目所面临的风险较多，有些由社会资本方承担，有些由政府承担，部分由社会资本与政府共同承担，所以财政支出责任包括风险承担支出责任。

（4）配套投入支出

配套投入支出指政府提供的项目配套工程等其他投入责任，通常包括土地征收和整理、建设部分项目配套措施、完成项目与现有相关基础设施和公用事业的对接、投资补助、贷款贴息等。配套投入支出应依据项目实施方案合理确定。本项目是由政府提供资源，社会资本采取租赁形式使用，因此本项目政府财政支出不包括配套投入支出。

2. 支出测算

（1）股权投资支出测算

股权投资支出应当依据项目资本金要求以及项目公司股权结构合理确定。

股权投资支出责任中的土地等实物投入或无形资产投入，应依法进行评价，合理确定价值。计算公式为：

财政股权投资支出＝项目公司资本金（30%）×政府股权比例

本项目总投资约6997万元，项目资本金比例为30%，而政府出资比例为10%，所以本项目政府财政股权投资支出=6997×30%×10%=210万元。

本项目政府对项目公司持有约10%的股份，股权出资约210万元。

（2）运营补贴支出

运营补贴支出应当根据项目建设成本、运营成本及利润水平合理确定，并按照不同付费模式分别测算。

本项目采取可行性缺口补助模式，因此财政支出责任包括运营补贴支出。

$$当年运营补贴支出数额 = \frac{项目全部建设成本 \times (1+合理利润率) \times (1+合理折现率)^n}{财政运营补贴周期（年）}$$

$$+ 年度运营成本 \times (1+合理利润率) - 当年使用者付费数额$$

本例中折现率为4.97%，项目合理利润率为6.86%，折现率与项目合理利润率以及年度运营成本计算方法与具体数值详见物有所值报告例题。经计算政府支付的运营补贴具体支出数额详见表2-11。

运营补贴支出（万元）　　　　表2-11

运营年份	2017	2018	2019	2020	2021	2022	2023	2024	2025
政府补贴	114.73	0.00	0.00	0.00	0.00	0.00	0.00	0.00	0.00
运营年份	2026	2027	2028	2029	2030	2031	2032	2033	2034
政府补贴	0.00	0.00	0.00	0.00	0.00	0.00	0.00	0.00	0.00
运营年份	2035	2036	2037	2038	2039	2040	2041		
政府补贴	26.31	63.04	101.60	142.08	184.56	229.16	275.98		

（3）政府承担风险支出测算

政府承担风险支出测算采用结合项目实施方案中的风险分配框架，进一步识别项目风险，优化分配方案，选用概率法、比例法等方法对风险承担成本进行量化。本项目拟选用比例法对风险成本进行量化。

比例法主要是按照项目建设运营成本的一定比例确定风险承担成本，适用于风险后果值和风险概率难以测算的情形。

$$风险承担成本=项目建设运营成本×风险承担比例$$

通常风险承担成本不超过项目建设运营成本的20%，可转移风险承担成本占项目全部风险承担成本的比例一般为70%~85%。

风险承担成本测算：

本项目选用比例法对风险承担成本进行量化，量化公式为：

本项目风险承担成本=项目建设运营成本×15%（风险承担比例）

其中：可转移风险承担成本=项目全部风险承担成本×80%

自留风险承担成本=项目全部风险承担成本×20%

由于每年项目的建设运营成本不同，风险承担成本不同，计算结果见表2-12。

本项目风险承担成本测算值（万元） 表2-12

序号	项目	2016年	2017年	2018年	……	2036年	2037年	2038年	2039年	2040年	2041年
1	风险承担成本	1049.57	90.30	98.63		63.00	63.00	63.00	63.00	63.00	63.00
1.1	可转移风险承担成本	839.66	72.24	78.91		50.40	50.40	50.40	50.40	50.40	50.40
1.2	自留风险承担成本	209.91	18.06	19.73		12.60	12.60	12.60	12.60	12.60	12.60

（4）配套投入支出测算

配套投入支出责任应综合考虑政府将提供的其他配套投入总成本和社会资本方为此支付的费用。配套投入支出责任中的土地等实物投入或无形资产投入，应依法进行评价，合理确定价值。计算公式为：

配套投入支出数额=政府拟提供的其他投入总成本−社会资本方支付的费用

本项目政府拟提供配套的监控中心，由社会资本支付租赁费用，监控中心用房为已有建筑，政府无需再新增投入支出。

综上，经测算，本项目全生命周期内由政府承担的财政支出额详见表2-13。

政府财政支出测算表（万元） 表2-13

序号	项目	2016年	2017年	2018年	……	2036年	2037年	2038年	2039年	2040年	2041年
1	股权支出	210	0	0		0	0	0	0	0	0
2	运营补贴支出	0	114.73	0		63.04	101.60	142.08	184.56	229.16	275.98
3	承担风险支出	209.91	18.06	19.73		12.60	12.60	12.60	12.60	12.60	12.60
4	配套投入支出	0	0	0		0	0	0	0	0	0
5	合计	419.91	132.79	19.73		75.64	114.20	154.68	197.16	241.76	288.58

3. 财政承受能力评估

（1）财政支出能力评估

根据当地政府2010~2014年财政预算、决算相关数据，2010~2014年该政府一般公共预算支出平均增长率达到39.25%，假设该地区政府一般公共预算支出按照平均10%的增速稳定增长，目前为止该地区政府没有公布其他PPP项目，因此在计算该政府财政承受能力时只需要考虑到本项目的财政支出情况即可，本项目财政支出所占总财政支出（一般公共预算支出）的比例测算见表2-14。

本项目财政支出占比测算表 表2-14

序号	年度	地方公共财政支出（万元）	增长比例	全部PPP项目（本项目）的财政预算支出（万元）	占比
1	2010（实际）	128500			
2	2011（实际）	219000	70.43%		
3	2012（实际）	335000	52.97%		
4	2013（实际）	410500	22.54%		
5	2014（实际）	456000	11.08%		
6	2015（预计）	501600	10.00%		
7	2016（预计）	551760	10.00%	419.91	0.076%
8	2017（预计）	606936	10.00%	132.79	0.022%

续表

序号	年度	地方公共财政支出（万元）	增长比例	全部PPP项目（本项目）的财政预算支出（万元）	占比
9	2018（预计）	667630	10.00%	19.73	0.003%
10	2019（预计）	734393	10.00%	19.49	0.003%
11	2020（预计）	807832	10.00%	19.05	0.002%

从表2-14可以看出，本项目前5个建设运营年度内，项目财政支出占政府一般公共财政预算支出的比例分别为：0.76‰、0.22‰、0.03‰、0.03‰和0.02‰。且结合表2-13可知，此后项目每年的财政支出比例逐年减小。

根据《政府和社会资本合作项目财政承受能力论证指引》（财金〔2015〕21号）文件的相关规定，每一年度全部PPP项目占一般公共预算支出比例应当不超过10%。本项目在政府公共财政支出占比较小，因而该地区政府具有较强财政能力和承受能力。

（2）行业和领域平衡性评估

本项目公共化工管廊属于化工园区特有的公用基础配套设施，是国家鼓励采用PPP模式的行业和领域范围，符合国家关于"推广运用政府和社会资本合作模式"的精神，有利于政府职能转变，完善财政投入及管理方式。随着经济社会发展需要和公众对公共服务的需求提高，垃圾处理、污泥处置、供水、供热、供气、城市景观等均可适应PPP模式建设，而目前该地区仅在本项目采用PPP模式，整个公共服务领域还有很大的发展空间。

4. 财政承受能力论证结论

根据评估，本项目实施PPP模式的政府支出责任主要包括股权出资支出运营补贴支出和风险承担支出。项目实施后，该政府在本项目特许经营期内的PPP项目财政支出占总财政支出（一般公共预算财政支出）的比例最高为0.76‰（发生于2016年），表明在当前及今后近期年度，该政府已经实施和拟实施的全部PPP项目的总支出在财政承受能力范围内且项目在该地区具有唯一性。因此，本项目通过财政承受能力论证，建议该地区财政部门应当在编制年度预算和中期财政规划时，将本项目财政支出责任纳入预算统筹安排。

2.8 财务模型建立与分析案例

项目背景：东北某市一石化产业园区，为响应国家振兴东北老工业区的号召以及关于国家石化产业的布局规划，拟在当地投入约30亿元完成前期土地征收、市政道路及其他相关配套设施的建设。但由于目前园区内入驻企业较少，财政收入尚不足以承担如此庞大的支出责任，但不做好基础设施建设又会影响园区发展。在这样的困境下，该园区政府在经过慎重思考后，决定采用PPP模式，与一家有资金、有经验的社会资本合作完成该项目。

由于该项目涉及金额较大，当地政府和社会资本都较为慎重，并进行了多轮交涉和谈判，我司介入时，该项目已有大体的合作框架协议。其中就特许经营期的年限、财务费用的计算基数、建设投资的支付方式及比例、运营维护费用计算方法双方已达成一致，具体为本项目特许经营期共10年，其中建设期两年。财务费用计算基数：建设期，以工程进度款实际拨付金额（不超过已完成工程造价的75%）为基数。运营期，以竣工决算后拨付金额（不超过已完成工程造价的95%，剩余5%作为质保金）为基数。各单体项目开工第6年开始，财务费用以扣除每年分摊支付比例后的建安投资为基数。政府购买服务支付比例（从第6年开始）暂定为30%、20%、15%、15%、20%。运营养护费用执行国家相应行业养护定额标准执行。目前尚存争议的地方在于财务成本的费率，双方分歧较大，故聘请我司作为第三方机构给予专业、合理的建议。

就项目涉及的问题，我们的团队进行了认真的分析，得出结论，计算合理的财务成本费率，不仅应该从社会普遍的融资水平去分析，还应该从整个项目的收益去分析，通过调整财务成本费率，使社会资本"保本微利"。具体思路如下：

1. 确定项目的资产属性

根据前文所讲，本项目的社会资本可以无条件地向合同授予方收取可确定金额的货币资金及其他金融资产，并且不承担需求风险，那么本项目的资产属性就定义为金融资产。

2. 确定金融资产的收益主体

既然确定为金融资产，那么将金融资产的收益确定到哪一层级的公司就成了下一个问题。根据分析认为，此笔金融资产的收益不能确认到SPV公司。结合本项目来说，社会资本具有施工能力，那么项目的建设工作肯定也属于该社会资本。但是同时可以看到，SPV公司和母公司（社会资本）都是具有法人资格的。那就意味着，该PPP项目的交易形式是子公司投资、母公司建设。若将金融资产的收益确认到SPV公司，那么SPV公司将针对该收益上缴所得税，同时母公司将针对施工利润上缴所得税。这显然是不合理的。所以，决定在SPV公司的分析层面，不确认施工利润，让金融资产的总额和建设成本相等。

看到这里，很多读者都会有疑问，营业税的问题如何处理？SPV公司和母公司还是上缴了两次营业税。情况确实如此，在目前的税法体制下，营业税双重赋税的情况无法避免。只有跟当地政府沟通一条途径，即通过先补后缴的形式，由政府先给予营业税的补贴，再按规定上缴营业税。

根据以上条件，同时对项目运营期的维护费用进行估算、设计合理的还本付息方式。先假设财务成本补贴费率为7%（目前国内的融资成本），建设投资营业税仅由母公司缴纳一次，可以得到项目的利润与利润分配表（资本金按30%考虑）和项目投资现金流量表，见表2-15、表2-16。

根据计算，该项目特许经营期内，平均的资本金净利润率为5.8%，项目的内部收益率为4.16%（不考虑融资）。

那么7%的财务补贴费率是否合适呢？根据计算结果来看，其值低于合理区间，原因在于5.8%的资本金就算考虑了施工的毛利，仍然不能达到8%的业内公认的合理收益率。

进一步测算，将财务补贴费率调整至7.5%，此时平均的资本金净利润率为6.96%，项目的内部收益率为4.52%（不考虑融资）。此时若按4%~5%左右的毛利考虑施工中存在的利润，整个项目的净利润率已经接近8%，故7.5%已接近较为合理的财务补贴费率。

接下来的问题是，4.52%的内部收益率低于4.9%的银行基准贷款利率，项目可行么？

可以认为项目是可行的。首先，利息是具有税盾作用的，4.9%的银行基准贷款利率，其本质是4.9%×（1-25%）=3.675%的融资成本率。按照这个思路，4.52%是明显大于3.675%的。其次本项目投资额很大，项目每年都可以产

利润与利润分配表

表2-15

	序号	项目	单位	2016年	2017年	2018年	2019年	2020年	2021年	2022年	2023年	2024年	2025年
利润与利润分配表	1	建造收入	万元	150000	150000								
	2	财政补贴	万元	7875	15750	21095	22145	22145	15845	11645	8495	5345	1145
	3	销售税金及附加	万元	441	882	1181	1240	1240	887	652	476	299	64
	4	总成本费用	万元	2926	8748	12642	10847	8950	6984	5193	3474	1796	996
	5	建设成本	万元	150000	150000								
	6	利润总额	万元	4508	6120	7272	10058	11954	7974	5800	4545	3249	85
	7	累计利润	万元	4508	10628	17900	27957	39912	47885	53685	58231	61480	61565
	8	弥补以前年度亏损	万元	0	0	0	0	0	0	0	0	0	0
	9	应纳税所得额（4~6）	万元	4508	6120	7272	10058	11954	7974	5800	4545	3249	85
	10	所得税25%	万元	1127	1530	1818	2514	2989	1993	1450	1136	812	21
	11	净利润（4~8）	万元	3381	4590	5454	7543	8966	5980	4350	3409	2437	64
	12	提取法定盈余公积金10%	万元	338	459	0	0	0	598	435	341	244	6
	13	提取任意盈余公积	万元										
	14	未分配利润	万元	3043	4131	5454	7543	8966	5382	3915	3068	2193	57
	15	累计未分配利润	万元	3043	7174	12628	20171	29137	34519	38434	41502	43695	43752

项目识别

项目投资现金流量表

表2-16

序号	项目	单位	2016年	2017年	2018年	2019年	2020年	2021年	2022年	2023年	2024年	2025年
1	现金流入	万元	7875	15750	21095	22145	22145	105845	71645	53495	50345	61145
	销售收入	万元	0	0	0	0	0	0	0	0	0	0
	补贴收入	万元	7875	15750	21095	22145	22145	105845	71645	53495	50345	61145
	回收固定资产余值	万元										
	回收流动资金	万元										
2	现金流出	万元	150441	150882	2177	2236	2236	6923	5008	3992	3815	4420
	建设投资	万元	150000	150000								
	流动资金	万元	0	0	0	0	0	0	0	0	0	0
	经营成本	万元	0	0	996	996	996	996	996	996	996	996
	销售税金及附加	万元	441	882	1181	1240	1240	5927	4012	2996	2819	3424
3	所得税前净现金流量（1~2）	万元	(142566)	(135132)	18918	19909	19909	98922	66637	49503	46530	56725
4	累计所得税前净现金流量	万元	(142566)	(277698)	(258780)	(238872)	(218963)	(120042)	(53405)	(3902)	42628	99353
5	所得税后调整所得税	万元	1859	3717	4729	4977	4977	2230	1659	1126	382	0
6	所得税后净现金流量（3~5）	万元	(144425)	(138849)	14188	14932	14932	96691	64978	48377	46147	56725
7	累计所得税后净现金流量	万元	(142566)	(281415)	(267227)	(252295)	(237364)	(140673)	(75695)	(27318)	18829	75554

生很大的现金流。考虑到资本金的杠杆作用，计算资本金内部收益率为8.4%，故本项目可行且吸引力很大。

在这个计算的前提下，该PPP项目参与的政府方和社会资本经过多轮协商，最后将财务补贴费率定为7.55%。

3
项目准备

3.1 项目融资手段

3.1.1 PPP项目融资特征

依据中国近期出台的相关政策和PPP项目推介情况来看,中国PPP项目融资具有以下四个主要特征:

1. 项目公司是PPP融资的唯一主体

无论从法规层面,还是从实际应用层面来看,国家均倾向于将项目公司作为PPP融资的唯一主体。

从法规层面来看,《国务院关于加强地方政府性债务管理的意见》(国发〔2014〕43号)中明确:"鼓励社会资本通过特许经营等方式,参与城市基础设施等有一定收益的公益性事业投资和运营。政府通过特许经营权、合理定价、财政补贴等事先公开的收益约定规则,使投资者有长期稳定收益。投资者按照市场化原则出资,按约定规则独自或与政府共同成立特别目的公司建设和运营合作项目。"从43号文来看,中国政府所力推的PPP项目限定为如下模式:政府授权社会资本独自或者与政府共同成立(部分省市的地方规定中要求必须共同成立)项目公司,以特许经营模式来投资、运营项目。

从实际应用层面来看,2015年国家发改委公布的13个PPP典型案例中,在需要项目融资的情况下,均成立了项目公司。例如:北京地铁4号线B部分——车辆、信号等设备部分,投资额约为46亿元,约占项目总投资的30%,由PPP项目公司北京京港地铁有限公司(简称"京港地铁")负责。京港地铁是由京投公司、香港地铁公司和首创集团按 2∶49∶49 的出资比例组建。B部分所需要的融资均由京港地铁贷款。

2. 融资额度大、周期长

无论是从政策引导还是从实际应用上来看,中国PPP项目主要是涉及民生的大型项目,因此融资额度大,资本集中度高,投资周期长。

从政策层面来看,《关于印发政府和社会资本合作模式操作指南(试行)的通知》(财金〔2014〕113号)中,PPP项目识别第六条明确指出:

投资规模较大、需求长期稳定、价格调整机制灵活、市场化程度较高的基础设施及公共服务类项目，适宜采用政府和社会资本合作模式。对于PPP项目识别的关键词是投资规模大，需求长期稳定、基础设施及公共服务类项目。

从实际应用层面来看，截至2016年1月31日，按照《关于规范政府和社会资本合作综合信息平台运行的通知》（财金〔2105〕166号）要求，经各省级财政部门对全国上报的9283个项目进行审核，6997个纳入财政部PPP综合信息平台项目库，总投资需求约8.13万亿元。其中贵州、云南、河南、江苏、辽宁位居前五名，分别为9162亿元、7527亿元、7035亿元、4651亿元、3911亿元，合计占入库项目总投资需求的51.3%。就典型项目来看，江西峡江水利枢纽工程项目，2010年，经江西省政府授权，江西省水利厅与中国电力投资集团公司江西分公司、江西省水利投资集团公司签署《江西省峡江水利枢纽工程水电站出受让合同》，出让水电站经营权50年，受让方出资39.16亿元在工程建设期内支付。

3. 是一种无追索权或有限追索权的融资方式

如果将来项目无力偿还借贷资金，债权人只能获得项目本身的收益与资产，而对项目发起人的其他资产却无权染指。PPP模式是利用项目的期望收益、资产和合同权益进行融资的，作为有限追索的PPP融资，贷款人可以在贷款的某个特定阶段对项目借款人进行追索，或者在一个规定的范围内对项目借款人进行追索，除此之外，无论项目出现任何问题，贷款人均不能追索到项目借款人除该项目资产、现金流量以及所承担的义务之外的任何形式的财产。债权人主要考虑项目本身是否可行，以及项目对现金流和收益是否足以偿还贷款。

以北京4号线为例，B部分由京港地铁有限公司运作，需要投资额度为46亿元，注册资本为15亿元，剩余资金来自银行无追索权贷款，期限为25年，利率为5.76%，十年期国债收益率为5%，一般商业贷款为6.12%。

4. 违约风险降低

中国PPP项目设计的初衷就是希望引入社会资本，通过各方的高效参与，实现风险分担。《国务院关于加强地方政府性债务管理的意见》（国发[2014]43号）明确指出，政府对投资者或特别目的公司按约定规则依法承担特许经营权、合理定价、财政补贴等相关责任，不承担投资者或特别目的公司的偿债责任，将原来由政府单方面承担偿债的责任剥离。

项目参与方构成复杂，主要有主办人、项目公司、债务资金提供方、公共部门（政府）、原料设备供应商、产品需求方、保险公司等，各参与方在融资架构中发挥不同的作用，降低了违约风险，详见表3-1。

PPP项目主要参与方的角色和目标　　　　　　　　　表3-1

参与方	扮演角色	主要目标
项目主办方	投资者、专业服务供应商	通过项目的投资活动和经营活动，获取投资利润和其他利益
项目公司	直接实施者	直接负责项目投资和管理，承担项目债务责任和项目风险，是项目实施的法律主体
债务资金方	商业银行、信贷机构、金融机构、其他参与方等	获得稳定回报；参与方通过债务资金获得关联收入
政府	批准项目、特许经营权、资金和政策支持	推进政府与社会机构的合作；改善公共服务，获得民众支持
财务顾问/保证人/律师等	咨询、顾问、处理专业事务	确保项目顺利实施
公共用户	项目论证、听证，是公共产品和服务的最终使用者	获得高品质、高效率、物有所值的产品/服务

资料来源：盛和太，王守清. 特许经营项目融资（PPP/BOT）：资本结构选择[M]. 北京：清华大学出版社，2015，28~30。

3.1.2　PPP项目融资渠道

基于项目融资的PPP模式一般适用于规模较大、收益较稳定、长期合同关系较清楚的项目，有许多区别于一般项目的特点，使得其对融资渠道的选择有一定的偏好。不同类型的PPP项目，其适用的融资方式也不尽相同，需要具体分析。

1. 按融资主体分

从融资主体来看,国际上PPP项目融资,主要渠道有政策性银行、商业银行、政府基金或补贴、保险公司、养老基金和投资基金。

纵观国内PPP项目融资情况,目前,PPP项目融资主要依靠银行贷款,银行对项目资本金比例要求较高并需提供担保,难以实现无追索或有追索的项目融资,融资成本较高。中国当前积极推进PPP融资渠道多元化,并在政策制定上予以大环境支持。如《关于在公共服务领域推广政府和社会资本合作指导意见的通知》(国办发〔2015〕42号)、《关于充分发挥企业债券融资功能支持重点项目建设促进经济平稳较快发展的通知》(发改办财金〔2015〕1327号)等,积极支持政府和社会资本合作项目融资。

随着PPP项目的不断发展及各项支持性政策的推出,可以预见中国PPP的融资渠道会在不久的将来与国际接轨。当前可用的PPP项目融资渠道,见表3-2。

项目融资渠道(按融资主体分) 表3-2

序号	融资渠道	具体说明
1	银行贷款融资	(1)优点:融资手续简单,速度快;融资成本较低;融资弹性好。 (2)缺点:财务风险较大;限制条款较多
2	企业债券融资	(1)目前上市公司发行的企业债券由证监会审批;非上市公司发行的公司债券和其他企业发行的债券由发改委审批。 (2)影响企业债券发行利率的因素有:基准利率、发行人信用水平(信用评级)、流动性差异等。 (3)关注:永续类债券(武汉地铁集团有限公司2013年曾发行过)
3	短期融资券和中期票据融资	(1)短期融资券:指具有法人资格的非金融企业在银行间债券市场发行的,约定在1年内还本付息的债券融资工具。 (2)中期票据:是企业在银行间债券市场发行的一般性债券,无需担保、资金支持或其他复杂交易结构;1年以上,3~5年为主。 关注:超短期融资券(期限在270天以内的短期融资券)
4	私募债	非公开定向债券融资工具
5	融资租赁	由出租人向供货人购买租赁标的物,然后租给承租人使用
6	夹层投资融资	是一种无担保的长期债务,附带有投资者对融资者的权益认购权

续表

序号	融资渠道	具体说明
7	房地产投资信托	（1）是国际上重要的房地产投融资方式。 （2）方式：通过证券化形式，将不可实时交易的大宗房地产资产，转化为小份额的可实时交易的REIT份额，提高了房地产资产的变现能力和资金利用效率
8	其他信托和资产证券化产品	（1）信托：指委托人基于对受托人的信任，将其财产权委托给受托人，受托人对财产进行管理或处分的行为。 （2）信托融资：以企业的信托资产为载体，通过信托公司发行集合的或单一的信托计划来募集所需资金
9	委托贷款	指由政府部门、企事业单位及个人等委托人提供资金，由贷款人（即受托人）根据委托人确定的贷款要求，代为发放、监督使用并协助收回贷款
10	有限合伙制融资	以出资额为限，承担有限责任

2. 按资金特点分类

企业或项目的融资方式，按资金特点可划分为股权融资和债权融资两大类型，其基本定义、特点、主要渠道、发展现状见表3-3。

项目融资渠道（按资金特点分） 表3-3

类型	股权融资	债权融资
定义	企业为获得可供长期或永久使用的资金而采取的融资方式，所融资金直接构成了企业的资本。股权融资的资金没有到期日，无须归还，并且没有规定每年的分红数额，对公司来说没有股利负担	企业通过信用方式取得资金，并选预先规定的利率支付报酬的融资方式，是不发生股权变化的单方面资金使用权的临时让渡融资形式。融资者必须在规定的期限内使用资金，同时要按期付息
特点	（1）长期性。公司通过股权融资获得的资金没有到期日，因而是长期的，只要公司存在，就无须归还该笔款项。 （2）不可逆。公司股权融资获得的资金不需要归还给投资人，投资人只有通过出售公司股权收回本金。	（1）债权融资获得的只是资金的使用权而不是股权，负债资金的使用是有成本的，企业必须支付利息，并且债务到期时须归还本金。 （2）债权融资能够提高企业股权资金的资金回报率，具有财务杠杆作用。

续表

类型	股权融资	债权融资
特点	（3）无负担。股权融资不要求每期进行分红，是否进行分红、分红的时间及金额可以按公司实际情况而定	（3）与股权融资相比，债权融资除在一些特定的情况下可能带来债权人对企业的控制和干预问题，一般不会产生对企业的控制权问题
主要渠道	公募股权融资和私募股权投资	向金融机构贷款、发行债券、私募债权融资、融资租赁等
发展现状	由于PPP项目较为复杂，建设期较难通过股权融资，除承包商、运营商等发起人，股权融资仅限部分专业投资机构以及专业投资基金	整体来看，PPP项目债权融资占比更大；总体看，PPP项目债权融资渠道还是集中于银行贷款，资本市场、保险、养老金等中长期资金融资渠道尚不是很畅通

3.2 项目风险分配

3.2.1 风险识别

1. 风险识别的重要性

风险是指在特定时间和特定条件下，可能发生的与预想结果的差异。因未来结果的不可完全预料性，风险必不可免。以PPP模式实施的城市基础设施项目一般具有实施周期长、不确定因素多、经济分析和技术风险大、对生态环境影响大等特征。在项目融资、工程建设和运营过程中，经常要受到多种因素的影响和干扰，而这些因素大多具有较大的不确定性，影响力大，且往往贯穿项目的全寿命周期。若未对风险及时识别或对风险管理缺乏，容易导致投资决策失误、建设方案计划不周、工期拖延、人身伤害、财产损失、生产运营不支持并导致投资效益低下甚至项目失败。

2. 风险识别的基本步骤

（1）初步风险筛选

初步风险清单一般根据企业或咨询公司对过去项目管理的历史资料整理，

还包括对同类项目资料的整理分析等。再结合本项目的特点，如本项目的PPP实施范围、特许经营期限、项目行业属性、社会资本方及政府方的诉求博弈及对项目的期望值等，列出初步风险清单。

（2）风险分析评价

对列入初步风险清单的风险进行分析评价，主要评价因素是风险产生原因、主要归责对象、风险产生的后果、主要影响对象。

（3）风险分类排列

风险分类排列的目的是为了确定风险承担方，并对不同类型的风险采取不同的对策和措施，以消除风险或将风险的危害降至最低。

3. 风险识别的依据

（1）外部信息资源

在PPP风险识别的过程中，可搜集已经发表的资料，包括学术研究、商业数据库、PPP项目案例资料或其他行业研究。

（2）内部信息资源

可以从组织内部已完成的项目档案中获得相关信息，包括实际数据和经验教训。

（3）PPP实施范围

通过项目的PPP实施范围查找或分析判断项目的假设信息，并将项目假设中的不确定性作为导致项目风险的可能原因进行评价。

（4）基本的风险框架

从已有的较为成熟的基本风险框架中筛选与项目相符的风险。本书3.4章节就列出了实用的PPP分配的基本框架以供参考。

4. 风险识别的基本方法

PPP项目风险识别的目的在于确定PPP项目风险的存在及其性质，即在什么时候可能以哪种方式造成何种后果，进而分析并提出风险管理的对策。由于PPP项目的风险较为复杂，因而单纯的通过一种方法将广泛存在的项目风险识别出来是很难的。

任何能进行项目潜在问题识别的信息源都可以用于风险识别。信息源有主观和客观两种。客观的信息源包括以往PPP项目中记录的经验和表示当前项目进行情况的文件，如PPP项目实施方案、类似项目的风险分配框架等；主观的信息源是基于经验的专家经验判断。

识别风险是一项较为复杂的工作，风险识别的方法也多种多样，任何一种风险识别的方法和途径也并非准确无误万无一失，因而在风险识别时建议选择最适合所进行的PPP项目的风险识别方法，且可选择一种方法或几种方法的组合。

因PPP项目多是工程类项目，因而其风险识别的方法与工程项目风险识别的方法类似。具有代表性的风险识别的方法有以下几种：

（1）文件审查

对所进行的PPP项目相关文件进行系统和结构性的审查（包括PPP实施范围、运作模式、交易结构、回报机制、特许经营期等）。PPP项目各设计环节，以及各环节所涉及的内容与项目需求与假设之间的一致性，都可能是项目的风险指标。

（2）信息采集

1）头脑风暴法：头脑风暴的目的是获得一份项目风险的综合清单。通过头脑风暴中各与会人员的集思广益，许多易被忽视的风险就可能被识别出来。

2）访谈：访问有PPP项目经验的项目参与者、有关当事人或PPP专题相关专家，可以识别项目风险。访谈是手机风险识别数据的主要方法之一。

3）根源识别：即项目风险产生的根本原因的识别。找到风险根源即可更为准确地制定有效的风险应对措施。

（3）风险基本框架分析

风险识别所用的风险分配基本框架可以根据历史资料、以往类似项目所积累的知识及其他信息来源着手制定，如本项目的风险分配基本框架。使用风险分配基本框架的优点之一是风险识别过程迅速简便，缺点之一是所指定的风险基本框架不可能包罗万象，涵盖所有的PPP项目风险。因而在PPP项目风险识别的过程中，需在此基础上根据所进行的PPP项目自身的特点筛选补充。并在项目收尾阶段，对风险基本框架进行审查、改进、补充，以供将来项目使用。

（4）风险假设

每个项目都是根据一套假定、设想或者假设进行构思和发展的。PPP项目的风险也可以用假设的方式进行识别。假设项目进行过程中会产生的风险，并对风险进行分析，制定相应的对策和措施。

（5）图形技术

图形技术首先要建立一个工程项目总流程图与各分流程图，要展示项目实施的全部活动。流程图可用网络图来表示，也可利用WBS（工作分解结构）来表示。

其他图形技术包括：

1）因果分析图——也称"鱼刺图"或"石川图"，用于确定风险的起因。

2）影响图——是一种图解表示问题的方法，反映了变量和结果之间因果关系的相互作用、时间的时间顺序及其他关系。

（6）风险识别的结果

风险识别的结果可形成项目风险分配框架，该框架主要包括：

1）风险因素。主要是风险的类型及主要风险。

2）风险产生原因和主要归责对象。针对已经识别出来的风险，分析其产生的根本原因和产生该风险的责任方。

3）风险产生后果和主要影响对象。所识别出来的风险将可能产生的后果，以及该后果主要影响政府还是社会资本方或是项目公司。

4）风险承担方。指转移风险或消除降低风险不良后果的实施方。

5）解决措施。指可能的应对措施。在风险识别过程中，可以确定针对项目风险可能的应对措施。所确定的措施可以作为风险应对计划过程的依据。

3.2.2 风险分配原则

风险分配的合理性直接关系到协议各方的经济利益，并影响项目能否成功进行，因而是PPP项目的一个重要因素。风险分配不合理必然会增加协议一方的成本，从而影响合作方的积极性并可能导致项目失败，从而影响社会效益，影响公众的利益。

PPP项目风险分配的目的主要是降低风险发生的概率，减少风险发生后造成的损失和风险管理成本，使得项目各参与方能达到互惠互利、合作共赢的目标，提高各方参与的积极性。PPP项目风险分配原则主要体现在以下方面：

（1）承担风险的一方应该对该风险具有控制力。

（2）承担风险的一方能够将该风险合理转移。

(3)承担风险的一方对于控制该风险有更大的经济利益或动机。

(4)由该方承担风险最有效率。

(5)如果各自承担的风险最终发生,承担风险的一方不应将由此产生的费用和损失转移给合同相对方。

(6)由双方共同承担的风险在风险发生时秉承合作共赢原则友好协商,共同采取措施降低风险。

3.2.3 PPP项目风险分配阶段

根据风险分配原则,可以按时间顺序将PPP项目的风险划分为风险初步分配、风险全面分配和风险跟踪再分配三个阶段。

1. 风险初步分配(可行性研究阶段)

根据项目的具体情况,政府部门初步判断哪些风险是政府部门和社会资本方可以控制的,并根据风险分担的原则在项目实施方案中将风险分别由各自进行分担,并确定哪些风险是政府部门和社会资本方共同承担的。

根据财政部《关于印发政府和社会资本合作模式操作指南(试行)的通知》(财金[2014]113号),原则上,项目设计、建造、财务和运营维护等商业风险由社会资本承担,法律、政策和最低需求等风险由政府承担,不可抗力等风险由政府和社会资本合理共担。

2. 风险全面分配(投标与谈判阶段)

社会资本方就第一阶段的风险初步分担结果进行自我评估,主要评估其拥有的资源和能力(包括经验、技术、人才、资金等),据此判断其对项目实施方案中的风险是否有控制力,对于无控制力的风险与政府方进行谈判,重新进行风险分担,并且根据风险特征提出风险补偿机制。待风险分担达成一致意见后,双方确认风险分担和补偿机制,签订合同。

3. 风险跟踪再分配(建设和运营阶段)

原则上,如果各自承担的风险最终发生,承担风险的一方不应将由此产生的费用和损失转移给合同相对方。但在风险初步分担阶段有不可预见性风险，若项目建设和运营阶段出现在风险初步分担阶段未分配的风险，则由双方就风险分担原则进行协商谈判，进行风险再分担。

3.2.4　PPP风险分配基本框架

1. 主要风险定义

PPP项目投资大、期限长，且条件差异较大，常常无先例可循，因此PPP的风险较大。按照风险分配优化、风险收益对等和风险可控等原则，综合考虑政府风险管理能力和市场风险管理能力等要素，在政府和社会资本之间合理分配项目风险。

原则上，项目设计、建设、财务和运营维护等商业风险由社会资本承担，法律、政策和最低需求等风险由政府承担，不可抗力等风险由政府和社会资本合理共担。风险的规避和分担也就成为PPP项目的重要内容。在本文中，按照风险因素级别，将项目风险划分为四类，即宏观级风险、市场级风险、项目级风险和不可抗力风险。项目各类风险因素分配详见表3-4。

2. 风险类别

较为重要和常见的风险有以下几种。

（1）法律变更风险

法律变更风险主要是指因采纳、颁布、修订、重新诠释法律法规而导致项目的合法性、市场需求、产品/服务收费、合同协议的有效性等元素发生变化，从而对项目的正常建设和运营带来损害，甚至直接导致项目的中止和失败的风险。PPP项目涉及的法律法规比较多，又因我国PPP项目还处在起步阶段，相应的法律法规不够健全、效力差，较易出现该方面的风险。如西宁第一、第三污水处理厂项目。2008年5月，西宁市水务局和西宁鹏鹨污水处理环保有限公司共同签订了西宁市第一污水处理厂特许经营协议。初期项目公司主要由西宁市水务局运营，政府的结算和配合基本到位。纠纷源于青海省财政厅2012年印发的"青财建字（2012）76号"文件。这份文件要求，青海省内的城镇污水处理厂补贴，要按实际污水处理量及运行费用执行。而按照鹏鹨环保和西宁市政府的协议规定，政府承诺保障达到设计的污水处理量——

如果达不到，也要按设计量核算费用。为此，西宁市政府曾一度召开协调会，政府最终决定要依照财政厅文件执行。这造成了该项目的法律变更风险。另外，上海大场水厂和延安东路隧道也遇到了同样的问题，均被政府回购。

（2）审批延误风险

项目审批延误风险主要是指由于项目的审批程序过于复杂，花费时间过长，且批准之后，对项目的性质和规模进行必要商业调整非常困难，给项目正常运作带来威胁。比如某些行业里一直存在成本价格倒挂现象，当市场化之后引入外资或私营资本后，都需要通过提价来实现预期收益。而根据我国《价格法》和《政府价格决策听证办法》规定，公用事业价格等政府指导价、政府定价，应当建立听证会制度，征求消费者、经营者和有关方面的意见，论证其必要性、可行性，这一复杂的过程很容易造成审批延误的问题。

（3）政治决策失误/冗长风险

项目政治决策失误/冗长风险是指因政府的决策程序不规范、缺乏PPP项目的运作经验和能力、前期准备不足和信息不对称等造成项目决策失误和过程冗长。譬如青岛威立雅污水处理项目。由于当地政府对PPP的理解和认识有限，政府对项目态度的频繁转变导致项目合同谈判时间很长。而且，污水处理价格是在政府对市场价格和相关结构不了解的情况下签订的，价格较高，后来政府了解以后又重新要求谈判降低价格。该项目中项目公司利用政府知识缺陷和错误决策签订不平等协议，从而引起后续谈判拖延，面临政府决策冗长的困境。相似的，在大场水厂、北京第十水厂和廉江中法供水厂项目中也存在类似问题。

（4）政治反对风险

政治反对风险是指由于各种原因导致公众利益得不到保护、受损，或者公众主观认为自身利益受损，从而引起政治甚至公众反对项目建设而造成的风险。譬如，大场水厂和北京第十水厂的水价问题，因关系到公众利益，而遭到来自公众的阻力，政府为了维护社会安定和公众利益也反对涨价。

（5）政府信用风险

政府信用风险是指政府不履行或拒绝履行合同约定的责任和义务而给项目带来直接或间接的危害。这里以长春汇津污水处理厂项目和廉江中法供水厂项目两个案例分别展开说明。在长春汇津污水处理厂项目中，汇津公司与长春市排水公司于2000年3月签署《合作企业合同》，设立长春汇津污水处理有限公司，同年长春市政府制定《长春汇津污水处理专营管理办法》。2000年底，项目投产后合作运行正常。然而，从2002年年中开始，排水公司开始拖欠合作公司污水处理费，长春市政府于2003年2月28日废止了《管理办法》，2003年3月起，排水公司开始停止向合作企业支付任何污水处理费。经过近两年的法律纠纷，2005年8月最终以长春市政府回购而结束。而在廉江中法供水厂项目中，双方签订的《合作经营廉江中法供水有限公司合同》，履行合同期为30年。合同有几个关键的不合理问题：问题一，水量问题。合同约定廉江自来水公司在水厂投产的第一年每日购水量不得少于6万立方米，且不断递增。而当年廉江市的消耗量约为2万立方米，巨大的量差使得合同履行失去了现实的可能性。问题二，水价问题。合同规定起始水价为1.25元人民币，水价随物价指数、银行汇率的提高而递增。而廉江市每立方米水均价为1.20元，此价格自1999年5月1日起执行至今未变。脱离实际的合同使得廉江市政府和自来水公司不可能履行合同义务，该水厂被迫闲置，谈判结果至今未有定论。

除此之外，遇到政府信用风险的还有江苏某污水处理厂、长春汇津污水处理厂和湖南某电厂等项目。

（6）融资风险

项目融资风险是指由于融资结构不合理、金融市场不健全、融资的可及性等因素引起的风险，其中最主要的表现形式是资金筹措困难。PPP项目的一个特点就是在招标阶段选定中标者之后，政府与中标者先草签特许权协议，中标者要凭草签的特许权协议在规定的融资期限内完成融资，特许权协议才可正式生效。如果在给定的融资期内发展商未能完成融资，将会被取消资格并没收投标保证金。在湖南某电厂PPP项目中，发展商就因没能完成融资而被没收了投标保函。

（7）市场收益不足风险

市场收益不足风险是指项目运营后的收益不能满足收回投资或达到预定的收益。在天津双港垃圾焚烧发电厂项目中，天津市政府提供了许多激励措施，如果由于部分规定原因导致项目收益不足，天津市政府承诺提供补贴。但是政府所承诺补贴数量没有明确定义，项目公司就承担了市场收益不足的风险。在京通高速公路项目中，京通高速公路建成之初，由于相邻的辅路不收费，致使较长一段时间京通高速车流量不足，也出现了项目收益不足的风险。

此外，在南京长江三桥、杭州湾跨海大桥和福建泉州刺桐大桥的项目中也有类似问题。

（8）项目唯一性风险

项目唯一性风险是指政府或其他投资人新建或改建其他项目，导致对该项目形成实质性的商业竞争而产生的风险。项目唯一性风险出现后往往会带来市场需求变化风险、市场收益风险、信用风险等一系列的后续风险，对项目的影响是非常大的。比如在杭州湾跨海大桥项目中，项目开工未满两年，在相隔仅50公里左右的绍兴杭州湾大桥已在加紧准备当中，致使项目面临唯一性风险和收益不足风险。在鑫远闽江四桥项目中，鑫远闽江四桥也有类似的遭遇，福州市政府曾承诺，保证在9年之内从南面进出福州市的车辆全部通过收费站，如果因特殊情况不能保证收费，政府出资偿还外商的投资，同时保证每年18%的补偿。但是2004年5月16日，福州市二环路三期正式通车，大批车辆绕过闽江四桥收费站，公司收入急剧下降，投资收回无望，而政府又不予兑现回购经营权的承诺，只得走上仲裁庭。该项目中，投资者遭遇了项目唯一性风险及其后续的市场收益不足风险和政府信用风险。

此外，福建泉州刺桐大桥项目和京通高速公路的情况也与此类似，都出现了项目唯一性风险，并导致了市场收益不足。

（9）配套设备服务提供风险

配套设备服务提供风险指项目相关的基础设施不到位引发的风险。这里主要引用汤逊湖污水处理厂项目进行说明。2001年凯迪公司以BOT方式承建汤逊湖污水处理厂项目，建设期两年，经营期20年，经营期满后无偿移交给武汉高科（代表市国资委持有国有资产的产权）。但一期工程建成后，配套管网建设、排污费收取等问题迟迟未能解决，导致工厂一直闲置，最终该厂整体移交武汉市水务集团。

（10）市场需求变化风险

市场需求变化风险是指排除唯一性风险以外，由于宏观经济、社会环境、人口变化、法律法规调整等其他因素使市场需求变化，导致市场预测与实际需求之间出现差异而产生的风险。譬如山东中华发电项目。项目公司于1997年成立，项目于2004年最终建成，建成后运营较为成功。然而山东电力市场的变化和国内电力体制改革对运营购电协议产生了重大影响：第一是电价问题，1998年根据原国家计委曾签署的谅解备忘录，中华发电在已建成的石横一期、二期电厂获准了0.41元/度这一较高的上网电价，而在2002年10月，菏泽电厂新机组投入运营时，山东省物价局批复的价格是0.32元/度，这一电价不能满足项目的正常运营；第二是合同中规定的"最低购电量"也受到威胁，2003年开始，山东省计委将以往中华发电与山东电力集团间的最低购电量5500小时减为5100小时。由于合同约束，山东电力集团仍须以"计划内电价"购买5500小时的电量，价差由山东电力集团掏钱填补，这无疑打击了山东电力集团公司购电的积极性。

此外，在杭州湾跨海大桥、闽江四桥，刺桐大桥和京通高速等项目中也存在这一风险。

（11）收费变更风险

收费变更风险是指由于PPP产品或服务收费价格过高、过低或者收费调整不弹性、不自由导致项目公司的运营收入不如预期而产生的风险。再以山东中华发电项目为例说明，由于电力体制改革和市场需求变化，山东中华发电项目的电价收费从项目之初的0.41元/度变更到了0.32元/度，使项目公司的收益受到了严重威胁。

（12）腐败风险

腐败风险主要指政府官员或代表采用不合法的影响力要求或索取不合法的财物，而直接导致项目公司在关系维持方面的成本增加，同时也加大了政府在将来的违约风险。以沈阳第九水厂项目为例说明。由香港汇津公司投资兴建的沈阳第九水厂BOT项目，约定的投资回报率为：第2~4年，18.50%；第5~14年，21%；第15~20年，11%。如此高的回报率使得沈阳自来水总公司支付给第九水厂的水价是2.50元/t，而沈阳市1996年的平均供水价格是1.40元/t。到2000年，沈阳市自来水总公司亏损高达2亿多元。这个亏损额本来应由政府财政填平，但沈阳市已经多年不向自来水公司给予财政补贴了，因此沈阳市自来水总公司要求更改合同。经过数轮艰苦的谈判，2000年底，双方将合同变动如下：由沈阳市自来水总公司买回汇津公司在第九水厂所占股权的50%，投资回报率也降至14%，这样变动后沈阳自来水厂将来可以少付两个多亿。实际操作中对外商承诺的高回报率很多时候与地方官员的腐败联系在一起，在业内，由外商在沈阳投资建设的八个水厂被称为"沈阳水务黑幕"。

表3-4　PPP项目风险分配表

序号	风险因素	产生原因	主要归责对象	产生后果	主要影响对象	风险承担方	解决措施
第一类：宏观级风险							
1	政府官员腐败	决策流程不透明，部分官员决策权过大	地方政府	直接增加关系维护成本，同时加大政府在未来的违约风险	社会资本方	政府	加强群众监督机制；在特许经营协议中由政府作出保证，并在争议解决赔偿机制中约定解决赔偿办法
2	政府干预	政府官员直接干预项目建设运营活动，影响社会资本方的自主决策能力。特别是政府入股的情况下，在任特别看重国有资产控制权和所有权，期望做项目的控制方	地方政府	项目效率降低，可能出现返工、停工导致成本上升，工期拖延	社会资本方	政府	在特许经营协议中明确政府可参与的事务、参与时点和方式；并在争议解决/赔偿机制中约定政府无故干预的责任以及解决赔偿办法
3	征用/公有化	当发生观反政策调整时，强制私营资本退出，中央或地方政府强行没收项目	政府	项目终止，私营资本退出	社会资本方	政府	如果必须强制收购，政府给予项目公司合理赔偿
4	政府信用	政府换届，新任班子拒绝履行上届承诺；或因履约成本过高拒绝履行约定的责任和义务而给项目带来危害	地方政府	支付停滞、延误，工期拖延等，甚至退出终止	社会资本方	政府	政府可行性缺口补助

续表

序号	风险因素	产生原因	主要归责对象	产生后果	主要影响对象	风险承担方	解决措施
5	政治/公众反对	因公众利益受损引起政治上或公众反对项目建设	待定	工期延误，可能需要重新谈判修改合同条款，甚至项目终止	社会资本方	共担	政府部门工作决策前站在公众的角度考虑，尽量做到不危害公众的利益；如项目终止或损坏项目公司既定收益，政府给予项目公司合理赔偿，如若归责为项目公司，则项目公司无法得到赔偿
6	税收调整	中央或地方政府税收政策变更	政府	税收条件变化，可能影响项目收益	社会资本方/地方政府	共担	政府给予税收优惠条件，或在特许经营协议中明确税收条件变化时以何时订立的税收政策为准
7	项目审批延误	项目审批程序复杂、涉及部门过多、办事人员效率低下	政府	开工延误，审批后商业调整困难	社会资本方	政府	根据项目重要等级，政府为PPP项目开启绿色服务通道
8	土地获取风险	土地使用权获取困难，获得的时间成本超预期	地方政府	前期成本增加，开工时间延误	社会资本方	政府	在特许经营协议中将土地获取设置为特许权协议生效的前提条件，或按照拆迁合同索赔
9	环保风险	政府或公众对项目的环保要求提高导致成本上升、工期延误等	政府/公众	设计变更，成本增加或工期延误	社会资本方	共担	根据归责原则，由过错归属方作出相应赔偿

续表

序号	风险因素	产生原因	主要归责对象	产生后果	主要影响对象	风险承担方	解决措施
10	法律变更	法律法规、宏观政策变化	政府	引起项目成本增加、收益降低，可能需要重新谈判、修改条款	社会资本方/地方政府	政府	在特许经营协议中规定可能的法律变更及带来的损失，并规定法律变更时的解决预案，如：（1）可按建设及运营成本的一定比例，提一定风险成本。（2）政府方对项目公司的补偿办法。（3）届时变更协议条款等
11	法律及监管体系不完善	由于现有PPP立法层级低，效力差、相互冲突、可操作性差等引起的危害	中央政府	项目出现问题时，可能无法通过法律途径解决而被迫终止	社会资本方	政府	参考其他法律条文，在协议中尽可能将争端解决程序、双方的权利义务、责任赔偿等关键内容界定清晰
12	政府决策失误/过程冗长	程序不规范、作风官僚、缺乏PPP运作能力和经验、前期准备不足、信息不对称等造成项目决策失误或过程冗长	地方政府	谈判过程旷日持久，且政府出现信用问题，要求重新谈判	社会资本方	政府	（1）设置前提条件、约束条件。（2）保证政府与社会资本方充分沟通和谈判协商

第二类：市场级风险

序号	风险因素	产生原因	主要归责对象	产生后果	主要影响对象	风险承担方	解决措施
1	利率风险	利率不确定性给项目造成的损失	中央政府	融资成本增加	社会资本方	共担	提前约定补贴情况和比例，在调价公式中设置调价系数、约定利率变化调价界限值
2	外汇风险	汇率变化风险和外汇可兑换风险	中央政府	兑换成本增加或无法兑换	社会资本方	共担	提前约定补贴情况和比例，在调价公式中设置调价系数、约定外汇汇率变化调价界限值

续表

序号	风险因素	产生原因	主要归责对象	产生后果	主要影响对象	风险承担方	解决措施
3	通货膨胀	物价水平上升导致项目成本增加	无	成本增加，需求减少	社会资本方	共担	在调价公式中设置调价系数，约定调价界限点
4	融资风险	融资结构不合理，资金筹措困难	无	融资成本增加，甚至融资失败，导致项目收回	社会资本方	社会资本方	社会资本方：设计合理的融资结构。政府：（1）以融资能力作为社会资本方招标的重点考察之一；（2）在特许经营权协议中规定融资完成期限，并以提交融资相关证明文件副本的提交融资相关证明文件为政府付费义务的先决条件
5	项目唯一性	政府或其他投资人新建或改建其他项目，对本项目形成实质性商业竞争	地方政府	产生直接竞争，项目收入减少	社会资本方	政府	在特许经营权协议中规定，在特许经营期限内，对于新的竞争性项目或对某一现有竞争性项目进行改扩建，政府部门原则上将不予批准，若考虑公共利益等必须批准，则根据具体情况给予政府补贴或赔偿
6	市场需求变化	唯一性风险之外，由经济、社会、人口、法规导致的需求变化	无	项目收入减少，也有极小可能收入增加	项目公司	共担	设置临界值，当市场需求低于该临界值，政府给予社会资本一定补贴或给予税收优惠或其他盈利补偿
7	第三方延误违约	其他项目参与者拒绝履行或拖延履行约定的责任义务	第三方	工期延误，成本增加	社会资本方	项目公司	获取第三方准确信息，招标挑选最合适的伙伴，并通过合同管理由第三方承担相应责任或赔偿

续表

序号	风险因素	产生原因	主要归责对象	产生后果	主要影响对象	风险承担方	解决措施
			第三类：项目级风险				
1	建设施工风险						(1) 可通过设计、施工、运营控制，降低工程/运营风险，通过工程保险，转移大部分工程风险。 (2) 可按建设成本的一定比例计提风险成本。 (3) 明确对工程建设和运营变更的通知、答复、确认、批准、实施等过程的流程和期限
1.1	物资供应风险	原材料、设备、能源供应不及时	供应商	工期延误	社会资本方	项目公司	
1.2	承包商履约风险	工期拖延、成本超支、投产后达不到设计要求	承包商	拒绝履行或延迟履行约定的赔偿任务	社会资本方/地方政府	项目公司	
1.3	工程/运营变更	包括设计、标准、合同、业主变更等引发工程变更	地方政府/设计方	导致建造过程中工期与成本无法控制	社会资本方	项目公司	
1.4	建设资金断链风险	对建设资金运用监管不足，资金筹措困难	社会资本方	导致资金链断裂等，以及项目管理相关风险	社会资本方	项目公司	
1.5	配套基础设施风险	相关基础设施不到位	地方政府	工期延误	社会资本方	地方政府	
1.6	完工风险	工期拖延、成本超支、投产后达不到设计要求，导致现金流不足，不能按时偿还债务	施工单位	运营推迟，可能导致现金流破裂	社会资本方	项目公司	

续表

序号	风险因素	产生原因	主要归责对象	产生后果	主要影响对象	风险承担方	解决措施
2	运营风险						
2.1	技术风险	采用技术不成熟,难以满足预定要求,适用性较差,以致需要技术改造	社会资本方	技术改造,成本增加	社会资本方	社会资本方	前期对项目基本情况进行评估测算,选择合理技术方案,并设置备选技术方案
2.2	运营成本超支	政府强制提高产品服务标准、自身运营管理差、其他市场环境因素造成运营成本超支	待定	项目收益降低	社会资本方	项目公司	由项目公司制订合理的运营计划,控制经营节奏,并由政府监管;在因非社会资本方原因造成运营成本增加时,政府方给予调价审批或给予一定的财政补贴
2.3	收费变更	政府统一调整收费标准和收费年限,使PPP产品服务收费价格过高、过低、收费调整不自由导致运营收入不如预期	地方政府	运营收益不理想	社会资本方	共担	明确调价原则和公式。当价格无法调整时,政府可给予财政补贴或其他税收优惠
2.4	费用支付风险	PPP产品服务用户(或政府)费用不能按时按量支付	地方政府/用户	收入延续或无法收回	社会资本方	共担	明确费用支付时间表和延期付款责任,建立月和半年费用最低支付水平以及年底结算机制,要求社会资本方建立费用特别账户,提高费用支付保证度
2.5	特许经营人能力不足	特许经营人能力不足导致项目运营效率低下	社会资本方/地方政府	项目运营效率低下	地方政府/公众	项目公司	设置政府监管机制,监管项目运营情况,并在特许经营协议中规定运营效果,若不足,则及时采取或通知、答复、处理等措施保证运营效率

续表

序号	风险因素	产生原因	主要归责对象	产生后果	主要影响对象	风险承担方	解决措施
3	移交风险						
3.1	残值风险	移交前过度使用项目资源，影响项目持续运营	社会资本方	移交政府后无法正常运营	地方政府	项目公司	（1）在特许经营协议中明确要求项目公司的定期维护，并进行监管。（2）约定移交保函，明确移交范围和资产标准等
4	项目整体风险						
4.1	组织协调风险	项目公司组织协调能力不足，导致参与各方沟通成本增加，产生矛盾冲突	社会资本方	沟通成本增加，项目争端产生	社会资本方	项目公司	（1）选择具有良好资质和管理经验的管理人才。（2）政府部门协助项目公司进行各方协调
4.2	社会资本方变动	因利益原因投资者变动，中途退出，影响项目正常运营	社会资本方	资本结构变动，导致项目中止或终止	社会资本方/地方政府	项目公司	（1）明确规定未经政府部门许可，项目公司不得转让全部或部分权利或义务。（2）约定赔偿条款
4.3	招标竞争不充分	包括招标程序不公正、不公平、不透明，缺少竞争者或恶意竞争等	待定	中标价格不合理，收费不合理，投资者能力不足	地方政府/公众	共担	（1）国家立法规范招标程序。（2）设立招标监管和社会资本方资格审查监管
4.4	财务监管不足	对项目公司的资金运用和现金流入监管不足，导致资金链断裂等	地方政府放贷方	财务状况恶化，可能导致社会资本方对项目财务进行非法操作	地方政府/放贷方	共担	项目公司政府方股东协助相关部门核算和监控企业成本、现金运用和流出

续表

序号	风险因素	产生原因	主要归责对象	产生后果	主要影响对象	风险承担方	解决措施
4.5	测算方法主观	特许期、价格设置、政府补贴等参数测算过于主观，导致项目盈利无法达到预期设想	社会资本方/地方政府	收入不如预期，可能导致现金流破裂	社会资本方	共担	双方分别进行可能详细的尽职调查和市场调研，分别对特许经营期、价格设置、政府补贴等进行测算，共同确定相关参数
4.6	合同文件冲突/不完备	合同设计不完善，合同文件对风险分担、权责范围划分不清，合同保管不到位引发的风险	社会资本方/地方政府	政府与投资者之间出现纠纷，可能导致项目中止或终止	社会资本方/地方政府	共担	在特许经营权协议中设置诚信谈判声明和程序说明，当发生严重不利项目正常运营的时间，且该事件在协议中没有明确的处理办法说明时，双方将秉承诚意进行协商，若双方未能达成一致意见，则进入争议解决程序

第四类：不可抗力风险

序号	风险因素	产生原因	主要归责对象	产生后果	主要影响对象	风险承担方	解决措施
1	气候/地质条件	项目所在地恶劣自然条件	无	工期延误或成本增加	社会资本方	共担	（1）明确规定恶劣气候条件发生影响项目执行时，相关进度日期应延长。同时，政府给予适当补贴，使用调价手段，或用延长特许经营期等方式补偿损失。 （2）购买保险，转移部分风险
2	不可预见风险	无法预期、控制、合理防范、回避和克服的情况	无	工期延误或成本增加，甚至项目终止	社会资本方/地方政府	共担	需要在项目推进过程中进行跟踪、识别与防范

3.3 项目运作方式

3.3.1 主要运作方式

广义上，PPP项目可以分为外包、特许经营和私有化三大类型。参照各个国家的分类方式，并结合国内目前的应用现状，PPP可以按如下三级结构的方式进行分类，如图3-1所示。

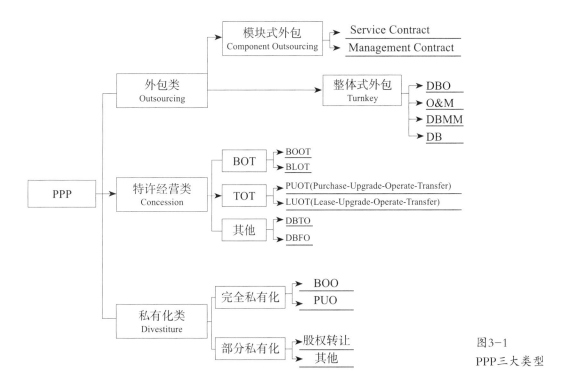

图3-1 PPP三大类型

1. 外包类PPP项目

外包类PPP项目一般是由政府投资，社会资本方承包整个项目中的一项或几项工作，政府为提供的产品或服务付费。例如只负责工程建设，或者受政府之托代为管理维护设施或提供部分公共服务，并通过政府付费实现收益。在这类合作中，社会资本方对政府提供服务是比较单纯的商业价值交换行为，不涉及项目运营和对项目收益的分享，项目投资与经营的风险完全由公共部门承担，社会资本方承担的风险相对较小。具体见表3-5。

外包类PPP项目特征 表3-5

类型		含义	合同期限	资产归属	项目情况（存量/新建）
模块式外包	服务外包	政府以一定费用委托社会资本方代为提供某项公共服务，例如设备维修、卫生打扫等	1~3年	政府	存量
	管理外包MC	政府以一定费用委托社会资本方代为管理某公共设施或服务，例如轨道交通运营	一般少于3年	政府	存量
整体式外包	DB	社会资本方按照公共部门规定的性能指标，以事先约定好的固定价格设计并建造基础设施，并承担工程延期和费用超支的风险。因此社会资本方必须通过提高其管理水平和专业技能来满足规定的性能指标要求	不确定	政府	新建
	DBMM	公共部门承担DB模式中提供的基础设施的经营责任，但主要的维修功能交给社会资本方	不确定	政府	存量
	委托运营O&M	社会资本方与公共部门签订协议，代为经营和维护公共部门拥有的基础设施，政府向社会资本方支付一定费用。例如城市自来水供应、垃圾处理等	5~8年	政府	存量
	DBO	社会资本方除承担DB和DBMM中的所有职能外，还负责经营该基础设施，但整个过程中资产的所有权仍由公共部门保留	8~15年	政府	新建

2. 特许经营类项目

特许经营类项目需要私人参与部分或全部投资，并借助一定的合作机制与公共部门分担项目风险，共享项目收益。

特许经营类项目能否成功在很大限度上取决于政府相关部门的管理水平，通过建立有效的监管机制，特许经营类项目能充分发挥双方各自的优势，节约整个项目的建设和经营成本，同时还能提高公共服务的质量，项目的资产最终归公共部门保留。

以授予特许经营权为特征，社会资本方参与的项目环节更明显多于"外包类"，一般都涉及项目的投资或运营，在此过程中政府方和社会资本方需要共担风险。参与项目的政府方需要协调社会资本方的收益性和项目整体的公益性之间的关系，项目资产在特许经营期限之后需要移交公共部门（表3-6）。

特许经营类项目类型及特征　　　　　表3-6

类型		含义	合同期限	资产归属	项目情况（存量/新建）
BOT	BLOT（建设-租赁-运营-移交）	社会资本方先与公共部门签订长期租赁合同，由社会资本方在公共土地上投资、建设基础设施，并在租赁期内经营该设施，通过向用户收费而收回投资实现利润。合同结束后将该设施交还公共部门	20～30年	政府	新建
	BOOT（建设-拥有-运营-移交）	社会资本方在获得公共部门授予的特许权后，投资、建设基础设施，并通过向用户收费而收取投资实现利润。在特许期内项目公司具有该设施的所有权，特许期结束后交还给公共部门	20～30年	特许经营期内归项目公司，特许经营期满后归政府	新建
TOT	LUOT（租赁-更新-运营-移交）	社会资本方租赁已有的公共基础设施，经过一定程度的更新、扩建后经营该设施，租赁期结束后移交给公共部门	8～15年	政府	存量
	PUOT（购买-更新-运营-移交）	社会资本方购买已有的公共基础设施，经过一定程度的更新、扩建后经营该设施。在经营期间社会资本方拥有该设施的所有权，合同结束后将该设施的使用权和所有权移交给公共部门	8～15年	特许经营期内归项目公司，特许经营期满后归政府	存量

续表

类型		含义	合同期限	资产归属	项目情况（存量/新建）
ROT	改建/重构-运营-移交	政府部门将既有设施移交给民营机构，由后者负责既有设施的运营管理以及扩建/改建项目的资金筹措、建设及其运营管理，当约定期限届满后，将全部设施无偿移交给政府部门	15~30年	特许经营期内归项目公司，特许经营期满后归政府	存量
DBTO	设计-建造-移交-经营	社会资本方先垫资建设基础设施，完工后以约定好的价格移交给公共部门。公共部门再将该设施以一定的费用回租给社会资本方，由社会资本方经营该设施。社会资本方这样做的目的是为了避免由于拥有资产的所有权而带来的各种责任或其他复杂问题	20~25年	政府	新建
DBFO	设计-建造-投资-经营	DBFO是英国最常采用的模式，在该模式中，社会资本方投资建设公共设施，通常也具有该设施的所有权。公共部门根据合同约定，向社会资本方支付一定费用并使用该设施，同时提供与该设施相关的核心服务，而社会资本方只提供该设施的辅助性服务	20~25年	项目公司	新建
RCP	资源-补偿-项目	社会资本方负责准经营性或非经营性基础设施项目的融资、设计、建设、运营维护，并在经营期满后无偿移交给政府。同时，政府以对项目投资进行补偿的方式给项目公司提供一定的资源（如土地、旅游、矿产等）进行高收益项目的建设和经营，以确保项目投资者获取合理回报	—	基础设施归政府，资源补偿项目归社会资本方	新建

3. 私有化类PPP项目

私有化类PPP是政府方与社会资本方通过一定的契约关系，使公共项目按照一定的方式最终转化为社会资本方的一种PPP模式。

私有化类PPP项目需要社会资本方负责项目的全部投资，在政府的监管下，通过向用户收费收回投资实现利润。由于私有化类PPP项目的所有权永久归私人拥有，并且不具备有限追索的特性，因此社会资本方在这类PPP项目中承担的风险最大。

社会资本方负责项目的全部投资，也承担全部的风险，项目所有权永久归私人所有，不需交回。与普通竞争性领域的公司合作不同，PPP领域的私有化类项目中，社会资本方在项目定价和服务质量等方面需要接受政府的监管，以保证公共福利不会由于社会资本方权力过大而受到损害（表3-7）。

私有化类PPP项目类型及特征　　　　　表3-7

类型		含义	合同期限	资产归属	项目情况（存量/新建）
完全私有化	PUO（购买-更新-运营）	社会资本方购买现有基础设施，经过更新扩建后经营该设施，并永久拥有该设施的产权。在与公共部门签订的购买合同中注明保证公益性的约束条款，受政府管理和监督	永久	社会资本方	存量/新建
	BOO（建设-拥有-运营）	社会资本方投资、建设并永久拥有和经营某基础设施，在与公共部门签订的原始合同中注明保证公益性的约束条款，受政府管理和监督	永久	社会资本方	新建
	股权转让	公共部门将现有设施的一部分所有权转让给社会资本方持有，但公共部门一般仍然处于控股地位。公共部门与社会资本方共同承担各种风险	永久	社会资本方和政府共同持股	存量

续表

类型		含义	合同期限	资产归属	项目情况（存量/新建）
完全私有化	合资兴建	公共部门和社会资本方共同出资兴建公共设施，社会资本方通过持股方式拥有设施，并通过选举董事会成员对设施进行管理，公共部门一般处于控股地位，与社会资本方一起承担风险	永久	社会资本方和政府共同持股	新建

私有化类型PPP模式，在城市轨道交通中实现部分私有化，不仅可以降低政府的财政压力，而且可以发挥社会资本方的技术及资金优势，在轨道交通的建设中有着很大的操作空间。而从目前各类PPP相关文件的描述来看，国内正在推广的PPP暂不包括私有化形式，以特许经营类为主。

3.3.2 PPP项目运作方式选择

1. PPP模式比较

财政部《关于印发政府和社会资本合作模式操作指南（试行）的通知》中指出PPP项目具体运作方式主要包括六种：委托运营（O&M）、管理合同（MC）、建设—运营—移交（BOT）、建设—拥有—运营（BOO）、转让—运营—移交（TOT）和改建—运营—移交（ROT），见表3-8。

部分PPP模式的比较　　　　　　表3-8

比较项		O&M	MC	BOT	BOO	TOT
投资	私人负责投资			√	√	√
	通过向用户收回投资		√	√	√	√
	通过政府付费收回工程	√	√			
建设经营	社会资本方建设工程			√	√	
	社会资本方提供服务	√	√	√	√	√
权属	政府拥有	√	√			
	合同期间项目公司拥有			√		√
	社会资本方永久拥有				√	

2. PPP模式的选择

（1）PPP项目基本特征

适合采用PPP模式的基础设施和公共服务项目具有的基本特征包括以下四点：

1）需求长期稳定；

2）投资规模较大；

3）市场化程度较高；

4）产品价格调整机制灵活。

（2）PPP项目适用范围

国家发展和改革委员会《关于开展政府和社会资本合作的指导意见》（发改投资［2014］2724号）指出，PPP模式主要适用于政府负有提供责任又适宜市场化运作的公共服务、基础设施类项目。燃气、供电、供水、供热、污水及垃圾处理等市政设施，公路、铁路、机场、城市轨道交通等交通设施，医疗、旅游、教育培训、健康养老等公共服务项目，以及水利、资源环境和生态保护等项目均可推行PPP模式。各地的新建市政工程以及新型城镇化试点项目，应优先考虑采用PPP模式建设。

（3）PPP操作模式选择

1）经营性项目：指有明确的、稳定的收费，并且收费能完全覆盖投资成本和运营费用的项目，可通过政府授予特许经营权，采用建设—运营—移交（BOT）、建设—拥有—运营—移交（BOOT）等模式推进。如杭州湾大桥、苏州市吴中静脉垃圾焚烧发电项目。

2）准经营性项目：指经营收费不足以覆盖投资成本和运营费用，需政府补贴部分资金或资源的项目，可通过政府授予特许经营权附加部分补贴或直接投资参股等措施，采用建设—运营—移交（BOT）、建设—拥有—运营（BOO）等模式推进。如北京地铁4号线和中国国家体育场。

3）非经营性项目：以社会效益为目标，政府采购PPP项目的公共产品、公共服务（表3-9）。

公共项目类型及其属性 表3-9

项目分类		项目属性	举例	投资主体/融资方式
经营性公共项目	纯经营性公共项目	能够通过收费回收投资	如收费高速公路	政府投资 社会投资 PPP模式
	准经营性公共项目	收费不能完全回收投资	如城市供水、公共交通、污水处理等	政府投资为主 PPP模式
非经营性公共项目		不产生直接的财务收益	不具有收费性或无法收费	政府投资

3.4 项目交易结构

《政府和社会资本合作模式操作指南（试行）》（财金〔2014〕113号）中指出，交易结构主要包括项目投融资结构、回报机制和相关配套安排。其中，项目投融资结构主要说明项目资本性支出的资金来源、性质和用途，项目资产的形成和转移等。社会资本的利益回报主要说明社会资本取得投资回报的资金来源，包括使用者付费、可行性缺口补助和政府付费等支付方式，由项目自身经营属性所决定。在实务中，由于各类项目的成本结构、收入结构和目标利润的差异，项目本身的目标收益往往过低，不利于引起社会资本的积极性，因而需要对项目盈利模式进行创新，以便于社会资本方可以获取合理收益。相关配套安排主要说明由项目以外相关机构提供的土地、水、电、气和道路等配套设施和项目所需的上下游服务。

3.4.1 PPP项目投融资结构

融资结构也称资本结构，它是指项目主体在筹集资金时，由不同渠道取得的资金之间的有机构成及其比重关系。PPP特许经营项目融资的核心是资本结构，其核心问题是为项目选择合理的资本结构，明确各项资金来源和规模构成比例，以顺利实现融资及项目正常运转的能力。

1. 主要影响因素

投融资结构涉及两个层面：一是项目公司资本金结构；二是项目公司股

权、债权结构。这两个层面相互影响和制约。

（1）项目公司资本金结构

项目公司资本金结构主要是指项目公司初始股东的构成，项目发起人即股东主要是承包商、建筑商、运营商及专业投资机构等。不同项目需要有合理的项目参与方参股并占据控股地位，这样有助于基建项目的事务协调和整体推进，诸如铁路项目等交通项目一般主要由承包商占有控股地位，而医院等技术性公共设施则通常需要由运营商担任控股股东。

总体上来讲，项目公司资本金规模通常不是很大，不过，若项目公司资本金结构不够科学合理，很可能影响项目整体协调，最终导致项目失败。以匈牙利布达佩斯机场PPP项目为例，其在建设过程中出现的困境很大程度上与项目公司资本结构不合理有很大关系。

一般而言，项目公司政府入资很少或者没有，不过最新研究表明，政府入股项目公司，有利于加强政府与私人部门的合作，进一步协调政府方和社会资本方之间的利益关系，能够及时获得项目进展信息，参与重大战略决策，提高PPP模式的透明性，同时优化项目风险管理，政府资本也能够分享投资收益，降低公共部门投资成本。

（2）项目公司股权、债权结构

股权、债权融资结构主要是指项目公司的杠杆水平。一般而言，股权资金成本较高，债权资金成本相对较低，所以为了获取更大收益，PPP项目融资都会放大杠杆，尤其是对于铁路、机场等投入资金规模大、建设周期长的公共基础设施项目，这种优势会更加明显。

那么，PPP项目是否存在最优资本结构呢？经典公司金融理论中，MM理论认为考虑到税盾作用，为实现公司价值最大化，企业应该尽可能大的使用债务资金。而财务困境成本理论则认为负债因税盾带来提升公司价值的同时，也会加大破产成本，因而资本结构需要在税盾优势与破产成本之间寻求平衡，最终找到最优点。实践研究中，部分研究认为，PPP项目存在最优的资本结构数值，而还有部分研究认为PPP项目最优资本结构仅存于一个取值范围。总之，PPP融资结构需要考虑最优的资本结构，避免过度依赖资本金造成成本过大，也避免过于高杠杆运营，造成过大债务压力。

2. 常见的投融资结构模式

（1）模式一：由社会资本全资出资资本金，作为项目启动资金。

合同签署后，项目公司依据项目合同向商业银行、政策性银行或政策性基金申请项目贷款。项目贷款通常会根据项目建设进度或事先约定的时间逐步发放到项目公司。对于涉及运营的PPP项目，项目公司在运营期间还可能根据项目合同和运营需要申请短期流动现金贷款。这种融资模式旨在政府通过给予社会资本长期的特许经营权和收益权来换取公共产品加快建设及有效运营（图3-2）。

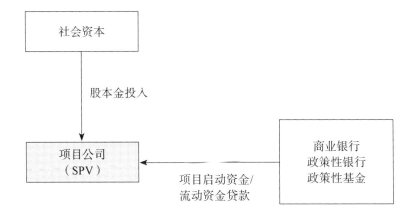

图3-2 PPP项目投融资结构模式一

此种模式适用于政府缺乏运营实力，转而寻求在这一领域具有非凡运营能力和资金实力的企业。

【例】南京地铁2号线项目

该项目由中国铁道建筑总公司承包，特许期3年（建成回购），项目通车后三年内招标人回购项目公司股权，逐步实现投资商退出。

（2）模式二：由政府指定机构与社会资本共同出资组成项目公司。

在该融资结构下，双方的出资比例根据签署的合同条款确定。社会资本的出资形式通常是现金出资，用于出资的资金可以是自有资金，也可以是在和政府签署合同后，通过向机构发行者发行专项债券取得的资金。政府授权投资单位的出资可以是政府授权投资单位的自有资金或通过发行政府债券以现金出资，也可以是以政府授权投资单位原有的相关资产设施、政府划拨的

项目准备 3

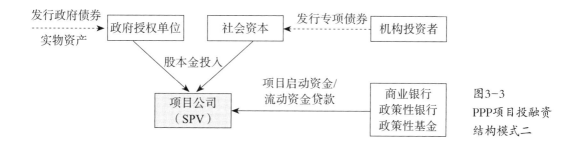

图3-3 PPP项目投融资结构模式二

土地等实物资产作为出资。其后，项目公司再通过向商业银行、政策性银行等银行性金融机构以及证券公司、基金公司、信托公司等非银行性金融机构贷款或发售债券、信托基金进行融资（图3-3）。

此种模式有利于政府监管，确保项目的正常运转。国内很多的现有PPP项目均以此类模式运转，是使用较多的，也较为地方政府容易接受的一种模式。

【例】东部某县中医院医养融合项目一期

项目总投资7.1亿元，项目资本金约占项目公司（SPV）总投资的30%，即2.13亿元。社会资本按照股份比例以货币方式出资，政府方以货币或实物资产出资。

资本金的到位次数及时间要求满足本项目的工程建设、融资要求以及法律规定。PPP项目公司的注册资本金由合资双方按照各自认缴的持股比例同步缴纳到位。政府方由该县政府授权该县国有公司作为政府出资人（图3-4）。

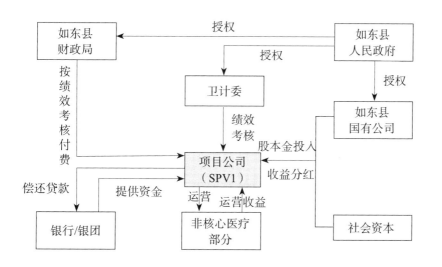

图3-4 某县中医院项目一期投融资结构

133

（3）模式三：社会资本100%控股项目公司，但是其权益出资总额由社会资本和政府或政策性基金共同投入。

社会资本出资（通常是现金出资）全部作为股本投入，且拥有项目公司100%股份，政府或政策性基金以财政补贴或投资补贴的形式向项目公司投入，通常作为项目公司权益资金（如资本公积）使用，但不拥有项目公司股份（其出资可能以现金形式，也可能以项目建设运营所必需的土地使用权等实物资产形式）。

项目在建设阶段的债务融资可以通过向商业银行、政策性银行或政策性基金贷款实现。对于在运营阶段存在稳定现金流入的PPP项目，也可能通过资产证券化的形式（项目收益债券、项目收益票据、资产支持票据等）融入债务资金以支持运营（图3-5）。

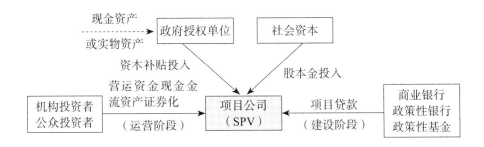

图3-5 PPP项目投融资结构模式三

此种形式主要适用于那些后期运营难以在预计内获得相应回报的项目，需要政府提供额外的补贴支持。

【例】深圳轨交4号线续建工程

该项目由香港地铁全部负责，并拥有部分地铁上物业开发权，后期向银行贷款总额占总股本的60%。特许期30年，不含建设期。

（4）其他投融资模式

投融资结构也不是一成不变的，而是随着项目的不断进展也处于不断优化过程中。一般而言，以项目建设期结束为节点，项目建设期所表现的风险越大，外部投资越为谨慎，当基建项目进入运营期，资金来源较为稳定，这一时期原有资本结构可能发生变化。一是股东变化，原有股东可能转让股权，从而释放已沉淀资金，用于投资新项目。二是，项目进入运营期后，部分金融机构更容易提供中长期资金，这时期可以通过发行债券等方式替代原有债务资金，降低财务压力，获得再融资好处。

实务中的投融资结构根据项目情况的不同可能在前三种结构的基础上进行多种变形。如，融资结构一、二、三中，是以项目公司作为融资主体从商业银行或政策性银行取得项目贷款，实务中也可能由社会资本根据项目合同先取得项目贷款，再转贷给项目公司；融资结构二中，社会资本除了通过发行企业债券融集资金作为对项目公司的资本金出资，还可以通过向政策性银行进行软贷款取得的资金作为对项目公司的股本金出资。另外，项目公司也可能会采用优先股/永续债/永续中票、融资租赁等方式进行融资。

中国PPP项目资本结构典型案例分析见表3-10。

中国PPP项目资本结构典型案例分析　　　　表3-10

序号	项目	主要发起人	总投资	特许期	项目公司及其股权结构	权益资本	债务主要来源	项目现状
1	成都自来水厂四期工程	法国威立雅水务和日本丸红	1.065亿美元	18年（含建设期）	成都通用水务，威立雅60%，日本丸红40%	30.0%	ADB、EIB等	正常运转
2	京承高速公路二期工程	首都公路发展有限公司和中国铁道建筑总公司	39.19亿元人民币	25年	首发30%，中铁建70%	35%	银行贷款	运营良好
3	深圳轨交4号线续建工程	香港地铁公司	57.78亿元人民币	30年（不含建设期）	香港地铁全部负责，并拥有部分地铁上物业开发权	40%	银行贷款	已运营
4	广州某污泥处理项目	A公司	7059万元人民币	20年（不含建设期）	A公司100%	5.6%	银行贷款占绝对比例	缺资金，缺技术，缺经验，协议取消，项目停产
5	山东菏泽垃圾焚烧发电项目	浙江锦江集团和菏泽热电厂	1.6亿元人民币	未知	未知	43.8%	银行贷款	投资方杭州锦江集团退出该项目

3.4.2 PPP项目回报机制

1. 回报机制设置原则

项目回报机制主要说明社会资本取得投资回报的资金来源。根据《关于开展政府和社会资本合作的指导意见》，投资回报机制应根据各地实际，通过授予特许经营权、核定价费标准、给予财政补贴、明确排他性约定等，稳定社会资本收益预期。加强项目成本监测，既要充分调动社会资本积极性，又要防止不合理让利或利益输送。

2. 回报机制分类

社会资本的利益回报由项目自身经营属性所决定。按照《政府和社会资本合作模式操作指南（试行）》（财金[2014]113号文），PPP项目回报机制主要包括三类：一是使用者付费，即完全依靠项目用户付费，如供水、燃气项目等；二是政府付费，即完全由政府支付服务费用，如市政道路、排水管网、生态环境治理项目等；三是可行性缺口补助，即部分来自项目用户付费并由政府提供缺口补贴，以保障项目财务可行性，如污水处理项目、垃圾处理项目（图3-6）。

（1）使用者付费

使用者付费机制，是指由最终消费用户直接付费购买公共产品和服务。项目公司直接从最终用户处收取费用，用以回收项目建设和运营成本并获得

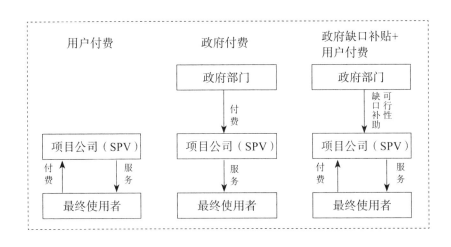

图3-6 PPP项目回报机制分类

合理收益。项目公司一般会承担全部或大部分的项目需求风险。

使用者付费机制常用于高速公路、桥梁、地铁等公共交通项目以及供水、供热等部分公用设施项目中。

1）使用者付费定价机制

一般地，具备项目使用需求可预测、向使用者收费可操作、符合法律和政策要求的PPP项目可采用使用者付费机制。使用者付费的定价方式主要包括两类：一是根据《价格法》等相关法律法规及政策规定确定；二是由政府和社会资本方（或项目公司）在PPP项目合同中确定。政府参与PPP项目收费定价的方式如下：

①由政府设立该级政府所辖区域内某一行业的统一价。

②由政府设立该级政府所辖区域内某一行业的最高价。

③由双方在合同中约定具体项目收费的价格。

④由双方在合同中约定具体项目收费的最高价。

⑤由双方在合同中约定具体项目收费的最低价。

2）使用者付费调价机制

在采用使用者付费机制的项目中，由于项目公司的成本回收和收益取得与项目的实际需求量直接挂钩，为降低项目的需求风险，确保项目能够顺利获得融资支持和稳定回报，项目公司通常会要求在PPP项目合同中增加唯一性条款，要求政府承诺在一定期限内不在项目附近新建竞争性项目。

在一些情形下，使用者需求激增或收费价格上涨，将可能导致项目公司因此获得超出合理预期的超额利润。针对这种情形，政府在设计付费机制时可以考虑设定一些限制超额利润的机制，包括约定投资回报率上限，超出上限的部分归政府所有，或者就超额利润部分与项目公司进行分成。调价原则是保证项目公司获得合理的收益，并且能够鼓励其提高整个项目的效率。

3）可行性缺口补助

可行性缺口补助，是指使用者付费不足以满足社会资本或项目公司成本回收和合理回报，而由政府以财政补贴、股本投入、优惠贷款和其他优惠政策的形式，给予社会资本或项目公司的经济补助。可行性缺口补助是在政府付费机制与使用者付费机制之外的一种折中选择。

在我国实践中，可行性缺口补助的形式多种多样，包括土地划拨、投资入股、投资补助、优惠贷款、贷款贴息、放弃分红权、授予项目相关开发收益权等其中的一种或多种。

4）投资补助

在项目建设投资较大、无法通过使用者付费完全覆盖时，政府可无偿提供部分项目建设资金，以缓解项目公司的前期资金压力，降低整体融资成本。通常政府的投资额应在制定项目融资计划时或签订PPP项目合同前确定，并作为政府的一项义务在合同中予以明确。投资补助的拨付通常不会与项目公司的绩效挂钩。

5）价格补贴

在涉及民生的公共产品或服务领域，为控制公共产品或服务的价格水平，政府通常会对特定产品或服务实行政府定价或政府指导价。若该定价或指导价导致使用者付费无法覆盖项目成本和合理收益，政府通常会给予项目公司一定的补贴。

6）其他方式

政府还可以通过无偿划拨土地、提供优惠贷款、贷款贴息、投资入股、放弃项目公司中政府股东的分红权、授予项目周边土地商业等开发收益权等方式，有效降低项目建设、运营成本，提高项目公司的整体收益水平，确保项目的商业可行性。

（2）政府付费

政府付费是指由政府直接付费购买公共产品或服务，即政府是付费主体。

1）政府付费分类

根据项目类型和风险分配方案的不同，在政府付费机制下，政府通常会依据项目的可用性、使用量和绩效中的一个或多个因素的组合向项目公司付费。

①可用性付费

可用性付费是指政府依据项目公司所提供的项目设施或服务是否符合合同约定的标准和要求来付费。如果项目设施存在不可用的情形，则根据不可用的程度扣减实际的付款。可用性付费通常与项目的设施容量或服务能力相关，而不考虑项目设施或服务的实际需求，因此，项目公司一般不需要承担需求风险，只要所提供设施或服务符合合同约定的性能标准即可获得付费。

大部分的社会公共服务类项目（学校、医院等）以及部分公用设施和公共交通设施项目可以采用可用性付费。

②使用量付费

使用量付费是指政府主要依据项目公司所提供的项目设施或服务的实际使用量来付费。在按照使用量付费的项目中，项目的需求风险通常主要由项目公司承担。在按使用量付费的项目中，项目公司通常要对项目需求有较为乐观的预期或有一定的影响能力。在污水处理、垃圾处理等部分公用设施项目中较多地采用使用量付费。

在按使用量付费的PPP项目中，双方通常会在项目合同签订前根据项目的性质、预期使用量、项目融资结构及还款计划等设置分层级的使用量付费机制。

③绩效付费

绩效付费是指政府依据项目公司所提供的公共产品或服务的质量付费，通常会与可用性付费或使用量付费搭配使用。在按绩效付费的项目中，政府与项目公司通常会明确约定项目的绩效标准，并将政府付费与项目公司的绩效表现挂钩，若项目公司未达到约定的绩效标准，则会扣减相应的付费。

2）政府付费调价机制

PPP项目生命周期长，市场环境的波动会直接引起项目运营成本的变化，进而影响项目公司的收益情况。设置合理的价格调整机制，可以将政府付费金额维持在合理范围，防止过高或过低付费导致项目公司亏损或获得超额利润，有利于项目物有所值目标的实现。

常见的调价机制包括：

①公式调整机制

政府付费公式调整机制是指通过设定价格调整公式来建立政府付费价格与某些特性系数之间的联动关系，以反映成本变动等因素对项目价格的影响。常见的调价系数包括：消费者物价指数、生产者物价指数、劳动力市场指数、利率变动、汇率变动等。调价系数的选择需根据项目性质和风险分配方案确定，并综合考虑该系数能否反映成本变化的真实情况且具有可操作性等。

②基准比价机制

政府付费基准比价机制是指定期将项目公司提供服务的定价与同类服务的市场价格进行对比，如发现差异，则项目公司与政府可以协商对政府付费进行调价。基准比价机制通常应用于社会公共服务类项目。通常，基准比价机制具体操作程序如下：

首先，在PPP项目合同中约定一个固定周期或者一个特定日期，在该周期届满或该日期到来时，由项目公司启动比价程序，就其提供某项特定服务的价格与市场上提供同类服务的一般价格进行比较。然后，由项目公司在PPP项目合同中约定比价期限内完成比价工作，具体比价期限应根据相关服务的规模和性质确定。

若比价结果显示同类服务市场价高于项目公司当前价格的，通常会有以下两种情形：若现有服务分包商依其分包合同仍有义务按原价提供服务的，无需进行调价；若现有服务分包商依其合同有权重新调价的，则可由项目公司向政府申请调价。

若比价结果显示同类服务市场价低于项目公司当前定价的，PPP项目合同通常会规定项目公司必须与政府协商对该项服务的价格进行调整。

③市场测试机制

政府付费市场测试机制是指在PPP项目合同约定的某一特定时间，对项目中某些特定服务在市场范围内重新进行采购，以更好地实现项目的物有所值。通过竞争性采购程序，政府和项目公司将可能会协商更换此部分服务的运营商或调整政府付费等。

通常市场测试机制的具体操作程序如下：在合同约定的特定日期到来时，项目公司将会就特定的软性服务进行重新采购，通常原分包商可以参与采购程序，但应避免利益冲突的情况。

若采购程序结果显示，项目公司通过替换该服务分包商，更能够实现项目的物有所值，则政府和项目公司可协议更换该服务的分包商，政府则可因此减少付费或者获得更优质的服务。若采购程序结果显示，该服务的原分包商更能实现项目的物有所值，则不会更换分包商，也不会对当前的服务定价进行调整。

市场测试机制通常主要适用于社会公共服务项目中的一些软性服务，如学校项目中的清洁、餐饮、安保服务。

④合理收益率调价

PPP项目中应当保证项目公司获得合理的回报，以对项目公司形成适当、有效的激励,保证项目实施的效率和质量。因此,在不同行业领域PPP项目定价和调价中,均应考虑使得项目公司获得合理的收益率。

3. PPP项目投资回报机制的设置

（1）用户收费及补助

根据《基础设施和公用事业特许经营管理办法》,特许经营协议可以约定特许经营者通过向用户收费等方式取得收益。向用户收费不足以覆盖特许经营建设、运营成本及合理收益的,可由政府提供可行性缺口补助,包括政府授予特许经营项目相关的其他开发经营权益。

根据实践,PPP项目常见的付费机制主要包括三类:一是政府付费,政府直接付费购买公共产品和服务;二是使用者付费（User Charges）,由最终消费用户直接付费购买公共产品和服务;三是可行性缺口补助,在使用者付费不足以满足项目公司成本回收和合理回报时,由政府给予项目公司一定的经济补助,以弥补使用者付费之外的缺口部分。在我国实践中,可行性缺口补助的形式多种多样,包括土地划拨、投资入股、投资补助、优惠贷款、贷款贴息、放弃分红权、授予项目相关开发收益权等其中的一种或多种。

（2）价格管理

根据《基础设施和公用事业特许经营管理办法》,特许经营协议应当明确价格或收费的确定和调整机制。特许经营项目价格或收费应当依据相关法律、行政法规规定和特许经营协议约定予以确定和调整。

根据《关于开展政府和社会资本合作的指导意见》,按照补偿成本、合理收益、节约资源以及社会可承受的原则,加强投资成本和服务成本监测,加快理顺价格水平。加强价格行为监管,既要防止项目法人随意提价损害公共利益、不合理获利,又要规范政府价格行为,提高政府定价、调价的科学性和透明度。

根据实践,建议项目公司设计动态调节/调价机制,以降低风险,收费与实际情况存在严重出入时,甚至可重新谈判。常见的价格调节机制:

1）与消费指数挂钩:用以降低通货膨胀的影响。

2）与汇率挂钩:用以降低汇率波动的影响。

3）与需求挂钩：用以降低需求变化的影响。

4）与原材料/质量挂钩：用以降低价格/质量起伏的影响。

5）也可使用标杆评定法和市场测定法等。

（3）财政拨付要求

根据《基础设施和公用事业特许经营管理办法》，需要政府提供可行性缺口补助的特许经营项目，应按照预算法，综合考虑政府财政承受能力和债务风险状况，合理确定财政付费总额和分年度数额，并与政府年度预算和中期财政规划相衔接，确保资金拨付需要。

（4）政府支付机制

1）可用支付：设施建成开始提供服务或可使用时才支付，一般为固定值。

2）绩效支付：与绩效挂钩，若提供的服务达不到所要求的标准，这部分支付将扣减。

3）用量支付：与使用量挂钩，若低于所期望的用量时，将得不到全额支付。

4）移交支付：特许权中止时（提前中止或到期终止）的支付，取决于合同。

（5）额外补偿

根据《基础设施和公用事业特许经营管理办法》，因法律、行政法规修改，或者政策调整损害特许经营者预期利益，或者根据公共利益需要，要求特许经营者提供协议约定以外的产品或服务的，应当给予特许经营者相应补偿。

3.4.3 相关配套安排

《关于印发政府和社会资本合作模式操作指南（试行）的通知》（财金〔2014〕113号）中指出，相关配套安排主要说明由项目以外相关机构提供的土地、水、电、气和道路等配套设施和项目所需的上下游服务。

相关配套安排尤其是土地、水、电、气和道路等配套设施作为多数项目中不可或缺的部分，只有安排到位，方可使得项目得以顺利进行。相关配套安排延误或出现意外情况，如水、电、气尚未开通，将影响公共事业（养老院、医院、学校等）项目的顺利运营，如土地平整不到位，会影响项目的开工建设等。

1. 土地安排

《中华人民共和国土地管理法》第五十四条规定，建设单位使用国有土地，应当以出让等有偿使用方式取得，但是城市基础设施用地和公益事业用地、国家重点扶持的能源、交通、水利等基础设施用地等可以以划拨方式取得。据此可以理解PPP项目中的大部分用地，可以采取划拨地；但对于社会基础设施项目用地（如教育设施、医疗卫生设施等），则强调其公益性和非营利性，否则根据规定将属于"应当以有偿方式提供土地使用权"的情形。如：新虹桥国际医学中心营利性医院项目中，各医院项目法人即是通过协议出让的方式获得相应的土地使用权。

关于基础设施及市政公用PPP项目（包括但不限于污水、垃圾焚烧发电、供气等），项目法人关于土地使用的权利，主要有以下三种：项目法人享有划拨土地使用权、出让土地使用权以及通过租赁方式享有对土地使用的权利。

（1）划拨土地使用权

通常为平抑政府购买服务费用（或向公众收费水平）或者市政管线、站、场等涉及多方主体的用地，一般采取划拨用地的方式。

（2）出让土地使用权

项目法人通过出让方式获取土地使用权的，基本是采取协议转让的方式。由政府在PPP协议中保证项目用地获取，土地出让金上缴财政，由财政统一调配，是否能用于该项目的补贴则不一定；土地出让价格采取暂定价，如果未来土地实际获取成本低于或高于该成本，相应调高或调低相应的产品或服务的价格。出让地在融资方面，较为获银行认可，但不是所有的出让地，皆可以进行土地使用权抵押担保。

（3）租赁土地使用权

以租赁方式获取用地的，通常属于前期手续未办理任何变更的情形（含立项、土地使用权等仍在政府行业主管部门名下）。该情况下，需要明确租金标准、租赁期限（租赁通常期限不超过20年，如果短于PPP项目经营期的，需要明确续约方式）、长期稳定供应等。项目法人无相应的土地使用权，对于构筑物亦不能根据房地一体主义标注所有权，建筑物也无法办理权证，仅设备融资或者应收账款质押融资或者股东担保等可以考虑。

2. 水、电、气安排

《国务院关于创新重点领域投融资机制鼓励社会投资的指导意见》（国发〔2014〕60号）规定："积极推动社会资本参与市政基础设施建设运营。通过特许经营、投资补助、政府购买服务等多种方式，鼓励社会资本投资城镇供水、供热、燃气、污水垃圾处理、建筑垃圾资源化利用和处理、城市综合管廊、公园配套服务、公共交通、停车设施等市政基础设施项目，政府依法选择符合要求的经营者。政府可采用委托经营或转让—运营—转让（TOT）等方式，将已经建成的市政基础设施项目转交给社会资本运营管理。"

供水、供电、燃气等市政基础设施建设是政府鼓励社会资本参与投资建设的PPP项目，是政府与社会资本合作的重头戏。除了作为单独合作的市政基础设施PPP项目之外，供水、供电、供热、燃气等市政基础设施作为配套往往与其他类别的PPP项目打包交予社会资本建设运营。如医院、学校、养老院、福利院等医疗卫生教育养老类项目，水、电、气等配套设施需由政府部门安排到位，以保证项目顺利开展。

3. 道路安排

《国务院关于加强城市基础设施建设的意见》（国发〔2013〕36号）规定："政府应集中财力建设非经营性基础设施项目，要通过特许经营、投资补助、政府购买服务等多种形式，吸引包括民间资本在内的社会资金，参与投资、建设和运营有合理回报或一定投资回收能力的可经营性城市基础设施项目……"与水、电、气等配套设施安排类似，非经营性的基础设施项目由政府建设后运营，保证与之有关的PPP项目的正常开展。

3.5 项目合同体系

PPP模式是在基础设施和公共服务领域政府和社会资本基于合同建立的一种合作关系。"按合同办事"不仅是PPP模式的精神实质，也是依法治国、依法行政的内在要求。PPP合同中明确政府方与社会资本方的权利义务关系以及

PPP项目的交易结构、风险分配机制等,并以PPP合同作为各方主张权利、履行义务的依据。

《关于规范政府和社会资本合作合同管理工作的通知》(财金[2014]156号)指出,加强对PPP合同的起草、谈判、履行、变更、解除、转让、终止直至失效的全过程管理,通过合同正确表达意愿、合理分配风险、妥善履行义务、有效主张权利,是政府和社会资本长期友好合作的重要基础,也是PPP项目顺利实施的重要保障。

3.5.1 体系构成

在PPP项目中,政府、社会资本方、融资方、承包商、原料供应商、运营商、保险公司等项目参与方通过签订一系列合同来确立和调整彼此之间的权利义务关系,构成PPP项目的基本合同体系。根据项目的不同特征,相应的合同体系构成也会有所不同。在PPP项目合同体系中,各个合同之间并非完全独立,而是紧密衔接、相互贯通的,合同之间存在着一定的"传导关系"。

结合《政府和社会资本合作模式操作指南(试行)》(财金[2014]113号),PPP项目的基本合同体系主要包括PPP项目合同、股东协议、履约合同(包括工程承包合同、运营服务合同、原料供应合同、产品或服务购买合同等)、融资合同和保险合同等,如图3-7所示。

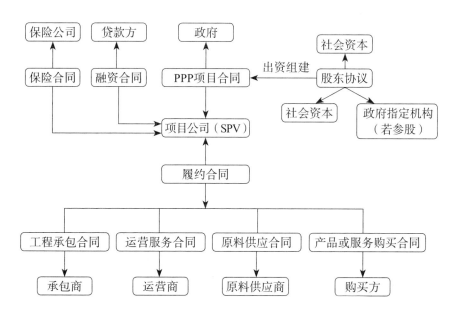

图3-7 PPP项目基本合同体系

1. PPP项目合同

PPP项目合同是指政府方（政府或政府授权机构）与社会资本方（社会资本或项目公司）依法就PPP项目合作所订立的合同，旨在合理分配项目风险，明确双方权利义务关系，保障双方能够依据合同约定合理主张权利，妥善履行义务，确保项目全生命周期内的顺利实施。PPP项目合同是其他合同产生的基础，也是整个PPP项目合同体系的核心。

初期项目公司未成立时，政府方会先与社会资本方签订意向书或框架合作协议，明确双方合作意向，详细约定双方有关项目开发的关键权利义务。待项目公司成立后，由项目公司和政府方重新签署正式PPP项目合同，或签署关于承继上述协议的补充合同。

项目边界条件是项目合同的核心内容，主要包括权利义务、交易条件、履约保障和调整衔接等边界。其中，权利义务边界主要明确项目资产权属、社会资本承担的公共责任、政府支付方式和风险分配结果等；交易条件边界主要明确项目合同期限、项目回报机制、收费定价调整机制和产出说明等；履约保障边界主要明确强制保险方案以及由投资竞争保函、建设履约保函、运营维护保函和移交维修保函组成的履约保函体系；调整衔接边界主要明确应急处置、临时接管和提前终止、合同变更、合同展期、项目新增改扩建需求等更多措施。

2. 股东协议

股东协议由项目公司的股东签订，用以在股东之间建立长期的、有约束力的合约关系。股东协议通常包括以下主要条款：前提条件、项目公司的设立和融资、项目公司的经营范围、股东权利、履行PPP项目合同的股东承诺、股东的商业计划、股权转让、股东会、董事会、监事会组成及其职权范围，股息分配、违约、终止及终止后处理机制，不可抗力、适用法律和争议解决等。

3. 履约合同

（1）工程承包合同

通常，项目公司一般负责融资和项目运营管理，不一定具备自行设计、采购、建设项目的条件，因此，项目公司可能将部分或全部设计、采购、建设工作委托给工程承包商，签订工程承包合同。项目公司可以与单一承包商签订总承包合同，也可以分别与不同承包商签订合同。承包商的选择要遵循相关法律法规的规定。

（2）运营服务合同

项目公司鉴于PPP项目运营内容和项目公司管理能力的差异性，可能会将项目全部或部分运营维护事务外包给有经验的专业运营商，并与其签订运营服务合同。然而，由于PPP项目期限通常较长，在项目运营维护过程中存在较大的管理风险。因此，项目公司应优先选择资信状况良好、管理经验丰富的运营商，并通过在运营服务合同中预先约定风险分配机制或者投保相关保险来转移风险，确保项目平稳运营并获得稳定收益。

（3）原料供应合同

对于运营阶段原料需求量大、原料成本在项目运营成本中占比较大、原料市场价格波动大的PPP项目，为防控原料供应风险，项目公司通常会与原料的主要供应商签订长期原料供应合同，约定一个相对稳定的原料价格。

（4）产品或服务购买合同

PPP项目中，项目公司的主要投资收益来源于项目提供的产品或服务的销售收入，因此，项目公司可能会事先与产品的购买者签订购买协议，约定购买量与相应支付价款，从而保证项目公司产品或服务有稳定的销售额。

4. 融资合同

从广义上讲，融资合同包括项目公司与融资方签订的项目贷款合同、担保人就项目贷款与融资方签订的担保合同、政府与融资方和项目公司签订的直接介入协议等多个合同。其中，项目贷款合同是最主要的融资合同。在项目贷款合同中一般会包括以下条款：陈述与保证、前提条件、偿还贷款、担保与保障、抵销、违约、适用法律与争议解决等。

5. 保险合同

由于PPP项目通常资金规模大、生命周期长，项目公司及其他相关参与方通常需要对项目融资、建设、运营等不同阶段的不同类型风险分别进行投保。通常可能涉及的保险种类包括货物运输险、工程一切险、针对设计或其他专业服务的职业保障险、针对间接损失的保险、第三者责任险等。

6. 其他合同

PPP项目中还可能设计其他合同,如与专业中介机构签署的投资、法律、技术、财务、税务等方面的咨询服务合同。

3.5.2 PPP项目合同的主要内容

PPP项目合同是PPP项目的核心合同,用于约定政府与社会资本双方的项目合作内容和基本权利义务。

1. 合同主体

PPP项目合同通常由政府方和项目公司签署。政府方是指签署PPP项目合同的政府一方的签约主体。目前在我国,PPP项目合同通常根据政府职权分工,由项目所在地相应级别的政府或者政府授权机构以该级政府或该授权机构自己的名义签署。例如,某直辖市区绿地工程的PPP项目合同,由该区政府委托的区绿化和市容管理局签署。项目公司是社会资本为实施PPP项目而专门设立的公司,通常独立于社会资本而运营。根据项目公司股东国籍的不同,项目公司可能是内资企业,也可能是外商投资企业。

2. 合同主要内容

(1) 合同的成立与生效

政府方(或政府授权单位)与社会资本方(或PPP项目公司)双方就PPP项目的主要条款达成合意,签订PPP项目合同时合同成立。但PPP项目合同中部分特定条款的生效需要满足一定的前提条件,只有在满足特定条款生效的前提条件下,PPP项目合同的全部条款才能生效。

常见的前提条件包括完成融资交割、获得项目相关审批权、保险生效、项目实施相关的其他主要合同已签订等,具体如下:

1) 完成融资交割(通常由项目公司负责满足)

完成融资交割是PPP项目合同中最重要的前提条件。通常完成融资交割是指项目公司已为项目建设融资签署融资文件,并提交给融资方,同时融资文件中要求的就本项目获得资金的所有前提条件均已得到满足或被豁免。

2）获得项目相关审批权（由项目公司或政府方负责满足）

项目公司实施PPP项目可能需要相关行政审批程序，只有在获得相应的批准或备案后，才能保证PPP项目的合法合规实施。

3）保险生效（由项目公司负责满足）

PPP项目中，保险是非常重要的风险转移和保障机制。政府方为确保项目公司在项目实施前已按合同约定获得了足额的保险，通常会将保险（主要是建设期保险）生效作为全部合同条款生效的前提条件。

通常项目公司根据项目合同中有关保险的规定购买保险，保单生效后，向政府方提交保单的复印件。

4）项目实施相关的其他主要合同已签订（由项目公司负责满足）

在一些PPP项目合同中，政府方为进一步控制项目实施风险，会要求项目公司先完成项目实施涉及的其他主要合同的签署，并以此作为PPP项目合同生效条件。在这种情况下，项目公司需根据项目合同中有关规定签订工程总承包合同及其他主要分包合同，并向政府方提供有关合同的复印件。

（2）合作范围及期限

合作范围：根据项目运作方式和具体情况的不同，政府和项目公司的合作范围可能包括设计、融资、建设、运营、维护某个基础设施或提供某项公共服务等。

合作期限：项目的合作期限较长，通常在项目前期论证阶段进行评估。评估时，需要综合考虑政府所需要的公共产品或服务的供给期间、项目资产的经济生命周期、项目资产的技术生命周期、投资回收期、设计和建设期的长短、财政承受能力等。

（3）风险分配

PPP项目合同的目的是在政府方和项目公司之间合理分配风险，明确合同当事人之间的权利义务关系，以确保PPP项目顺利实施、实现物有所值。在设置PPP项目合同条款时，要遵循合同的目的，并坚持风险分配的基本原则：

1）承担风险的一方应该对该风险具有控制力。

2）承担风险的一方能够将该风险合理转移。

3）承担风险的一方对于控制该风险有更大的经济利益或动机。

4)由该方承担风险最有效率。

5)如果风险最终发生,承担风险的一方不应将由此产生的费用和损失转移给合同相对方。

具体PPP项目风险分配需根据项目实际情况,以及各方的风险承受能力来定。常见的风险分配方式如下:

1)政府方承担的风险:

①土地获取风险;

②项目审批风险;

③政治不可抗力:包括非因政府方原因且不在政府方控制下的征收征用和法律变更等。

2)项目公司承担的风险:

①如期完成项目融资的风险;

②项目设计、建设和运营维护相关风险,如完工风险、供应风险、技术风险、运营风险以及移交资产不达标的风险;

③获得项目相关保险。

3)双方共担的风险:自然不可抗力。

(4)付费机制

付费机制关系PPP项目的风险分配和利益汇报,是PPP项目合同中的核心条款。实践中,需根据PPP项目的行业、运作方式及具体情况,因地制宜地设置合理的付费机制。常见的付费机制包括政府付费、使用者付费和可行性缺口补助三种。

1)政府付费

政府付费是指政府直接付费购买公共产品和服务。在政府付费机制下,政府可以依据项目设施的可用性、产品或服务的使用量以及质量向项目公司付费。政府付费是公共设施类和公共服务类项目中较为常用的付费机制,在公共交通项目中会采用政府付费机制。

2)使用者付费

使用者付费是指由最终消费用户直接付费购买公共产品和服务。项目公司直接从最终用户处收取费用,以回收项目的建设和运营成本并获得合理收益。高速公路、桥梁、地铁等公共交通项目以及供水、供热等公用设施项目通常可以采用使用者付费机制。

3）可行性缺口补助

可行性缺口补助是指使用者付费不足以满足项目公司成本回收和合理回报时，由政府给予项目公司一定的经济补助，以弥补使用者付费之外的缺口部分。可行性缺口补助是在政府付费机制与使用者付费机制之外的一种折中选择。可行性缺口补助的形式包括土地划拨、投资入股、投资补助、优惠贷款、贷款贴息、放弃分红权、授予项目相关开发收益权等。

（5）项目公司融资担保和政府支持

出于贷款安全性考虑，融资方往往要求项目公司以其财产或其他权益作为抵押或质押，或由其母公司提供某种形式的担保或由政府作出某种承诺。PPP项目合同中通常会明确约定项目全生命周期内相关财产和权益的归属，以确定项目公司是否有权通过在相关财产和权益上设定抵押担保等方式获得项目融资。如有必要可约定政府为债务融资提供的支持条件。

（6）实施机构的监督权和介入权

由于PPP项目通常是涉及公共利益的特殊项目，从履行公共管理职能的角度出发，政府需要对项目执行的情况和质量进行必要的监控。PPP项目合同中关于政府方的监督和介入机制，通常包括政府方在项目实施过程中的监督权以及政府方在特定情形下对项目的介入权两部分。

1）政府方的监督权

在项目从建设到运营的各个实施阶段，为更好地了解项目进展、确保项目能够按照合同约定履行，政府方通常会在PPP项目合同中规定各种方式的监督权。常见的政府方监督权包括：

①项目实施期间的知情权：建设期审阅项目计划和进度报告；运营期审阅运营维护手册和有关项目运营情况的报告。

②进场检查和测试。

③对承包商和分包商选择的监控。

④参股项目公司，更好地实现知情权。

2）政府方的介入权

在一些PPP项目合同中，会赋予政府方在特定情形下直接介入项目实施的权利。政府方的介入权包括项目公司未违约情形下的介入和项目公司违约情形下的介入两类。

项目公司未违约情形下政府方可以介入的情形包括：

①存在危及人身健康或安全、财产安全或环境安全的风险；

②介入项目以解除行使政府方的法定责任；

③发生紧急情况，且政府合理认为该紧急情况将会导致人员伤亡、严重财产损失或造成环境污染，并且会影响项目的正常实施。

项目公司违约情形下政府方可以介入的情形：若政府方在行使监督权时发现项目公司违约，政府方认为有可能需要介入的，通常在介入前按照PPP项目合同的约定书面通知项目公司并给予其一定期限自行补救；如果项目公司在约定的期限内仍无法补救，政府方才有权行使其介入权。

（7）项目合同解除、项目移交及争议解决方式

1）项目合同解除

在PPP项目合同中，可能发生因政府或项目公司违约而导致的合同终止情况。可导致项目提前终止的事由通常包括：

①政府方违约事件：发生政府方违约事件，政府方在一定期限内未能补救的，项目公司可根据合同约定主张终止PPP项目合同。

②项目公司违约事件：发生项目公司违约事件，项目公司和融资方或融资方指定的第三方均未能在规定的期限内对该违约进行补救的，政府方可根据合同约定主张终止PPP项目合同。

③政府方选择终止：政府方在项目期限内任意时间可主张终止PPP项目合同。

④不可抗力事件：发生不可抗力事件持续或累计达到一定期限，任何乙方可主张终止PPP项目合同。

2）项目移交

项目移交通常是指在项目合作期限结束或者项目合同提前终止后，项目公司将全部项目设施及相关权益以合同约定的条件和程序移交给政府或者政府指定的其他机构。

移交范围：合同移交条款中，首先应当根据项目具体情况明确项目移交的范围，以免因项目移交范围不明确造成争议，移交的范围通常包括：

①项目设施；

②项目土地使用权及项目用地相关的其他权利；

③与项目设施相关的设备、机器、装置、零部件、备品备件及其他动产；

④项目实施相关人员；

⑤运营维护项目设施所要求的技术和技术信息；

⑥与项目设施有关的手册、图纸、文件和资料；

⑦移交项目所需的其他文件。

移交的条件和标准：为确保回收的项目符合政府的预期，PPP项目合同中通常会明确约定项目移交的条件和标准。通常包括以下两类条件和标准：

①权利方面的条件和标准：项目设施、土地及所涉及的任何资产不存在权利瑕疵，其上未设置任何担保及其他第三人权利。

②技术方面的条件和标准：项目设施应符合双方约定的技术、安全和环保标准，并处于良好的运营状况。

3）争议解决方式

通常PPP项目争议解决方式有协商、调解、仲裁或诉讼等。具体如下：

①协商：一般情况下，项目合同各方应在一方发出争议通知指明争议事项后，首先争取通过友好协商的方式解决争议。若在约定期限内无法通过协商方式解决问题，则采用调解、仲裁或诉讼方式处理争议。

②调解：项目合同可约定采用调解方式解决争议，明确调解委员会的组成、职权、议事原则、调解程序和费用承担主体等。

③仲裁或诉讼：协商或调解不能解决的争议，合同双方可约定采用仲裁或诉讼方式解决。

3.6 项目监管架构

由于PPP项目具有一次性、长期性和不完备契约性等特点，基于社会资本的逐利性，PPP项目建设和运营将面临更多更复杂的风险，因此在PPP项目中对政府和社会资本进行基于博弈理论的项目监管势在必行。项目监管架构主要包括授权关系和监管方式。

3.6.1 授权关系的确立

根据《政府和社会资本合作模式操作指南(试行)》(财金[2014]113号),PPP项目授权关系可区分为两个层面:一是政府对项目实施机构的授权;二是政府直接或通过项目实施机构对社会资本的授权。

PPP项目中,政府需通过招标控制选择融资能力强、技术水平高、信誉良好的社会资本合作人。在社会资本合作人的选取和特许经营协议签订过程中,政府需依据相关法律政策履行其监督职能,从而保证PPP项目的合法、顺利开展。同时,政府应基于具有法律效力的特许经营合同来监督约束PPP项目各参与方的行为,通过合约式管理约束项目公司,从而在PPP项目中实现政府的有效监管。

目前,我国政府对PPP项目准入监管可以分为两个阶段:

(1)立项监管。制定基础设施和公用事业的发展规划,考察项目的必要性,以及是否适用于PPP模式。

(2)对特许经营者选择的监管。通过竞争招标选择一家(或几家组成的联合体)最优秀的企业授予其特许经营权。

准入监管最核心的内容是考察PPP模式及社会资本能否实现物有所值(Value for Money,VfM),即比传统模式效率高。

3.6.2 PPP项目监管方式

根据《政府和社会资本合作模式操作指南(试行)》(财金[2014]113号),PPP项目监管方式主要包括履约管理、行政监管和公众监督等。

1. 履约管理

当PPP项目发生实质性违约导致合作伙伴关系终止时,政府将不可避免地承担起提供核心公共服务的责任。尽管非实质性违约通常不会导致合作伙伴关系终止,并且在违约事件发生后存在相应的救济机制,但履行纠正义务通常需要花费比履约监管更高的成本。因此,有效的履约管理是保证PPP项目顺利开展的条件。

PPP项目履约管理的目的包括:帮助政府克服相对社会资本的信息不对称;保护社会公众免受竞争不足的危害;确保项目风险实际转移;保护社会

资本免受不良对手的侵扰；保护社会资本免受政府机会主义行为的困扰；激励社会资本提高绩效。

切实履约原则是运用PPP模式切实需要遵循的三个基本原则之一。要实现PPP模式的应用目标，应确保利益相关方对PPP项目协议的切实履行，包括实际履行和全面履行。当政府选定社会资本并签署PPP项目协议后，双方即进入项目履约阶段。为确保项目公司能够按照合同约定履约，政府通常会希望项目公司或其承包商、分包商就其履约义务提供一定的担保。履约担保方式通常包括：履约保证金、履约保函以及其他形式的保证等。同时，为了约束地方政府违约行为，财政部正研究建立上级财政对下级财政的结算扣款机制，以保障社会资本的合法权益。

但在PPP项目中履约管理也难以面面俱到，可能存在的问题有：一方面，由于履约阶段缺少竞争压力，政府在缺少相称资源和技能的情况下，很难对社会资本的履约情况进行有效的监管；另一方面，由于缺乏有效的争议解决机制，在政府履约情况不佳时，社会资本亦难采取实际措施保护自身权益。

2. 行政监管

发改委、市政管理局、财政局、审计局等行政部门在现行PPP项目监管体系中都扮演着非常重要的角色，但PPP项目的行政监管分散在多个不同的行政部门，存在监管责任边界不清的问题，在监管职能方面存在相互交叉的现象，容易导致PPP项目的行政监管效率不高。

基于政府规制理论，要划清政府行政部门的监管边界，明确监管范围，建立高效的PPP项目政府行政监管机构。高效的行政监管机构体系有利于确保项目监管的有效性和统一性。

PPP项目行政监管机构的设立措施：

（1）明确各政府行政监管部门的监管职责和范围：如发改委重点监管PPP项目的发起，城乡建委是PPP项目建设市场的监管主体，市政管理局主要监管PPP项目的融资、建设、运营、移交等状况，财政局和审计局主要管理PPP项目的资金安全问题等。

（2）设立独立综合性的政府行政监管机构：可借鉴香港的模式由国务院直接任命一个独立于行政部门的国家PPP项目监管机构，然后在该国家行政监管机构下设立各个领域的专业性独立监管机构，如交通独立监管机构、电力独立监管机构、水务独立监管机构等。

因此，具有独立性和专业性的PPP项目行政监管机构就可以保证PPP项目行政监管的效率。

3. 公众监督

建立PPP项目信息发布机制，及公众参与决策和监督机制，向社会公布相关信息，保证PPP项目信息的及时、准确和一致性，做到公开、公平和公正，有利于加强公众对PPP项目的监督，保障社会公众的利益。

在招标和评标过程中，政府公开有效信息实行公众监督，有利于潜在投标企业的评估和决策，提高项目对企业的吸引力，有利于公众和独立第三方咨询机构等其他各方参与，提供合理化建议，完善决策过程，也利于避免暗箱操作，预防腐败。

在项目建设和运营过程中，公开信息，实行公众监督，有利于激励企业控制成本、提高效率，提高服务水平，保障政府和公众利益，提高后续类似项目的决策和管理水平。

3.7 "风险分配"案例分析

案例3.1 江苏某医院医养融合PPP项目

目前我国正处在人口红利消失以及人口老龄化加速的拐点，预计到2020年我国老年人口将达到2.48亿，医疗与养老市场面临较大压力。医疗卫生资源和养老资源积极结合的医养PPP项目，成为行业内当下正在积极推进的实践，医疗与养老的相互补充与促进发展，有助于整体提升我国的养老服务水平，该类项目的PPP实践，对行业具有积极的推动意义。

1. 项目基本情况

（1）项目名称

某医院医养融合PPP项目。

（2）项目地点

江苏省。

（3）PPP合作范围

一期医疗中心的非医疗服务，二期养老康复中心整体开发运营。

（4）项目规模及投资

一期总建筑面积11.4万m^2，总投资为7.1亿元；二期总建筑面积为10万m^2，总投资为7亿元（其中二期首期项目拟投资2亿元）。

2．项目风险分配框架

风险分配框架，见表3-11。

项目风险分配框架　　　　　　　　　　表3-11

风险承担对象	风险大类	主要风险
政府方承担的风险	公共管理风险	国有化、政府干预、政府信用、政府腐败、公众反对
	工程建设风险	土地征拆与管理风险、政府支付风险
社会资本方承担的风险	运营及移交风险	项目成本超支、管理风险、第三方延误/违约、设计不当风险、项目完工风险、工程变更风险、安全风险、供应风险、项目移交风险
双方共同承担的风险	市场及不可抗力风险	通货膨胀、市场需求变化、自然灾害、政策风险、社会异常事件风险

3.8 "运作方式"案例分析

3.8.1 新城开发类PPP项目

案例3.2　浙江某医药特色小镇PPP项目

1．项目基本情况

（1）项目名称

某医药特色小镇PPP项目。

（2）项目地点

浙江省某沿海城市。

（3）PPP合作范围

小镇核心区整体开发、小镇基础设施建设与运营。

（4）项目投资

小镇整体投资规模达到57亿元，其中PPP项目范围内的投资约为30亿元。

（5）建设时序

要求建设期控制在3年。

2．项目PPP运作设计

（1）总体思路

1）整体开发。

因项目建设规模较大，为缩短项目建设周期，避免因投资主体众多而增加投资、建设、运营成本，减少分散投资的违约风险，项目拟采用整体开发模式，形成开发建设的规模经济效应和委托代理避险效应。

2）按项目类型，分类实施PPP模式。

因项目类型多样、公益性质较为不同，因此对项目进行适当分割，对公益性差异较大的项目，采用不同的PPP模式，以此确保政府对纯公益性质项目的开发话语权，同时对可市场化项目，给予社会资本方充分的发挥空间。

（2）PPP运作模式

1）小镇基础设施、3A级景区：采用建设—运营—移交的BOT运作模式。

即项目公司负责项目的投资、建设、运营维护、移交。政府方拥有对项目该部分建设内容及规模的设计决策权。

2）商业办公设施：采用设计—建设—运营—移交的DBOT模式。

即项目公司负责项目的投资、设计、建设、运营维护、移交。根据项目用地规划条件，充分挖潜该PPP项目盈利点，但政府方对该部分项目的设计仍有参与权和建议权。

3.8.2 医疗养老类PPP项目

案例3.3 江苏某医院医养融合PPP项目

1．一期项目PPP模式具体运作

（1）PPP合作模式

一期已建成项目：采用移交→运营→移交的TOT模式。

（2）项目建设与运营边界

1）建设边界：

县中医院等：负责项目的建设施工、竣工验收。

项目公司SPV1：一期医疗中心工程竣工验收通过后，由政府协调移交给SPV1。

2）运营边界：

项目公司SPV1：负责项目非核心医疗业务，包括药品及耗材供给、物业、食堂、超市、停车场及物业管理等后勤方面的所有事务运营管理，并获得相应的运营收益。

县中医院：全权负责核心医疗部分的运营管理。

2．二期项目PPP模式具体运作

（1）PPP合作模式

二期新建项目：采用设计→建设→运营→移交的DBOT模式。

（2）项目建设与运营边界

1）建设边界：

政府方：具有对项目实施进度、功能需求等的建议权与决策权。

项目公司SPV2：负责项目可研、立项、设计、招标及建设全过程，建设资金由SPV2筹集、支付。

2）运营边界：

县中医院：负责一般医疗、日常护理、定期体检等辅助服务。

项目公司SPV2：负责除中医院承担的辅助服务之外的所有养老服务的运营管理，并获得运营收益。

3.9 "回报机制"案例分析

3.9.1 新城开发类PPP项目

案例3.4 浙江某医药特色小镇PPP项目

1. 项目投融资

（1）项目公司股权结构

由招标方式选择的社会资本方全资设立项目公司。根据安排，政府方出资10%，社会资本方出资90%，确保政府方对该项目公司无绝对控股权。

（2）项目融资

政府不对本PPP项目提供任何担保，但项目公司可以项目资产及特许经营权进行融资。

（3）项目资金筹措

该PPP项目的建设、运营与维护费用，均由项目公司负责并自筹解决。

（4）项目费用分担

根据约定，项目前期费用全部由项目公司承担，已由财政垫资的费用，项目公司设立后再偿还给政府方，项目未偿还债务由项目公司继承。

2. 回报机制

政府方希望在项目PPP整个生命周期中，财政支出能够越少越好，因此在项目前期方案阶段，政府方十分注重项目盈利点的策划，并坚持项目市场化运作，因此项目调价普遍采用市场化调价机制。项目回报及调价机制设置见表3-12。

3. 项目点评

该新城开发类项目，十分强调医药产业与旅游业的融合，项目建设内容复杂、建设规模较大、总体投资较高，医疗制造资源与旅游资源的协调难度大，这对社会资本方的运营、融资与建设统筹能力提出了较高要求。

为提高项目对社会资本方的吸引力，政府方在项目推进前期，十分注重项目盈利点的策划，同时通过各项政策保障、财政补贴等方式，对本项目的盈利创收能力进行保障，以推进该PPP项目的顺利落地。

项目回报及调价机制设置　　　　　表3-12

序号	项目类型	回报机制	调价机制
一		开发性收入	
1	旅游类项目	门票收入	定期调价
		活动收入	市场化调价
		经营性活动收入	
		物业收入	
2	商业配套类项目	商业租金收入	市场化调价
		物业收入	
		停车位收入	
3	商务配套类项目	办公租金收入	市场化调价
		会议会展类收入	
		物业收入	
		停车位收入	
4	其他	广告收入	市场化调价
		场地租赁收入	
		部分项目冠名收入等	
二	小镇税收返还	税收以三免两减半形式返还	—
三	可行性缺口补贴	如仍不足，可补贴	—

3.9.2　停车场（库）PPP项目

案例3.5　上海某区地下停车场（库）PPP项目

1．项目投融资结构

（1）项目融资及资金安排

项目建设资金，由社会资本方自筹解决，项目资本金比例应不小于20%。项目建成后，项目建设投入形成项目资产。

（2）前期费用分担

项目前期费用，除PPP协议约定应由政府方承担的费用外，全部由项目公司承担，在项目公司成立以前，已由财政资金垫付的，应在项目公司成立后，由项目公司补缴。

2．项目资产及权益

（1）土地使用权

政府将土地无偿提供给项目公司使用，政府在土地征收与交付项目公司的过程中发生的一切费用，由政府方承担。项目公司不得将该项目涉及的土地使用权转让给第三方或用于该项目以外的其他用途；不得以土地使用权为抵押，进行任何担保行为。

（2）项目资产的使用权和所有权

项目合同期内，项目公司拥有本项目的建设权、20年特许经营权。

项目资产所有权属于政府，项目实施机构对项目建设内容与规模具有决策权，对项目建设投资具有控制权，对项目运营管理具有监督权。

3．项目回报及调价机制

（1）项目回报渠道

项目PPP咨询服务单位通过对多家意向社会资本方进行访谈，并对项目实地调研，测算项目各项预期收入，经分析，在充分利用项目各项设施、积极拓展增值服务等项目盈利点挖潜情况下，社会资本方承揽本项目，能够取得良好的收益回报（表3-13）。

项目回报渠道　　　　　　　　　　表3-13

收入组成	经营模式	收入形式
地下停车库	车位出租及其他增值服务	停车位租金收入（车位日间散租、夜间包租）
		停车位其他收入（汽车维护、保养、广告等附加增值）
公共绿地	社会资本提供绿化养护	政府采购，支付绿地养护费用
老建筑	保护性利用	建议政府方给予老建筑相应经营权和收益权，由社会资本经营

(2）项目付费及调价机制

地下停车库停车服务：采用使用者付费，停车位租金水平采用市场化定价。

公共绿地养护服务：采用政府付费，其中政府付费价格为当年区公共绿化一级养护指导价格。

老建筑保护性利用：采用使用者付费（以满足历史建筑保护要求为基本前提），市场化定价。

（3）财政可行性缺口补贴

政府方不对该项目进行财政补贴。

（4）收益保障

未来如周边停车场（库）已能满足区域停车需求的情况下，经第三方论证后，由政府方取消周边道路停车泊位。

4．项目点评

项目属于城市地下停车库项目，在该PPP项目中，区财政不为本项目提供可行性缺口补贴，绿化养护等政府付费项目严格按照政府指导价施行，且合作期满后需无偿移交项目资产给政府方。受以上条件的限制，潜在社会资本方如承揽该项目，需具备过硬的运营能力与盈利创新能力。

经项目咨询团队对多家意向社会资本方的访谈接触，以及财务测算分析，项目在充分利用项目各项设施、积极拓展增值服务等情况下，社会资本方承揽本项目，能够取得良好的收益回报。

3.9.3 医疗养老类PPP项目

案例3.6 江苏某医院医养融合PPP项目

1．回报机制

（1）一期项目回报机制

主要以政府付费、使用者付费这两种方式为主。

（2）二期项目回报机制

主要为使用者付费和财政可行性缺口补贴这两种方式。

2．调价机制

（1）初始调价

项目在选择社会资本方过程中，由社会资本方根据投资估算、财务测算，并最终报价；在与社会资本进行确认谈判阶段，确定项目总投资及付费调整的计算公式。

（2）运营期调价

特许经营期间，根据特许经营项目价格或收费相关法律、法规规定，以及特许经营协议的约定，进行调价。

3．项目点评

该项目的PPP合作内容及类型较为复杂，合作范围边界的界定须十分清晰，与此同时，项目回报及付费结构多样，项目对社会资本方的资源整合能力、融资能力、建设统筹能力均要求较高，项目PPP模式策划难度较高。

3.10 "合同体系"案例分析

案例3.7 浙江某医药特色小镇PPP项目

新城类开发项目，普遍具有建设内容复杂、涉及利益相关方众多、项目类型多样、建设规模大等特点，对社会资本方在运营、融资与建设统筹能力方面具有较高的要求，该类项目PPP模式的运作策划，需重点关注项目PPP合同体系、运作方式、回报机制的设计。

该PPP项目涉及社会资本方的招标、项目公司的设立、特许经营权的授予，因此相关合同文件有《合作框架协议》《股东合资协议》《特许经营协议》等配套合同/协议。

1．合作框架协议

签订双方：甲方——项目PPP实施机构；乙方——中标社会资本方。

签订时机：确定中标社会资本方后。

约定事项：中标社会资本方应与政府出资代表人成立项目公司、签订项目PPP配套合同/协议，并约定承揽本PPP项目。

2．股东合资协议

签订双方：甲方——政府方出资代表人；乙方——中标社会资本方。

签订时机：确定中标社会资本方后。

约定事项：政府方出资代表人与中标社会资本方共同成立项目公司，并就股权结构等关键事项进行约定。

3．特许经营协议

签订双方：甲方——项目实施机构（绿色药都公司）；乙方——项目公司。

签订时机：项目公司成立后。

约定事项：由项目实施机构向项目公司授权本PPP项目的特许经营权。

4 项目采购

4.1 PPP模式采购与传统政府采购的区别

4.1.1 政府采购概念与原则

政府采购（Government Procurement）就是指国家各级政府为从事日常的政务活动或为了满足公共服务的目的，利用国家财政性资金和政府借款购买货物、工程和服务的行为。政府采购不仅是指具体的采购过程，而且是采购政策、采购程序、采购过程及采购管理的总称，是一种对公共采购管理的制度。

为了了解政府采购的行为特征，需要明确区分下列几个基本概念：

（1）政府采购管理机关：指财政部门内部设立的，制定政府采购政策、法规和制度，规范和监督政府采购行为的行政管理机构。该机关不参与和干涉采购中的具体商业活动。

（2）政府采购机关：是指政府设立的负责本级财政性资金的集中采购和招标组织工作的专门机构。

（3）采购单位：是指使用财政性资金采购物资或者服务的国家机关、事业单位或其他社会组织。

（4）政府采购社会中介机构：是指依法取得招标代理资格，从事招标代理业务的社会中介组织。

（5）供应商：是指与采购人可能或者已经签订采购合同的供应商或者承包商。

（6）政府采购资金管理部门：政府采购资金管理部门是指编制政府采购资金预算、监督采购资金的部门，包括财政部门和采购单位的财务部门。

政府采购应遵循以下基本原则：

（1）公开透明原则；
（2）公平竞争原则；
（3）公正原则；
（4）诚实信用原则。

4.1.2 政府采购类型

政府采购有四种基本类型：即购买、租赁、委托、雇用。其中，购买特指货物所有权发生转移的政府采购行为；租赁是在一定期限内货物的使用权和收益权由出租人向承租人即政府采购方转移的行为；委托和雇佣是政府采购方请受托方或受雇人处理事务的行为，工程的招标就属于委托。

4.1.3 政府采购途径

政府采购有两种途径：即委托采购和自行采购。其中，委托采购是指采购人通过集中采购机构或其他政府采购代理机构进行采购。属于集中采购目录或达到采购限额的，通过委托采购途径。

4.1.4 政府采购功能

（1）节约财政支出，提高采购资金的使用效益。实践证明，政府采购制度是一种集中与分散相结合的公开透明的采购制度。从国际经验来看，实行政府采购一般资金节约率为10%以上。

（2）强化宏观调控。发挥政府在国民经济发展中的宏观调控作用，推进保护国内产业、保护环境、扶持不发达地区和中小企业等政策的实施需要制定政府采购法。

（3）活跃市场经济。政府采购活跃市场经济主要表现在：

1）政府采购使政府正常运转需要的货物、需建的工程和服务，由政府自产、自建、自管转为全方位面向市场开放，极大地活跃市场经济。

2）政府采购的公开招标、竞争性谈判等方式，促使企业按市场经济的规律运行，不断提高产品质量，提高服务质量，提高产品竞争力等，也促使市场经济的活跃。

3）政府宏观调控，加大投资，促进内需，大多通过政府采购渠道来进行。大量的政府采购行为使市场经济更加活跃。

（4）推进反腐倡廉。行政腐败是制约我国政治经济体制改革的重大问题，治理行政腐败不仅需要运用党纪国法的严厉制裁，而且需要从经济源头加以杜绝。大量的案例表明，政府购买过程中的钱权交易是滋生行政腐败的主要形式，因此，在实现政府采购市场体制化与公开化的基础上，通过政府采购政策，可以杜绝政府采购主体的行为规范，有效地、及时地铲除行政腐败的幼苗。

（5）保护民族产业。在政府采购市场中适度保护民族产业是发展中国家在对外开放过程中的必要措施，根据WTO的规定，我国的进口关税水平，已降到极限，因此政府采购已成为重要的非关税壁垒之一。按照国际惯例，完全可以凭借国家安全、经济欠发达等理由为依据，制定一些具有保护民族产业的政府采购政策及相关的国内配套政策，在国际贸易中，这是保护本国政府采购市场，保护民族产业的一个合理、合法手段。

4.1.5 传统的政府采购方式

传统的政府采购方式主要有以下几种：

1. 公开招标

公开招标是政府采购的主要采购方式，公开招标与其他采购方式不是并行的关系。

公开招标的具体数额标准，属于中央预算的政府采购项目，由国务院规定；属于地方预算的政府采购项目，由省、自治区、直辖市人民政府规定；因特殊情况需要采用公开招标以外的采购方式的，应当在采购活动开始前获得设区的市、自治州以上人民政府采购监督管理部门的批准。

采购人不得将应当以公开招标方式采购的货物或者服务化整为零或者以其他任何方式规避公开招标采购。

2. 邀请招标

邀请招标也称选择性招标，由采购人根据供应商或承包商的资信和业绩，选择一定数目的法人或其他组织（不能少于三家），向其发出招标邀请书，邀请他们参加投标竞争，从中选定中标的供应商。

前提条件：

（1）具有特殊性，只能从有限范围的供应商处采购的；

（2）采用公开招标方式的费用占政府采购项目总价值的比例过大的。

3. 竞争性谈判

竞争性谈判指采购人或代理机构通过与多家供应商（不少于三家）进行谈判，最后从中确定中标供应商。

前提条件：

（1）招标后没有供应商投标或者没有合格标的或者重新招标未能成立的；

（2）技术复杂或者性质特殊，不能确定详细规格或者具体要求的；

（3）采用招标所需时间不能满足用户紧急需要的；

（4）不能事先计算出价格总额的。

根据财政部第18号令第43条的规定，投标截止时间结束后参加投标的供应商不足三家的，或在评标期间出现符合专业条件的供应商，或者对招标文件作出实质响应的供应商不足三家的情形的，经报政府采购监督管理部门批准，可以采用竞争性谈判采购方式。

4. 单一来源采购

单一来源采购也称直接采购，是指达到了限额标准和公开招标数额标准，但所购商品的来源渠道单一，或属专利、首次制造、合同追加、原有采购项目的后续扩充和发生了不可预见紧急情况不能从其他供应商处采购等情况。该采购方式的最主要特点是没有竞争性。

前提条件：

（1）只能从唯一供应商处采购的；

（2）发生了不可预见的紧急情况不能从其他供应商处采购的；

（3）必须保证原有采购项目一致性或者服务配套的要求，需要继续从原供应商处添购，且添购资金总额不超过原合同采购金额10%的。

5. 询价

询价是指采购人向有关供应商发出询价单让其报价，在报价基础上进行比较并确定最优供应商的一种采购方式。

前提条件：当采购的货物规格、标准统一、现货货源充足且价格变化幅度小的政府采购项目，可以采用询价方式采购。

4.1.6 PPP模式政府采购法律依据

早在2014年9月23日，财政部就发布了《财政部关于推广运用政府和社会资本合作模式有关问题的通知》(财金〔2014〕76号),由此,拉开了在全国范围内推广PPP模式的序幕。

为规范PPP项目的识别、准备、采购、执行、移交等各环节的操作流程,2014年11月29日,财政部印发了《政府和社会资本合作模式操作指南(试行)》(财金〔2014〕113号,下称"113号文");2014年12月31日,财政部印发《政府和社会资本合作项目政府采购管理办法》(财库〔2014〕215号,下称"《PPP项目采购办法》"),对政府采购PPP项目的流程进行进一步规范。

根据113号文和《PPP项目采购办法》,PPP项目采购方式包括公开招标、邀请招标、竞争性谈判、竞争性磋商和单一来源采购五种方式。PPP项目的一般采购流程包括资格预审、采购文件的准备和发布、提交采购响应文件、采购评审、采购结果确认谈判、签署确认谈判备忘录、成交结果及拟定项目合同文本公示、项目合同审核、签署项目合同、项目合同的公告和备案等若干基本环节。

然而,对于上述五种采购方式的适用条件和具体采购流程,113号文和《PPP项目采购办法》并未给出进一步的细则性规定。根据113号文第十七条第一款,"项目采用公开招标、邀请招标、竞争性谈判、单一来源采购方式开展采购的,按照政府采购法律法规及有关规定执行";而对于竞争性磋商的采购方式,113号文第十七条第二款也仅在采购公告发布及报名、资格审查及采购文件发售、采购文件的澄清或修改及响应文件评审等几个环节进行了规定,对于竞争性磋商采购方式的适用条件以及其他采购环节上的流程,113号文并没有进一步规定。

因此,在实务操作中,113号文和《PPP项目采购办法》的现有规定并不能满足PPP项目采购的流程性规范需要。为此,我们特对113号文、《PPP项目采购办法》、《招标投标法》(主席令第21号)、《招标投标法实施条例》(国务院令第613号)、《政府采购法》(主席令第68号)、《政府采购法实施条例》(国务院令第658号)、《政府采购货物和服务招标投标管理办法》(财政部令第18号)、《政府采购非招标采购方式管理办法》(财政部令第74号)、《政府采购竞争性磋商采购方式管理暂行办法》(财库〔2014〕214号)等文件进行了系统性的梳理,旨在厘清PPP项目五种采购方式的具体操作流程。

4.1.7 PPP项目的采购方式的适用条件

根据《政府采购法》、113号文、《PPP项目采购办法》、《政府采购非招标采购方式管理办法》、《政府采购竞争性磋商采购方式管理暂行办法》等规定，PPP项目五种采购方式的适用条件见表4-1。

PPP项目五种采购方式的适用条件　　　　　　　　　表4-1

采购方式	适用条件
公开招标	公开招标主要适用于核心边界条件和技术经济参数明确、完整、符合国家法律法规和政府采购政策，且采购中不作更改的项目
邀请招标	（1）具有特殊性，只能从有限范围的供应商处采购的； （2）采用公开招标方式的费用占政府采购项目总价值比例过大的
竞争性谈判	（1）招标后没有供应商投标或者没有合格标的或者重新招标未能成立的； （2）技术复杂或者性质特殊，不能确定详细规格或者具体要求的； （3）采用招标所需时间不能满足用户紧急需要的； （4）不能事先计算出价格总额的
竞争性磋商	（1）政府购买服务项目； （2）技术复杂或者性质特殊，不能确定详细规格或者具体要求的； （3）因艺术品采购、专利、专有技术或者服务的时间、数量、事先不能确定等原因不能事先计算出价格总额的； （4）市场竞争不充分的科研项目，以及需要扶持的科技成果转化项目； （5）按照招标投标法及其实施条例必须进行招标的工程建设项目以外的工程建设项目
单一采购来源	（1）只能从唯一供应商处采购的； （2）发生了不可预见的紧急情况不能从其他供应商处采购的； （3）必须保证原有采购项目一致性或者服务配套的要求，需要继续从原供应商处添购，且添购资金总额不超过原合同采购金额10%的

根据《政府采购法》第二十七条、《政府采购货物和服务招标投标管理办法》第四条、《政府采购非招标采购方式管理办法》第四条和《政府采购竞争性磋商采购方式管理暂行办法》第四条等规定，就政府采购的服务项目，各级政府应当制定公开招标的数额标准。达到公开招标数额标准的服务项目，必须采用公开招标的方式进行采购，并且采购人（即PPP项目的实施机构，下同）应当在采购活动开始前，报经主管预算单位同意后，依法向设区的市、自治州以上人民政府财政部门申请批准。

4.1.8 PPP模式采购与传统政府采购的区别

在采购流程上，传统政府采购一般是在所有的商务、技术条件确定后，才开始进行采购工作。而PPP模式采购与之不同的是，其在项目识别阶段即开始采购，如进行资格预审、项目征集等。该项将在后文展开，此处不一一赘述。

在采购方式上，PPP模式采购与传统政府采购基本一致，传统政府采购方式在不同条件下均可适用于PPP项目政府采购，唯一区别主要在于PPP模式新提出的竞争性磋商采购方式。

2014年11月29日，"竞争性磋商"一词首次出现在财政部发布的《政府和社会资本合作模式操作指南（试行）》（财金〔2014〕113号）第十一条规定中，"（七）采购方式选择。项目采购应根据《中华人民共和国政府采购法》及相关规章制度执行，采购方式包括公开招标、竞争性谈判、邀请招标、竞争性磋商和单一来源采购。项目实施机构应根据项目采购需求特点，依法选择适当采购方式"。

2014年12月31日，财政部为了深化政府采购制度改革，适应推进政府购买服务、推广政府和社会资本合作（PPP）模式等工作需要，根据《中华人民共和国政府采购法》和有关法律法规，专门制定并发布了《政府采购竞争性磋商采购方式管理暂行办法》（财库〔2014〕214号）。

为便于PPP项目中各采购人、采购代理机构、供应商及相应机构的理解、适用，本章特对"竞争性谈判"与"竞争性磋商"的异同进行重点剖析如下。

（1）法律层级规定的异同见表4-2。

竞争性磋商与竞争性谈判法律层级规定的异同　　　表4-2

	相同点	不同点
竞争性谈判	均属于法定的采购方式	《中华人民共和国政府采购法》（法律）第二十六条明确规定，出现较早（2003年1月1日）
竞争性磋商		《政府采购竞争性磋商采购方式管理暂行办法》（规范性文件）明确规定，出现较晚（2014年11月29日）

（2）定义的异同见表4-3。

竞争性磋商与竞争性谈判定义的异同　　　　　　　　表4-3

	相同点	不同点
竞争性谈判	均有明文规定	是指谈判小组与符合资格条件的供应商就采购货物、工程和服务事宜进行谈判，供应商按照谈判文件的要求提交响应文件和最后报价，采购人从谈判小组提出的成交候选人中确定成交供应商的采购方式
竞争性磋商		是指采购人、政府采购代理机构通过组建竞争性磋商小组（以下简称磋商小组）与符合条件的供应商就采购货物、工程和服务事宜进行磋商，供应商按照磋商文件的要求提交响应文件和报价，采购人从磋商小组评审后提出的候选供应商名单中确定成交供应商的采购方式

（3）适用范围的异同见表4-4。

竞争性磋商与竞争性谈判适用范围的异同　　　　　　　　表4-4

	相同点	不同点
竞争性谈判	（1）按照招标投标法及其实施条例必须进行招标的工程建设项目以外的；（2）因艺术品采购、专利、专有技术或者服务的时间、数量事先不能确定等原因不能事先计算出价格总额的	（1）依法制定的集中采购目录以内，且未达到公开招标数额标准的货物、服务；（2）依法制定的集中采购目录以外、采购限额标准以上，且未达到公开招标数额标准的货物、服务；（3）达到公开招标数额标准、经批准采用非公开招标方式的货物、服务；（4）招标后没有供应商投标或者没有合格标的，或者重新招标未能成立的；（5）技术复杂或者性质特殊，不能确定详细规格或者具体要求的；（6）非采购人所能预见的原因或者非采购人拖延造成采用招标所需时间不能满足用户紧急需要的；（7）公开招标的货物、服务采购项目，招标过程中提交投标文件或者经评审实质性响应招标文件要求的供应商只有两家时，采购人、采购代理机构报经本级财政部门批准后可以与该两家供应商进行竞争性谈判
竞争性磋商		（1）政府购买服务项目；（2）技术复杂或者性质特殊，不能确定详细规格或者具体要求的；（3）市场竞争不充分的科研项目，以及需要扶持的科技成果转化项目

（4）批报程序的异同见表4-5。

竞争性磋商与竞争性谈判批报程序的异同　　　　　表4-5

	相同点	不同点
竞争性谈判	（1）达到公开招标数额标准的货物、服务采购项目，拟采用"竞争性谈判"或者"竞争性磋商"方式的； （2）采购人应当在采购活动开始前，报经主管预算单位同意后，再向设区的市、自治州以上人民政府财政部门申请批准	无
竞争性磋商		无

（5）供应商（社会资本方）来源方式与数量的异同见表4-6。

竞争性磋商与竞争性谈判供应商来源方式与数量的异同　　　　　表4-6

	相同点	不同点
竞争性谈判	（1）采购人、采购代理机构通过发布公告； （2）从省级以上财政部门建立的供应商库中随机抽取； （3）采购人和评审专家分别书面推荐； （4）邀请不少于3家符合相应资格条件的供应商参与； （5）采取采购人和评审专家书面推荐方式选择供应商的，采购人和评审专家应当各自出具书面推荐意见； （6）采购人推荐供应商的比例不得高于推荐供应商总数的50%	无
竞争性磋商		无

（6）谈判（磋商）文件包含内容的异同见表4-7。

竞争性磋商与竞争性谈判文件包含内容的异同　　　　　表4-7

	相同点	不同点
竞争性谈判	（1）应当根据采购项目的特点和采购人的实际需求制定，并经采购人书面同意； （2）采购人应当以满足实际需求为原则，不得擅自提高经费预算和资产配置等采购标准； （3）不得要求或者标明供应商名称或者特定货物的品牌，不得含有指向特定供应商的技术、服务等条件； （4）包括供应商资格条件、采购邀请、采购方式、采购预算、采购需求、价格构成或者报价要求、响应文件编制要求、保证金交纳数额和形式、谈判（磋商）过程中可能实质性变动的内容等	谈判文件还包括采购程序、提交响应文件截止时间及地点、评定成交的标准、采购需求中的技术、服务要求等
竞争性磋商		磋商文件还包括政府采购政策要求、评审程序、评审方法、评审标准、不予退还保证金的情形、磋商、响应文件提交的截止时间、开启时间及地点等

（7）谈判（磋商）程序时限的异同见表4-8。

竞争性磋商与竞争性谈判程序时限的异同　　　表4-8

	相同点	不同点
竞争性谈判	（1）采购代理机构应当在评审结束后2个工作日内将评审报告送采购人确认； （2）采购人应当在收到评审报告后5个工作日内，从评审报告提出的成交候选人中确定成交供应商； （3）未成交供应商的保证金应当在成交通知书发出后5个工作日内退还，成交供应商的保证金应当在采购合同签订后5个工作日内退还； （4）采购人与成交供应商应当在成交通知书发出之日起30日内，按照谈判（磋商）文件确定的合同文本以及采购标的、规格型号、采购金额、采购数量、技术和服务要求等事项签订政府采购合同； （5）采购人或者采购代理机构应当在成交供应商确定后2个工作日内，在省级以上财政部门指定的政府采购信息发布媒体上公告成交结果，同时向成交供应商发出成交通知书，并将竞争性谈判（磋商）文件随成交结果同时公告	（1）从谈判文件发出之日起至供应商提交首次响应文件截止之日止不得少于3个工作日； （2）澄清或者修改的内容可能影响响应文件编制的，采购人、采购代理机构或者谈判小组应当在提交首次响应文件截止之日3个工作日前，以书面形式通知所有接收谈判文件的供应商。不足3个工作日的，应当顺延提交首次响应文件截止之日
竞争性磋商		（1）从磋商文件发出之日起至供应商提交首次响应文件截止之日止不得少于10日； （2）澄清或者修改的内容可能影响响应文件编制的，采购人、采购代理机构应当在提交首次响应文件截止时间至少5日前，以书面形式通知所有获取磋商文件的供应商。不足5日的，采购人、采购代理机构应当顺延提交首次响应文件截止时间； （3）磋商文件的发售期限自开始之日起不得少于5个工作日

4.2　PPP模式的采购方式与流程

4.2.1　资格预审

根据《PPP项目采购办法》第五条的规定，PPP项目采购应当实行资格预审。项目实施机构应当根据项目需要准备资格预审文件，发布资格预审公告，邀请社会资本和与其合作的金融机构参与资格预审，验证项目能否获得社会资本响应和实现充分竞争。

一般的政府采购中,资格预审并非采购的必经前置程序,然而,PPP项目中,无论采取何种采购方式,均应进行资格预审程序。可以这样理解,这是由于PPP项目作为一种新型的政府采购服务、建立了政府与企业间的长期合作关系,政府希望通过前置的资格预审程序,实现项目实施机构对参与PPP项目的社会资本进行更为严格的筛选和把控,保障项目安全。

根据《招标投标法实施条例》、113号文和《PPP项目采购办法》等规定,PPP项目资格预审流程如图4-1所示。

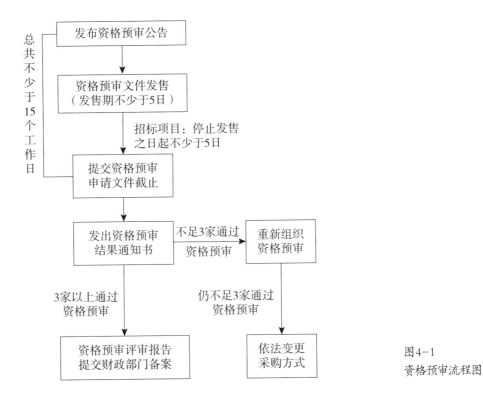

图4-1 资格预审流程图

4.2.2 公开招标和邀请招标

根据《招标投标法》、《招标投标法实施条例》、《政府采购法》、《政府采购法实施条例》、《政府采购货物和服务招标投标管理办法》、113号文和《PPP项目采购办法》等规定,通过公开招标及邀请招标方式采购PPP项目的流程如图4-2所示。

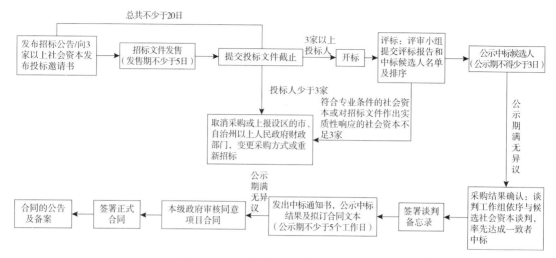

图4-2 公开招标和邀请招标流程图

4.2.3 竞争性谈判和竞争性磋商

根据《政府采购法》、《政府采购法实施条例》、113号文、《政府采购非招标采购方式管理办法》和《PPP项目采购办法》等规定,通过竞争性谈判方式采购PPP项目的流程如图4-3所示。

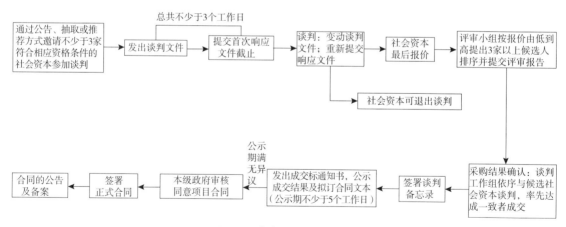

图4-3 竞争性谈判流程图

根据《政府采购法》、《政府采购法实施条例》、113号文、《政府采购竞争性磋商采购方式管理暂行办法》和《PPP项目采购办法》等规定,通过竞争性磋商方式采购PPP项目的流程如图4-4所示。

就竞争性谈判和竞争性磋商采购方式,需要特别说明的是:

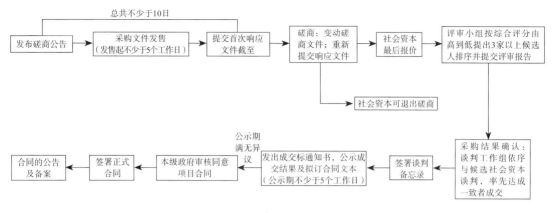

图4-4 竞争性磋商流程图

第一,我国《政府采购法》规定的政府采购方式并不包括竞争性磋商,竞争性磋商是财政部于2014年依法创新的政府采购方式。竞争性磋商和竞争性谈判相比,二者关于采购程序、供应商(即PPP项目中的社会资本,下同)来源方式、采购公告要求、响应文件要求、磋商或谈判小组组成等方面的要求基本一致;但是,在采购评审阶段,竞争性磋商采用了类似招标采购方式中的"综合评分法",从而区别于竞争性谈判的"最低价成交"。财政部有关负责人在就《政府采购竞争性磋商采购方式管理暂行办法》、《PPP项目采购办法》有关问题答记者问中解读:"之所以这样设计,就是为了在需求完整、明确的基础上实现合理报价和公平交易,并避免竞争性谈判最低价成交可能导致的恶性竞争,将政府采购制度功能聚焦到物有所值的价值目标上来,达到质量、价格、效率的统一。"

第二,根据《政府采购非招标采购方式管理办法》和《政府采购竞争性磋商采购方式管理暂行办法》的一般性规定,供应商的来源方式均包括以下三种:

(1)采购人/采购代理机构发布公告。

(2)采购人/采购代理机构从省级以上财政部门建立的供应商库中随机抽取。

(3)采购人和评审专家分别以书面推荐的方式邀请符合相应资格的供应商参与采购。

但是,针对采用竞争性磋商方式进行采购的PPP项目,113号文第十七条第二款规定:"项目采用竞争性磋商采购方式开展采购的,按照下列基本程序进行：(一)采购公告发布及报名：竞争性磋商公告应在省级以上人民政府财政部门指定的媒体上发布……"——上述113号文规定中，供应商的来源仅涉及通过发布公告一种方式，而并未涉及采购人/采购代理机构从供应商库中随机抽取及采购人和评审专家分别书面推荐邀请两种方式。

上述规定究竟为立法疏漏抑或是相关立法针对PPP项目采购的特别规定，财政部目前出台的相关文件中尚未给出答案；而在实务操作中，对于以竞争性磋商方式进行采购的PPP项目，对于上述文件，通常从严格解释的角度建议项目实施机构以发布公告作为供应商的唯一来源方式。

4.2.4 单一来源采购

根据《政府采购法》、《政府采购法实施条例》、113号文、《政府采购非招标采购方式管理办法》和《PPP项目采购办法》等规定，通过单一来源采购方式采购PPP项目的流程如图4-5所示。

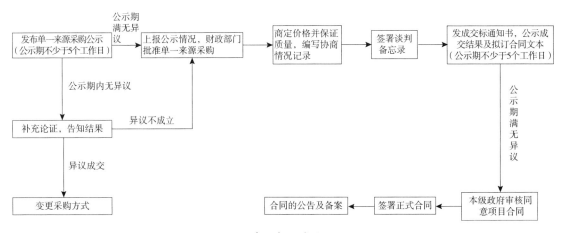

图4-5 单一来源采购流程图

4.3 采购要点分析

以上，我们对PPP项目不同采购方式的适用条件及流程进行了初步梳理。此外，在我们接触的PPP项目实务中，客户也曾围绕PPP项目采购中的某些特殊问题向我们进行了咨询。在此，我们对其中较为常见的几个典型问题进行了归纳：

(1) 不同PPP项目采购方式的时间预估

在我们接触的PPP项目的法律咨询中，某些地方政府亟须社会资本尽快参与PPP项目的投资、开发和建设，在这类项目中，客户通常希望进一步了解不同采购方式的时间预估，以期选择最能满足项目开发进度要求的采购方式。

通过梳理，我们发现，在项目的资格预审阶段后（资格预审阶段存在最低时间限制的环节的时限总计约为15个工作日），以公开招标/邀请招标方式采购PPP项目的环节最为复杂，且在多个环节存在最低时间限制（公开招标/邀请招标采购方式中，存在最低时间限制的环节的时限总计约为30日）；以单一来源方式采购PPP项目的环节最为简单；以竞争性谈判方式采购PPP项目各环节上的最低时间限制最少（竞争性谈判采购方式中，存在最低时间限制的环节的时限总计约为8个工作日）。

当然，如前文所述，相关规定对于不同采购方式的条件存在不同要求，对于达到当地政府的公开招标数额标准的PPP项目，如通过公开招标以外的方式进行采购（例如，在公开招标的资格预审阶段，符合资格预审条件的社会资本在连续两次的资格预审中均不足3家），则项目的实施机构应当在报经主管预算单位同意后，向设区的市、自治州以上人民政府财政部门申请批准。

（2）对于竞争性谈判/竞争性磋商采购方式而言，参与采购程序的社会资本是否可以低于三家

根据《政府采购非招标采购方式管理办法》第三十七条和《政府采购竞争性磋商采购方式管理暂行办法》第三十四条，在采购过程中，如符合要求的供应商或者报价未超过采购预算的供应商不足三家，则应终止采购活动，发布项目终止公告并说明原因，重新开展采购活动。这就意味着，如采取竞争性谈判/竞争性磋商方式采购，在项目采购过程始终，符合要求的供应商或者报价未超过采购预算的供应商均应在三家以上。但是，根据《政府采购非招标采购方式管理办法》第二十七条、《政府采购竞争性磋商采购方式管理暂行办法》第二十一条和《财政部关于政府采购竞争性磋商采购方式管理暂行办法有关问题的补充通知》（财库〔2015〕124号），在下述情况下，参与采购的供应商最低数量可以为两家：

对于竞争性谈判采购方式：公开招标的货物、服务采购项目，招标过程中提交投标文件或者经评审实质性响应招标文件要求的供应商只有两家时，采购人/采购代理机构在经财政部门批准后可以与该两家供应商进行竞争性谈判采购。

对于竞争性磋商采购方式：①市场竞争不充分的科研项目，以及需要扶

持的科技成果转化项目,提交最后报价的供应商可以为两家。②在采购过程中符合要求的供应商只有两家的,竞争性磋商采购活动可以继续进行。但是,如采购过程中符合要求的供应商只有一家的,采购人/采购代理机构应当终止竞争性磋商采购活动,发布项目终止公告并说明原因,重新开展采购活动。

以上为针对PPP项目采购方式及采购流程相关规定进行的概括性、一般性梳理。实务操作中,在选定某一具体的PPP项目采购方式后,还应参照相关规定对于不同采购方式的规定进行进一步的深化研究和梳理,以确保PPP项目的采购方式符合法律、法规及其他规范性文件的各项要求。

4.4 PPP项目社会资本采购常用方法

根据国家部委PPP相关法律法规文件规定,一般的PPP项目选择社会投资人的基本实施方案包括三种,如图4-6所示。

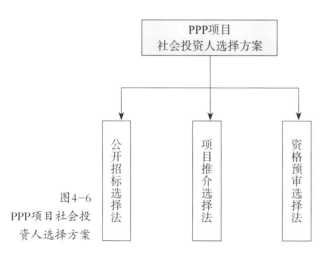

图4-6 PPP项目社会投资人选择方案

(1)项目推介选择法。政府实施机构首先对项目实施方案做一个初步设计,选定2~3种合作模式(如BOT、BTO、BLOT、DBFO等),并对项目进行包装;接下来,在市级、省级推介会上推广PPP项目;然后,根据推介情况与来访的意向社会投资人进行接洽,并根据社会资本的反馈意见调整PPP实施方案和PPP合作协议;最后,通过公开招标或竞争性磋商的方式公平、公正、公开地选定社会投资人。

(2)资格预审选择法。政府实施机构在初步设计好项目实施框架之后,在互联网采购平台上发布社会投资人征集公告,再通过资格预审方式对意向投资人进行审核,选定5~10家合格社会资本,然后根据合格社会资本的洽商结果选定PPP实施方案,最后通过公开招标或竞争性磋商的方式选定社会投资人。

(3)公开招标选择法。政府实施机构先设计好项目实施方案,测算出项目投入和项目产出，通过物有所值评价、财政承受能力论证后，以公开招标的方式向全社会公开招募有意向的社会资本，然后按照《中华人民共和国招投标法》、《中华人民共和国政府采购法》等相关规定程序选定社会投资人。

4.4.1 项目推介选择法

适用范围：项目推介法一般适用于项目投资金额较大、可选择社会资本种类较少的PPP项目，如轨道交通项目、产业园区开发等项目。

方案优点：可以扩大社会投资人寻找范围，可以在推介会上直接接洽社会资本，可以结合社会资本的意见选择市场接受度较高的PPP合作方式，完善实施方案。

方案缺点：部分地区项目推介会召开的频率相对较低，需要等待较长时间，而且各省对推介项目有较高要求，前期准备工作量比较大。

成功案例：西安某水务一体化PPP项目（14.8亿元）、福建某轨道交通PPP项目（270亿元）。

实施步骤：

第一步，根据项目实际情况、政府相关要求，设计2~3种PPP合作模式；

第二步，找专业咨询公司包装PPP项目，并上报省、市PPP项目推介库；

第三步，在推介会上与意向社会投资人接洽，并邀请社会投资人来项目当地考察交流；

第四步，根据多家有意向投资的社会资本反馈的意见，选定市场接受度较高的PPP合作模式，完善PPP实施方案；

第五步，根据PPP实施方案编制公开招标文件，发布公开招标公告；

第六步，邀请前期交流过的社会投资人前来报名竞标；

第七步，按照国家程序、评标办法开标、评标，选定中标人；

第八步，与中标单位签订PPP合作协议等文件（图4-7）。

图4-7 项目推介选择法实施方案

4.4.2 资格预审选择法

适用范围：项目推介法一般适用于项目收益较低、可选择社会资本种类较多、合作模式选择方式较多的PPP项目，如存量资产置换、道路基础设施项目、棚户区改造项目、养老、医疗、文化、体育等项目。

方案优点：可以最大化扩大社会投资人寻找范围，可以接洽到多种多样的社会投资人，可以听取多方面意见完善实施方案，在通过资格预审后，可以有效圈定社会资本选择范围，减少选择风险。

方案缺点：耗时较长，交流、沟通任务重。

成功案例：广东某城市更新PPP项目、浙江某垃圾焚烧发电PPP项目。

实施步骤：

第一步，找专业的咨询公司设计PPP实施初步框架，包装项目；

第二步，找专业招标代理公司发布投资人征集公告；

第三步，接洽应征社会投资人；

第四步，对应征社会投资人进行资格预审，选定5~10家合格投资人；

第五步，与所有合格投资人进行交流、洽商，听取社会资本对PPP项目的需求；

第六步，根据市场的反馈意见完善、审定PPP实施方案；

第七步，邀请所有合格投资人竞标；

第八步，按照国家程序、评标办法开标、评标，选定中标人；

第九步，与中标单位签订PPP合作协议等文件（图4-8）。

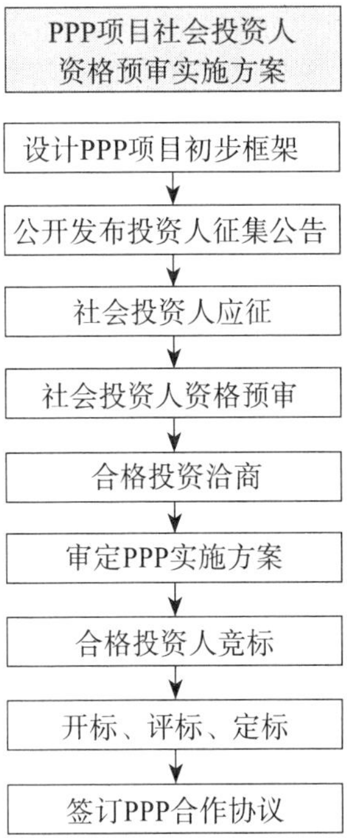

图4-8 资格预审选择法实施方案

根据公司PPP项目经验和对本项目的了解，我们认为本项目比较适合于采用项目推介选择法或资格预审选择法选择社会投资人。

4.4.3 公开招标选择法

适用范围：公开招标选择法一般适用于有良好收益回报、收益分配简单的PPP项目，如：自来水、污水、垃圾处理、地下停车场等项目。

方案优点：可以简单、快速、直接地寻找到合适的社会投资人。

方案缺点：由于国家队公开招标程序有严格的规定，一旦发布公开招标公告之后，招标人不得私下或单独接洽意向投资人，在项目情况了解不足的情况下，前来竞标的社会投资人可能很少或没有，造成流标，浪费时间。而且，公开招标程序一旦按程序实施，社会投资人的选择将完全按照国家程序执行，招标人可能无法选择到合适本项目的，但不是最大牌、得分最高的社会资本。

成功案例：安徽省某污水处理PPP项目、湖南省某经开区路网PPP项目。

实施步骤：

第一步，按照财政部相关规定要求，完成项目物有所值评价、财政承受能力论证、PPP实施方案审批工作，获得地方政府相关批复文件；

第二步，根据PPP实施方案编制公开招标文件，发布公开招标公告；

第三步，等待社会资本看到招标公告后，前来报名竞标；

第四步，按照国家程序、评标办法开标、评标，选定中标人；

第五步，与中标单位签订PPP合作协议等文件（图4-9）。

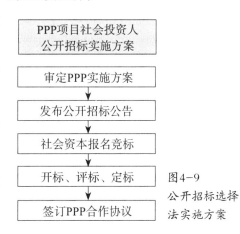

图4-9 公开招标选择法实施方案

4.5 PPP项目社会资本采购常用程序

4.5.1 资格预审法采购程序

资格预审是指在招投标活动中，招标人在发放招标文件前，对报名参加投标的申请人的承包能力、业绩、资格和资质、历史工程情况、财务状况和信誉等进行审查，并确定合格的投标人名单的过程。

1. 资格预审程序

（1）编制资格预审文件。由业主组织有关专家人员编制资格预审文件，也可委托设计单位、咨询公司编制。资格预审文件的主要内容有：①工程项目简介；②对投标人的要求；③各种附表。资格预审文件须报招标管理机构审核。

（2）在建设工程交易中心及政府指定的报刊、网络发布工程招标信息，刊登资格预审公告。资格预审公告的内容应包括：工程项目名称、资金来源、工程规模、工程量、工程分包情况、投标人的合格条件，购买资格预审文件日期、地点和价格，递交资格预审投标文件的日期、时间和地点。

（3）报送资格预审文件。投标人应在规定的截止时间前报送资格预审文件。

（4）评审资格预审文件。由业主负责组织评审小组，包括财务、技术方面的专门人员对资格预审文件进行完整性、有效性及正确性的资格预审。

1）财务方面：是否有足够的资金承担本工程。投标人必须有一定数量的流动资金。投标人的财务状况将根据其提交的经审计的财务报表以及银行开具的资信证明来判断，其中特别需要考虑的是承担新工程所需要的财务资源能力，进行中工程合同的数量及目前的进度，投标人必须有足够的资金承担新的工程。其财务状况必须是良好的，对承诺的工程量不应超出本人的能力。不具备充足的资金执行新的工程合同将导致其资格审查不合格。

2）施工经验：是否承担过类似本工程项目，特别是具有特别要求的施工项目；近年来施工的工程数量、规模。投标人要提供近几年中令业主满意地完成过相似类型和规模及复杂程度相当的工程项目的施工情况。同时还要考虑投标人过去的履约情况，包括过去的项目委托人的调查书。过去承担的工程中如有因投标人的责任而导致工程没有完成，将构成取消其资格的充分理由。

3）人员：投标人所具有的工程技术和管理人员的数量、工作经验、能力是否满足本工程的要求。投标人应认真填报拟选派的主要工地管理人员和监督人员及有关资料供审查，应选派在工程项目施工方面有丰富经验的人员，特别是派往作工程项目负责人的经验、资历非常重要。投标人不能派出有足够经验的人员将导致被取消资格。

4）设备：投标人所拥有的施工设备是否能满足工程的要求。投标人应清楚地填报拟投入该项目的主要设备，包括设备的类型、制造厂家、型号，设备是自有的还是租赁的，设备的类型要与工程项目的需要相适合，数量和能力要满足工程施工的需要。

经过上述四方面的评审，对每一个投标人统一打分，得出评审结果。投标人对资格预审申请文件中所提供的资料和说明要负全部责任。如提供的情况有虚假或不能提供令业主满意的解释，业主将保留取消其资格的权力。

（5）向投标人通知评审结果。业主应向所有参加资格预审申请人公布评审结果。

以上资格预审程序主要适用于利用外资，如世界银行或亚洲开发银行等贷款项目。广州的内环路、地铁、新体育馆、国际会议展览中心等重点工程项目都采用严格的资格预审，以确保有相应技术与施工能力的投标人参加竞争。

2. 资格预审方法

资格预审方法一般分为定性评审法和定量评审法两种。

（1）定性评审法

资格预审现场定性评审法是以符合性条件为基准筛选资格条件合格的潜在投标人，通常，符合定性条件包括以下五方面的内容：

1）具有独立订立合同的权利；

2）具有履行合同的能力；

3）以往承担过类似工程的业绩情况；

4）财务及商业信誉情况；

5）法律法规规定的其他资格条件。

资格预审文件通过对以上五方面的条件进行细化制定出评审细则，潜在投标人必须完全符合资格预审条件方能通过资格预审。

（2）定量评审法

定量评审法是定性评审法的延伸和细化，评审标准较为复杂。

一般包括以下两个方面内容：

1）资格符合性条件。包括潜在投标人的资质等级、安全生产许可证及三类人员安全生产合格证书等有关法律法规规定的资格是否满足要求。

2）建立百分制评分标准，即根据工程的具体情况将招标文件中商务部分内容，按照一定的分值比例建立起评分标准，并设定通过资格预审的最低分数值。潜在投标人通过资格预审的条件为通过资格符合性条件检查并且得分不低于最低分数值。具体评审步骤为首先对资格预审申请文件进行符合性条件检查，条件符合者方可按照资格预审文件的评分标准对其赋分，达到或超过最低分数线的潜在投标人评判为通过资格预审，具有进行投标的资格。

定量评审法的特点为：

1）对可比要素进行客观的打分，使得主观判断的影响程度降到最低。

2）将评标中的评审工作内容进行了部分前移，这大大减轻了日后的评标工作量，使评标工作更能将精力放在技术实力和技术方案合理性方面的评价，使评选出的中标人更适合承担工程建设的任务。

3. 资格预审内容

（1）工程项目总体描述

工程项目总体描述使潜在投标人能够理解本工程项目的基本情况，作出是否参加资格预审和投标的决策。

1）工程内容介绍：详细说明工程的性质、工程数量、质量要求、开工时间、工程监督要求、竣工时间。

2）资金来源：是政府投资、私人投资，还是利用国际金融组织贷款，资金落实程度。

3）工程项目的当地自然条件：包括当地气候、降雨量（年平均降雨量、最大降雨量、最小降雨量）发生的月份、气温、风力、冰冻期、水文地质方面的情况。

4）工程合同的类型：是单价合同还是总价合同，或是交钥匙合同，是否允许分包工程。

（2）简要合同规定

简要合同规定对潜在投标人提出具体要求和限制条件，对关税、当地材料和劳务的要求，外汇支付的限制等。

1）潜在投标人的合格条件。潜在投标人的资格必须符合该组织的要求。如利用世界银行或亚洲开发银行贷款的工程，投标人必须来自世界银行或者亚洲开发银行的会员国。

2）进口材料和设备的关税。潜在投标人应调查和了解工程项目所在国的海关对进口材料和设备的现有法律和规定及应交纳关税的细节。

3）当地材料和劳务。潜在投标人应调查和了解工程项目所在国的海关对当地材料和劳务的要求、价格和比例等情况。

4）投标保证和履约保证。业主会对潜在投标人提出提交投标保证和履约保证的要求。

5）支付外汇的限制。业主应向潜在投标人明确支付外汇的比例限制、外汇的兑换率，这个兑换率在合同执行期间是否保持不变等。

6）优惠条件。业主应明确是否给予本国潜在投标人价格优惠。

7）联营体的资格预审。联营体的资格预审应遵循以下条件：

①资格预审的申请可以由各公司单独提交，或2个或多个公司作为合伙人联合提交，但应符合下述第③款的要求。2个或多个公司联合提交的资格预审申请，如不符合对联营体的有关要求，其申请将被拒绝。

②任何公司可以单独、同时又以联营体的一个合伙人的名义申请资格预审。

③联营体所递交的申请必须满足以下要求：

A．联营体的每一方必须递交自身资格预审的完整文件。

B．资格预审申请中必须确认联营体各方对合同所有方面所承担的各自和连带责任。

C．资格预审申请中必须包括有关联营体各方所拟承担的工程部分及其义务的说明。

D．申请中要指定一个合伙人为牵头方，由他代表联营体与业主联系。

④资格预审后联营体的任何变化都必须在投标截止日期之前得到业主的书面批准，如果业主认为后组建的或有变化的联营体可能导致下述情况之一者，将不予批准和认可：从实质上削弱了竞争，其中一个公司没有预先经过资格预审（不管是单独的还是作为联营体的一个合伙人），联营体的资格经审

查低于资格预审文件中规定的可以接受的最低标准。

(3) 资格预审文件说明

1) 准备申请资格预审的潜在投标人（包括联营体）必须回答资格预审文件所附的全部提问，并按资格预审文件提供的格式填写。

2) 业主将对潜在投标人提供的资格申请文件依据下列五个方面来判断潜在投标人的资格能力：

①财务状况。潜在投标人的财务状况将依据资格预审申请文件中提交的财务报告，以及银行开具的资信情况报告来判断。

②施工经验与过去履约情况。投标人要提供过去几年中令业主满意的、完成过相似类型和规模以及复杂程度相当的工程项目的施工情况，最好提供工程验收合格证书或业主方对该项目的评价。

③人员情况。潜在投标人应填写拟选派的主要工地管理人员和监督人员的姓名及有关资料供审查，要选派在工程项目施工方面有丰富经验的人员，特别是负责人的经验、资历非常重要。

④施工设备。潜在投标人应清楚地填写拟用于该项目的主要施工设备，包括设备的类型、制造厂家、生产年份、型号、功率，设备是自有的还是租赁的，设备存放地点，哪些设备是新购置的等。

⑤诉讼史。有些业主为了避免授标给那些过度提出工程索赔而又在以前的仲裁或诉讼中失败的承包商，有时会在资格预审文件中规定，申请人需要提供近几年所发生的诉讼史，并依据某些标准来拒绝那些经常陷于诉讼或者仲裁且败诉的承包商通过资格预审。

3) 资格预审的评审前提和标准。潜在投标人对资格预审申请文件中所提供的资料和说明要负全部责任。如果提供的情况有假，或在审查时对提出的澄清要求不能提供令业主满意的解释，业主将保留取消其资格的权力。

(4) 书面报表

在资格预审时需要填写的各种报表基本包括：

资格预审申请表；公司一般情况表；年营业额数据表；目前在建合同/工程一览表；财务状况表；联营体情况表；类似工程合同经验；类似现场条件合同经验；拟派往本工程的人员表；拟派往本工程的关键人员的经验简历；拟用于本工程的施工方法和机械设备；现场组织计划；拟订分包人（如有）；

其他资料表（如银行信用证明、公司的质量保证体系、争端诉讼案件和情况等）；宣誓表（即对填写情况真实性的确认）。

4. 评审委员会

评审委员会的技术服务素质的高低，是否参加过评审工作，直接影响到评审结果。为了保证评审工作的科学性和公正性，评审委员会必须具有权威性。评审委员会必须由各方面的专家组成。

(1) 评审内容

评审标准资格预审的目的完全是为了检查、衡量潜在投标人是否有能力执行合同。

评审内容包括：

1) 财务方面：能否有足够的资金承担本工程，潜在投标人必须有一定数量的流动资金。

2) 施工经验：是否承担过类似于本工程的项目，特别是具有特殊要求的施工项目；过去施工过的工程数量和规模。

3) 人员：潜在投标人所具有的工程技术人员和管理人员的数量、工作经验和能力是否满足本工程的要求，特别是派往本工程的项目经理的资历能否满足要求。

4) 设备：潜在投标人所拥有的施工设备能否满足工程的要求。此外，潜在投标人须具有守合同、重信誉的良好记录，才能通过业主的资格预审。

(2) 评审方法

1) 首先对收到的资格预审文件进行整理，检查资格预审文件是否完整，潜在投标人提供的财务能力、人员情况、设备情况及履行合同的情况是否满足要求。

2) 一般情况下，资格预审都采用评分法，按评分标准逐项进行。评审时，先淘汰资料不完整的潜在投标人，再对满足填报资格预审文件要求的潜在投标人逐项打分评审。最低合格分数线的选定要根据参加资格预审的潜在投标人的数量来决定。如潜在投标人的数量比较多，则可适当提高最低合格分数线。

(3) 评审报告

资格预审评审委员会对评审结果写出书面报告，评审报告的主要内容包括：

工程项目概要；资格预审简介；资格预审评审标准；资格预审评审程序；资格预审评审结果；资格预审评审委员会名单及附件；资格预审评分汇总表；资格预审分项评分表；资格预审详细评审标准等。

总之，只有完全掌握了资格预审的程序，才能真正重视和做好这项基础工作，才不至于因为资格预审的不合格而导致企业人力、物力和财力的浪费，导致投标资格的丧失，从而痛失企业发展的大好机会。

5. 资格预审的意义

实行建设工程招标投标制是我国社会主义市场经济发展的一种竞争形式，也是市场经济发展的必然要求。市场经济就是按照价值规律，通过价格杠杆和竞争机制实现资源合理配置的经济运行形式。资格预审是为招投标工作的开展把好重要的第一关。对施工企业来说，通过招标项目发布的信息，了解工程项目情况，不够资质的企业不必浪费时间与精力，可以节约投标费用。

招标投标制将建筑企业全面引入竞争机制，给予建筑企业压力和动力。促使建设工程按经济规律办事，促进优化建筑业结构，实现优胜劣汰。通过资格预审体现择优原则，达到社会资源优化配置，从而促进社会生产力的发展。对业主来说，第一，可以了解投标人的财务能力、技术状况及类似本工程的施工经验。可选择在财务、技术、施工经验等方面优秀的投标人参加投标。第二，可以淘汰不合格或资质不符的投标人。减少评审阶段的工作时间，减少评审费用；第三，还能排除将合同授予没有经过资格预审的投标人的风险，为业主选择一个优秀的投标人中标打下良好的基础，使建设工程的工期、质量、造价各方面都获得良好的经济效益和社会效益。

4.5.2 采购文件编制

1. 政府采购招标的特点

（1）采购程序的公开性

有时也指透明性，是指整个采购程序都在公开情况下进行。公开发布招标公告，公开开标，公布中标结果。投标商资格审查标准和中标候选供应商评选标准要事先公布，采购法律也要公告。

（2）采购程序的竞争性

招标就是一种引发竞争的采购程序，是竞争的一种具体方式。招标的竞争性充分体现了现代竞争的平等、信誉、正当合法等基本原则。招标作为一种规范的、有约束的竞争有一套严格采购程序和实施办法，可以最大限度地吸引和扩大投标人的竞争，从而使采购人以最合理的价格采购到所需的物质和服务，更好地获得市场利益，有利于政府采购经济效益的实现。

（3）采购程序的公平性

所有感兴趣的供应商、承包商和服务提供者都要进行招标，并且地位一律平等，不允许对投标商进行歧视；评选中标商应按事先公布的标准进行；投标是一次性的并且不准同投标商进行谈判。所有这些措施既要保证招标程序完整，又可以吸引优秀的供应商来竞争投标。

（4）采购程序的政策性

政府采购招标与其他招标有所不同，其原因是因为采购资金的性质。社会上招标更重于结果，侧重于满足委托人的要求。而政府采购招标，同时依照《中华人民共和国招标投标法》和《政府采购法》以及相关政策法规，所体现的政策性更强，如采购本国货物、保护中小企业等。采购所用的是财政性资金，因此，执行机构的行为要对政府负责，对纳税人负责。

2. 采购招标文件编制

（1）招标文件的主要内容

招标文件是供应商制作投标文件和参加投标的唯一依据，同时也是评标委员会评标的重要依据。因为评标是按照招标文件规定的评标标准和方法进行的。此外，招标文件是签订合同所遵循的依据，招标文件的大部分内容要列入合同之中。因此，制作招标文件是非常关键的环节。它直接影响到采购的质量和结果。也就是说游戏的方案和规则都应在文件中体现出来。因此，招标文件所提供的所有资料，内容力求详尽、真实，以便于投标人更好地参与投标。招标文件的细节及复杂程度将根据拟招标的项目大小及特点而定。一般而言，招标文件包括以下内容：

1）投标邀请；

2）投标人须知；

3）投标人应当提交的资格、资信证明文件；

4）投标报价要求、投标文件编制要求和投标保证金交纳方式；

5）招标项目的技术规格要求、数量，包括附件、图纸等；

6）合同主要条款及合同签订方式；

7）交货和提供服务的时间；

8）评标方法、评标标准和废标条款；

9）投标截止时间、开标时间及地点；

10）省级以上财政部门规定的其他事项。

（2）编制过程中应该注意的问题

招标文件的构成：投标邀请、投标人须知、招标需求、合同格式及合同条款、投标文件制作格式及附件。

1）投标邀请

①明确文件编号、项目名称及性质。

②投标人资格要求，不同项目根据性质不同邀请的投标人资格不同。

如医疗器材的供应商，必须具备医疗生产许可证和医疗器械经营许可证，产品必须具备医疗器械注册证以及相关质量认证和检测报告。再比如公安、法院、检察院制服必须具备公安部、高级人民法院等部门对定点生产企业的要求，也就是说投标人除了是中华人民共和国境内注册的并取得营业执照的独立法人外，还必须满足国家相关部门的资质要求（根据中华人民共和国财政部［2004］18令第二十一条招标文件的各项技术标准应当符合国家强制性标准），资格要求不宜过低，也不宜过高，要根据实际情况而定，但至少要保证三个以上的合格投标人进行竞标，这里所说的投标人所投的产品必须是三种不同的产品。

③发售文件时间应以公告时间开始到投标截止时间之前结束。

④提交投标文件方式、地点和截止时间。招标文件应明确投标文件所提交方式，能否邮寄，能否电传。投标文件应交到什么地方，在什么时间之前提交有效等。

2）投标人须知

投标人须知是制定具体的投标规则，是对投标人的具体要求。

①制造商或者具有制造商授权的合法代理供应商。

②明确招标文件的组成。

③招标文件的澄清和修改。

投标人在购买招标文件后，对招标文件中认为模糊不清的问题提出疑问，执行机构和采购人收到后要进行受理。答疑和提出问题以书面形式，回答和答疑也必须以书面形式，并发给每一个购买文件的投标人和潜在的投标人。值得强调的是，投标人在收到该通知后应立即回函确认。

④投标文件的编制

A．投标的语言

（略）

B．投标文件的构成

为规范和统一投标文件的制作，特在投标文件构成中作了明确规定，这样做是为了便于阅读文件和评标委员会的评审。投标书是投标供应商对投标内容的书面声明，它必须遵循一定的格式要求。假若不作硬性规定，投标商做出的投标文件将是五花八门的，这不便于提高工作效率。这里面包含评标所需的内容。投标人"资格证明文件"、"价格文件"和"技术服务文件"都是评标委员会进行评标的依据。提供越详尽，对评标越有利。

C．投标文件的装订

招标文件要规定投标人在制作投标文件后如何进行装订。根据评标方法的不同将制定不同的装订方法。这里谈一谈密封评标。为了公平、公正地评议出合格投标人，我们在前一阶段尝试了政府采购货物的密封评标（土建工程已经采用此办法）。由于"报价文件"和"商务资格证明文件"都有投标人的名称，故我们只对"技术和服务文件"进行密封评标。因此投标文件在装订过程中必须把"价格文件"、"技术和服务文件"和"商务及资格证明文件"单独装订。并且要求投标文件中的"技术和服务文件"的副本不得折叠或作特殊标记，不得以任何方式透露投标单位、人员信息。对有关涉及投标单位和工作人员的，全部用"投标单位"和"工作人员"字样代替。装订夹统一由执行机构提供。

倘若不是密封评标，文件可以装订在一起，开标一览表应分开单独提交，这是针对一些大的项目投标供应商较多的情况。

D. 投标文件的式样和签署

a. 投标文件根据情况一正三副或一正四副。根据需要提供电子文件（便于存档）。

b. 文件需由法人以及法人授权的投标人代表签署（国际招标还需逐页小签）。

E. 投标报价

a. 以人民币报价。

b. 不接受任何选择报价，（明确主投方案）不利于评标。

c. 对于复杂的非标准货物采购，还应做分项报价。

F. 证明投标人合格和资格的证明文件

投标人应提交证明其有资格参加投标和中标后有能力履行合同的文件，并作为其投标文件的一部分。如果投标人为联合体，则联合体各方应分别提交资格文件，联合体协议并证明主办人。

G. 证明货物的合格性和符合招标文件规定的文件

（略）。

⑤投标保证金

收取投标保证金是为了确保招标的严肃性以及保护执行机构和采购人免遭投标人的不当行为而受到损害。出现以下两种情况将会被没收投标保证金。

A. 在投标有效期内撤回投标。

B. 未在规定的期限内签订合同和提交履约保证金。

财政部18号令第三章中已作明确规定：执行机构规定的投标保证金数额不得超过采购项目概算的1%；未中标供应商的投标保证金应当在中标通知书发出后五个工作日内退还，中标供应商的投标保证金应在采购合同签订后五个工作日内退还。执行机构逾期退还投标保证金的，除应当退还投标保证金外，还应按商业银行同期贷款利率上浮20%的利率支付资金占用费。这一条规定是最近才实施的，没有引起重视，没有及时退还保证金，如公安厅制服招标中，有些单位的保证金半年后才退还。

⑥投标有效期

招标文件应当根据项目的情况明确投标有效期，有效期可以是开标后60天、90天，但不宜过长或过短。如遇特殊情况，即开标后由于种种原因无法定标，执行机构和采购人必须在原投标有效期截止前要求投标人延长有效期。这种要求与答复必须是以书面的形式提交。投标人可拒绝执行机构的这种要求，其保证金不会被没收。

⑦投标文件的密封递交

A．投标人应按招标文件的要求进行密封和递交。譬如有时执行机构要求投标人将所有的文件包括"价格文件"、"技术和服务文件"、"商务和资质证明文件"密封在一起，有时根据需要也会分别单独密封自行递交，这根据实际情况而定，但必须在招标文件中明确。

B．投标人应保证密封完好并加盖投标人单位印章及法人代表印章，以便开标前对文件密封情况进行检查。

⑧投标截止期

前面已作介绍这里就不再重复。

⑨投标文件的修改和撤回

投标截止前投标人可对其提交的投标文件进行修改或撤回，但必须向执行机构递交书面申请或通知。

⑩废标

属以下情形者做废标处理：

A．投标文件送达时间已超过规定投标截止时间（公平、公正性）；

B．投标文件未按要求装订、密封；

C．未加盖投标人公章及法人代表、授权代表的印章，未提供法人代表授权书；

D．未提交投标保证金或金额不足，投标保证金形式不符合招标文件要求及保证金、汇出行与投标人开户行不一致的；

E．投标有效期不足的；

F．资格证明文件不全的；

G．超出经营范围投标的；

H．投标货物不是投标人自己生产的且未提供制造厂家的授权和证明文件的；

I．采用联合投标时，未提供联合各方的责任和义务证明文件的；

J．不满足技术规格中主要参数和超出偏差范围的；

K．付款方式和付款条件不符合招标文件要求的；

L．投标报价超过采购预算的；

M．投标人在投标过程中使用不真实材料的；

N．技术及服务文件部分、密封副本与原来技术资料或样品不一致的，即正本与副本不一致；

O．评委会认定应予废标的其他情形。

依据财政部18号令要求，执行机构必须在招标文件中明确废标的条件和理由。

除了以上规定外，《政府采购法》第四章第三十六条明确描述，在招标采购过程中出现以下情形的做该项目的废标处理：

A．符合专业条件的供应商或者对招标文件作实质性响应的供应商不足三家的；

B．出现的报价均超过了采购预算，采购人不能支付的；

C．出现影响采购公正的违法、违规行为的；

D．因重大变故，采购任务取消的。

⑪开标、评标、定标

该程序要在招标文件中有所描述。在"响应文件评审"部分具体阐述，但招标文件里必须明确：

A．本次评标将采用何种方法。18号令中规定货物服务招标的评标办法有最低评标价法、综合评分法和性价比法三种。采用综合评分法的应明确权重（如报价30%、商务10%、技术50%、服务10%）。

B．招标文件应公开评标委员会的组建情况，只是公开专家组成人数及类别，不是公开专家名单。根据《政府采购法》规定，评标委员会由5人以上单数组成，经济类专家几名，技术类专家几名，采购人几名。对于采购人不参加评标的，可委托执行机构派人等。

3）招标需求

这是编制招标文件中最关键的一个环节。招标需求制定的好坏，直接关系到采购人是否能采购到自己满意的货物和服务。也是体现执行机构工作效率和工作水平的指标。采购人的需求五花八门，我省《2005年政府集中采购目录及标准》中规定必须委托的项目货物种类就有70多种，还不包括工程和服务类的项目，同时存在同一种货物采购人不同，需求也不同的情况，这就要求执行机构必须具备一定的技术和人才资源。这些人才既要熟悉和了解政府采购相关法律法规，又要有专业知识。18号令第二章二十一条规定，招标文件规定的各项技术指标应当符合国家的强制性标准，不得要求或者标明特定的投标人或者产品，以及含有倾向性或者排斥潜在投标人的其他内容。因此采购人在提交技术需求时，执行机构要引导、把关，要求他们不能指定品牌。既要尊重采购人的需求意见又要符合政策，不指定或者变相指定、不排斥潜在投标人，使招标文件更具竞争性。技术指标和参数尽量详尽。如果采购人有专门的技术装备部门，请他们组织专家进行讨论。如果不具备这方面的条件，我们要根据需要，就招标文件征询有关专家的意见后制定出一份至少要满足三家以上投标人技术需求的招标文件，以保证政府采购工作的公平和公正性。招标文件编制完成后应由采购人签字确认。

从编制招标文件招标需求看，集中执行机构要加强专业化管理和业务技能。花大力气建设一支高素质的专业人才队伍，从提高专业水平和熟练程度入手，像协议供货这样既规范又高效且采购人又满意，是"一举三得"的结果。

4）合同格式和合同条款

招标文件制作时，执行机构向投标人提供一个统一的合同参考格式，以便于供应商在中标后与采购人签订合同时，直接采用。

5）投标文件格式及附件

（略）

4.5.3 响应文件评审

1. 开标前期准备工作

（1）信息发布

招投标信息包括公开招标公告、邀请招标资格预审公告、中标公告、成交结果及其更正事项等。

根据18号令要求，执行机构在编制招标文件后，公开招标公告，邀请招标预审公告必须在省级财政部门指定的政府采购信息媒体上发布公告（政府采购网、中国财经报）。

公开招标公告应包括下列内容：

1）采购人、采购代理的名称、地址和联系方式；

2）招标项目的名称、用途、数量、简要技术要求和招标项目性质；

3）供应商资格要求；

4）获取招标文件的时间、地点、方式及招标文件售价；

5）投标截止时间、开标时间及地点；

6）采购项目联系人姓名和电话。

邀请招标资格预审公告包括：

1）采购人、采购代理的名称、地址和联系方式；

2）招标项目的名称、用途、数量、简要技术要求或者招标项目性质；

3）供应商资格要求；

4）提交资格审查材料的截止时间及资格审查日期；

5）采购项目联系人姓名和电话。

以上格式和要求基本上与招标文件中的"招标邀请"一致。

（2）评标办法的起草

根据招标文件要求，执行机构在开标前应起草好评标办法。评标标准和办法必须依据招标文件所规定的权重来制定，要保持与文件的一致性，不得擅自更改。18号令第五十条规定货物服务和评标方法分为：最低评标价法、综合评分法和性价比法。

最低评标价是指以价格为主要因素确定中标候选供应商的评标方法，即在全部满足招标文件实质性要求前提下，依据要评定最低报价以提出最低报价的投标人作为中标候选供应商的评标办法。该办法适用于标准商品及通用服务项目。在实际工作中，多用于询价采购，很少用于公开和邀请招标中。性价比法也很少采用，用得最多的是综合评分法。该办法是指在最大限度地满足招标文件实质性要求的前提下，按照招标文件中规定的各项因素进行评审后，以评标总得分最高的投标人作为中标候选或者中标供应商的评标办法。主要因素包括价格、技术、财务状况、信誉、业绩、服务对招标文件的响应程度，以及相应的比重或者权值等，上述因素应当在招标文件中事先规定。这个办法经常被采用是因为各个因素量化后，评标结果更直观，更容易比较，更有说服力。

关于制定评分办法应注意三点：

1）评分办法必须由执行机构起草，适当征求采购人采购意见，尽量公正、公平。

2）按照综合评分法。货物价格权重在30%～60%，服务在10%～30%，执行统一价格服务，价格不作为评分因素。

3）评分办法开标前应保密。

2. 开标

开标是执行机构在预先规定的时间将各投标人的投标文件正式启封揭晓，良好的开标制度与规则是招标成功的重要保证。执行机构在投标邀请中规定的日期和地点公开开标。开标由执行机构主持，需有采购人及投标人代表参加，并邀请政府采购监管部门、纪检、监察审计等有关单位代表参加，参加开标的代表应签到以证明其出席。开标前，首先由投标人检查投标文件的密封情况，确认无误后，由执行机构工作人员当众拆封，执行机构应当宣读开标一览表中所包含内容以及投标人名称、修改和撤回投标的通知、折扣声明、是否提交保证金、评标办法、评标委员会组成人数及专业类别、供应商疑问的反映方式、投标供应商对评标专家的回避意见以及执行机构认为合适的内容。对投标文件中含义不明确的地方，允许投标人作简要解释。但所作的解释不能超出投标文件记载的范围，或实质性改变投标文件的内容。以电传、电报方式投标的不予开标。在开标时，执行机构要宣布工作人员名单，明确主持人、唱标人、记录员、监标员。

开标过程要有严格的程序。在具体操作过程中注意以下几个问题：

（1）开标应按招标文件中规定的日期、地点和程序进行。

（2）开标应采取公开形式，即允许投标商代表出席，在规定日期之后收到的投标及没有开封和开标时没有宣读的投标均应不予考虑。

（3）开标时，投标文件中开标一览表（报价表）内容与投标文件中明细内容不一致的，以开标一览表（报价表）为准；投标文件的大写金额和小写金额不一致的，以大写金额为准；单价金额有明显错位的，应以总价为准，并修改单价；对不同文字文本投标文件的解释发生异议的，以中文文本为准。

（4）截至投标截止时间，参加投标的供应商不足三家的，除采购任务取消情形外，执行机构应报告政府采购监管机构，无合理条款符合程序的申请改变方式；有不合理条款、不符合程序的重新组织开标。

（5）开标时中心与供应商处于平等地位，要创造和谐的环境，让供应商感觉中心与其他代理机构是不一样的。

3. 评标

（1）评标委员会的组建

在评标的前一天，执行机构应按招标文件上载明的评标委员会组成结构组建评标委员会。经济、技术评标专家从监管机构建立的"专家库"中随机抽取。

1）在进入评标前，执行机构召集评标委员会成员，宣读评标委员会的义务以及评标纪律。评标委员会应当履行下列义务：遵纪守法，客观公正，廉洁地履行职责；按照招标文件规定的评标办法和评标标准进行评标，对评审意见承担个人责任；对评标过程和结果，以及供应商的商业秘密保密；参与评标报告的起草；配合财政部门的投诉处理工作；配合执行机构答复投标供应商提出的质疑。

2）推选一名评标委员会主任，以起到在评标过程中穿针引线的作用。

3）对评标办法的细化和通过。通过后的评标办法评标委员会要在上面签字。

4）与投标人有利害关系的人员不得作为评标委员会成员。

5）评标必须以招标文件为依据，不得采用招标文件规定以外的标准和方法进行评标，凡是评标中需要考虑的因素都应写入招标文件之中，也就是说，招标文件应规定除价格因素外应当需考虑的其他因素。

（2）评标的组织

评标应当遵循以下程序：

1）投标文件初审

初步评审工作比较简单，却是非常重要的一步。

①资格性检查。依据法律法规以及招标文件的规定，对投标文件中的资格证明、投标保证金进行审查，以确定投标供应商是否具备投标资格。

②符合性检查。依据招标文件的规定，从投标文件的有效性、完整性和

对招标文件的响应程度进行审查，以确定是否对招标文件的实质性要求作出响应。如果供应商资格不符合规定，或投标文件未作出实质性反应，都应作为无效标处理。不得允许投标供应商通过修改文件或撤销不合理要求的部分而使其投标具有响应性（在评标阶段，执行机构应事先准备好有关评审比较的表格以便于工作，提高效率）。

只有在初评中确定为基本合格的投标人才有资格进入详细比较和评价阶段。补充强调"实质性响应"，应该是与招标文件要求的全部条款、条件和规格相符，没有重大偏离或者保留的投标。所谓重大偏离或重大保留是指实质上影响合同的供货范围、质量和性能或者与招标文件不一致，而且限制了合同中采购人的权利或投标人的义务。评标委员会决定投标的响应性只根据投标本身的内容，而不寻求外部的证据。

2）澄清有关问题

评标委员会在阅读完投标文件后对投标文件含义不明确、同类问题表述不一致或者有明显文字和计算错误的内容，评标委员会可以书面形式要求投标人作必要的澄清、说明或者纠正。投标人的澄清或者说明应当采用书面形式并由其授权代表签字，但不得超出投标文件的范围或者改变投标文件的实质性内容。

3）比较与评标

按招标文件中规定的评标办法和标准，对资格性检查和符合性检查合格的投标文件进行商务和技术评估，综合比较与评价。评标时，评标委员会成员应当独立对每个有效投标人的标书进行评价打分。然后汇总每个投标人每项评分因素的得分。以"湖北省卫生厅农村三项建设及母婴安全设备"政府采购招标评标为例，谈谈如何进行比较和评标。

①采用综合评分法，其中报价占30分，商务占10分，技术和服务占60分。

②报价由执行机构的工作人员按评标办法中规定的公式直接计算；技术和服务评标由执行机构的工作人员在政府采购监管部门的监督下分类编号交评委评分（对密封不合格投标文件做废标处理）。密封评标结束后，评标委员会将对所有密封合格的投标商的密封文件部分与投标人原始技术资料和样机进行核对，在核对中一旦发现密封的技术响应文件内容与该投标人真实性不符，该投标人将以提供虚假证明文件接受处理，其投标也将按废标处理。

③应该注意以下问题：

A. 评分以去掉一个最高分和一个最低分汇总取平均值进行排序。

B. 评分汇总由执行机构负责。

C. 有争议的经济评委和技术评委评分的问题。

D. 推荐中标候选供应商名单。

评标委员会对评标结果进行评审并向采购人书面推荐中标候选人。

E. 起草评标报告。

评标工作结束后，执行机构应组织评标委员会根据全体评标成员签字的原始评标记录和评标结果编写报告，其主要内容包括：

a. 招标公告刊登媒体名称，开标日期和地点；

b. 购买招标文件的投标人名单和评标委员会成员名单；

c. 评标办法和标准；

d. 开标记录和评标情况说明，包括投标无效投标人名单及原因；

e. 评标结果和中标候选供应商排序表；

f. 评标委员会的授标建议。

在实际工作中除e、f由评委起草以外其余都由执行机构编制。

4. 定标

（1）评标委员会按招标文件确定的评标标准和方法，对投标文件进行评审，提出书面评标报告，按顺序推荐合格的中标候选供应商名单。执行机构在开标之日起5天内向采购人书面推荐中标候选供应商。

（2）采购人应在收到推荐名单后3天内按排名顺序确定中标供应商。排名第一的中标候选供应商放弃中标，因不可抗力提出不能履行合同，或者招标文件规定应当提交履约保证金而在规定期限内未能提交的，才可以确定排名第二的中标候选供应商为中标供应商，排名第二的中标候选供应商因同样的原因不能签订合同的，才可以确定第三的中标候选供应商为中标供应商。

（3）自开标之日起8天内，执行机构应在政府采购媒体公告中标结果，有特殊情况的，事先报监管部门批准后在政府指定媒体上公告原因。公告内容包括招标项目名称、中标供应商名单、评标委员会名单（中华人民共和国财政部令第18号《政府采购货物和服务招标投标管理办法》第六十二条:"在发布公告的同时,招标采购单位应向中标供应商发出中标通知书,中标通知书对采购人和中标供应商具有同等法律效力。")

4.5.4 谈判与合同签署

区别于传统政府采购工作中项目合作仅以单个合同来体现,PPP模式下政府与社会资本间的合作关系是由一整套以特许经营协议为核心的合同体系来落实。

1. 简要介绍

在PPP项目中,项目参与方通过签订一系列合同来确立和调整彼此之间的权利义务关系,构成PPP项目的基本合同体系。根据项目的不同特点,相应的合同体系也会不同。PPP项目的基本合同通常包括PPP项目合同、股东协议、履约合同(包括工程承包合同、运营服务合同、原料供应合同以及产品或服务购买合同等)、融资合同和保险合同等。其中,PPP项目合同是整个PPP项目合同体系的基础和核心。在PPP项目合同体系中,各个合同之间并非完全独立,而是紧密衔接、相互贯通的,合同之间存在着一定的"传导关系"。

(1)PPP项目合同

PPP项目合同是项目实施机构与中选社会资本签订(若需要成立专门项目公司的,由项目实施机构与项目公司签订)的约定项目合作主要内容和双方基本权利义务的协议。其目的是在项目实施机构与社会资本之间合理分配项目风险,明确双方的权利义务关系,保障双方能够依据合同约定合理主张权利,妥善履行义务,确保项目全生命周期内的顺利实施。PPP项目合同是其他合同产生的基础,也是整个PPP项目合同体系的核心。

(2)股东协议

股东协议由项目公司的股东签订,用以在股东之间建立长期的、有约束力的合约关系。股东协议通常包括以下主要条款:前提条件、项目公司的设立和融资、项目公司的经营范围、股东权利、履行PPP项目合同的股东承诺、股东的商业计划、股权转让、股东会、董事会、监事会组成及其职权范围、股息分配、违约、终止及终止后处理机制、不可抗力、适用法律和争议解决等。

（3）履约合同

1）工程承包合同。项目公司一般只作为融资主体和项目管理者而存在，本身不一定具备自行设计、采购、建设项目的条件，因此可能会将部分或全部设计、采购、建设工作委托给工程承包商，签订工程承包合同。项目公司可以与单一承包商签订总承包合同，也可以分别与不同承包商签订合同。承包商的选择要遵循相关法律法规的规定。由于工程承包合同的履行情况往往直接影响PPP项目合同的履行，进而影响项目的贷款偿还和收益情况。因此，为了有效转移项目建设期间的风险，项目公司通常会与承包商签订一个固定价格、固定工期的"交钥匙"合同，将工程费用超支、工期延误、工程质量不合格等风险全部转移给承包商。此外，工程承包合同中通常还会包括履约担保和违约金条款，进一步约束承包商妥善履行合同义务。

2）运营服务合同。根据PPP项目运营内容和项目公司管理能力的不同，项目公司有时会考虑将项目全部或部分的运营和维护事务外包给有经验的运营商，并与其签订运营服务合同。个案中，运营维护事务的外包可能需要事先取得政府的同意。但是，PPP项目合同中约定的项目公司的运营和维护义务并不因项目公司将全部或部分运营维护事务分包给其他运营商实施而豁免或解除。

3）原料供应合同。有些PPP项目在运营阶段对原料的需求量很大、原料成本在整个项目运营成本中占比较大，同时受价格波动、市场供给不足等影响，又无法保证能够随时在公开市场上以平稳价格获取，继而可能会影响整个项目的持续稳定运营，例如燃煤电厂项目中的煤炭。因此，为了防控原料供应风险，项目公司通常会与原料的主要供应商签订长期原料供应合同，并且约定一个相对稳定的原料价格。在原料供应合同中，一般会包括以下条款：交货地点和供货期限、供货要求和价格、质量标准和验收、结算和支付、合同双方的权利义务、违约责任、不可抗力、争议解决等。除上述一般性条款外，原料供应合同通常还会包括"照供不误"条款，即要求供应商以稳定的价格、稳定的质量品质为项目提供长期、稳定的原料。

4）产品或服务购买合同。在PPP项目中，项目公司的主要投资收益来源于项目提供的产品或服务的销售收入，因此保证项目产品或服务有稳定的销售对象，对于项目公司而言十分重要。根据PPP项目付费机制的不同，项目产品或服务的购买者可能是政府，也可能是最终使用者。以政府付费的供电项目为例，政府的电力主管部门或国有电力公司通常会事先与项目公司签订电力购买协议，约定双方的购电和供电义务。此外，在一些产品购买合同中，还会包括"照付不议"条款，即项目公司与产品的购买者约定一个最低采购量，只要项目公司按照该最低采购量供应产品，不论购买者是否需要采购该产品均应按照该最低采购量支付相应价款。

（4）融资合同

从广义上讲，融资合同可能包括项目公司与贷款方签订的项目贷款合同、担保人就项目贷款与贷款方签订的担保合同、政府与贷款方和项目公司签订的直接介入协议等多个合同。其中，项目贷款合同是最主要的融资合同。在项目贷款合同中一般包括以下条款：陈述与保证、前提条件、偿还贷款、担保与保障、抵销、违约、适用法律与争议解决等。同时，出于贷款安全性的考虑，贷款方往往要求项目公司以其财产或其他权益作为抵押或质押，或由其母公司提供某种形式的担保或由政府作出某种承诺，这些融资保障措施通常会在担保合同、直接介入协议以及PPP项目合同中具体体现。

（5）保险合同

由于PPP项目通常资金规模大、生命周期长，负责项目实施的项目公司及其他相关参与方通常需要对项目融资、建设、运营等不同阶段的不同类型的风险分别进行投保。通常可能涉及的保险种类包括货物运输险、建筑工程险、针对设计或其他专业服务的专业保障险、针对间接损失的保险、第三人责任险、政治风险保险等。

（6）其他合同

在PPP项目中还可能会涉及其他的合同，例如与专业中介机构签署的投资、法律、技术、财务、税务等方面的咨询服务合同。

2. 深入剖析

宏观来看，PPP（Public-Private Partnership，公私合作）模式作为一种公共产品提供方式，具备两大功能：其一是交易，基本目标在于公共项目的资金融通与结构安排；其二是管理，基本目标在于公共项目的效率提升与福利增进。PPP模式实现上述两大功能的基础，是其内在的法律关系架构，外在表现为一系列法律文本体系，尤其是其中一些重要合同及关键性条款居于枢纽地位。对PPP模式法律文本体系作系统梳理，并详细解构个别核心条款，可为PPP模式中各方权利、义务的配置和调整，以及有效维护公共利益提供可鉴之资。

（1）PPP模式的法律文本体系及公、私权益协调

PPP模式的法律文本体系主要由三个方面组成，一是基础交易合同体系，侧重于解决商务层面事宜；二是融资合同体系，侧重于安排资金、资本层面事宜；三是协调机制，侧重于相关重要事项中的权益配置及程序性事宜。事实上商务和融资合同文本中亦会涉及权益配置和程序性条款。但考虑到合同双方在文本中约定第三方义务在法理上是被禁止的，同时公共部门对于基础交易合同和融资合同体系的参与又十分有限，因此这里的协调机制主要是指以特许权协议为核心，涉及公、私间利益协调及公共产品提供的专门性机制设计。

1）基础交易合同体系

基础交易合同体系按照项目商务架构，可以划分为以下几个子体系。其一，项目建设相关合同。PPP项目前期，通常由公共部门充任的项目发起人，会联合私人部门合作方，对项目发起和组织事宜进行谈判磋商，明确各方行动指南和职责分工，其合同文本成果通常为MOU（合作备忘录）和Route Map（路线图）。由于项目EPC（设计、采购和建设）事项不一定由PPP框架下的项目实质合作方进行，通常外包处理，加之与项目建设施工相关的经济、技术可行性论证以及环境社会影响评估事项绝大多数对外委托给独立第三方，这样就形成了工程合同、委托协议等法律文本。其二，项目运营管理相关合同。如果项目公司仅是一个资本平台，运营管理由专门的项目管理公司来承担，这类合同会由项目公司和项目管理主体签订。否则，相关契约通常会以项目公司章程形式体现。在内容上，通常涉及项目运行和经营管理，以及资产的管理和使用事项，对项目资产使用范围和期限、运营管理和后期投入等进行规约。其三，供应合同及产品销售合同。PPP项目不但要通过产品销售实现预期利润，从而有效吸引社会资本和私人部门参与，同时必须保证公共产品和服务的持续有效提供。供应合同主要保障的是能源或原材料等基础投入品供应的稳定性。项目产品销售合同的核心，一是交易价格，重点关注价格锁定程度，主要体现为阶梯价格或价格调整机制的确定；二是交易数量，重点关注产品的买方接收数量和结算数量的确定，一般有按照实际提供量、实际消费量或固定上限结算，以及Take or Pay（照付不议）等结算方式。

2）融资合同体系

融资合同体系是PPP模式中政府和社会资本合作关系的本质体现。通常，PPP项目通过设立SPV（特殊目的实体）作为资金和资本整合的平台，因此SPV设立文件是融资文本体系的骨架。尤其是SPV章程和股东间协议，会在明确项目资产边界、协调股东权益和构建项目公司决策机制等方面起到核心作用。此外，项目融资往往会涉及贷款、债券发行和融资租赁等债权性质协议，根据不同的债务融资方式，会包含诸多一般性融资条款，当然其核心内容是资金价格、融资前提条件和放、还款安排。为保障资金安全，项目融资中通常会基于债权人或股权人利益，以及合理规避风险的需求，设置从属于股权和债务融资协议的抵、质押或担保措施，购买财产保险和信用保险，担保协议和保单条款的主干则是风险覆盖范围、受益人及赔付条件。为了有效配置追索、保全乃至债务重组、破产清算等事项中的债权人表决权，并在债权人间平衡保险和担保权益，对包括PPP模式在内的多数项目融资而言，债权人间协议是必不可少的。

3）以特许权协议为核心的协调机制

PPP文本体系中协调机制的核心部分是特许权协议。赋予特许权是PPP模式能够有效吸引私人资本并成功运行的关键。一般情况下，特许权取得形式可被划分为协议授予和立法授予两种。而特许权协议在法律性质上则包括几个大类：一是特许经营权。此种情况下，经营权管理部门赋予项目公司使用特定公共资源，或在某一领域或地区经营特许业务的权利。特许经营权配置可以是排他性的，也可以是准入型的，但事实上均是对项目收益的保障。二是渠道许可。包括对特定原料或技术的使用许可，以及对产品销售特定渠道的许可。如果项目公司获得必备原材料或技术，以及销售产出品均完全通过市场竞争实现，不但会遇到稀缺性的限制，也往往会面临法律限制。尤其是在PPP项目的原材料及技术、产品销售渠道由公共部门垄断管理的情况下，渠道许可成为对特许经营权必不可少的补充，甚至成为特许经营权实现价值的前提。三是经济性优惠政策。通常采取税收优惠、公共事业收费豁免、利息保费补贴及其他财政补贴的形式，也可能附加加速折旧、资本溢价、转增资本等财务支持政策。至于特许权是否必须与PPP项目本身相关，还是可以扩展为在私人部门其他经营行为中给予政策补偿，一直存在争论。从现实情况来看，公共政策可以基于公共需要对同公共福利直接相关的PPP项目给予特许权支持，但如果特许权同PPP项目本身完全脱离，不但难以实现对价平等，而且打乱了公共资源支出与其所应惠及的目标受众之间的对应性。

协调机制的一个重要组成部分是程序性文本，解决的是程序性事项，一般不涉及实体权益的配置。主要有法律适用相关约定、仲裁条款、解续约程序条款、争端解决机制和再谈判条款等内容。一个争议较多的问题是，PPP项目中的争端事项可否通过仲裁方式解决。在一般的项目融资中，仲裁因为其便捷高效的特性而被普遍运用。但PPP模式涉及公共部门，许多争端是围绕特许权协议而发生的。根据一般理论，政府行为中，类似PPP项目市场监管等行政行为只能纳入行政诉讼范畴，而政府作为公共法人所施行的民商事行为可以诉诸仲裁。另一争议较多的问题是，PPP项目中的税收优惠可否通过税收合同赋予，从目前国际来看，这种处理方式尚停留在讨论阶段，绝大多数国家不认可政府与纳税人间通过签订合同的方式约定税收义务。其主要原因在于，这种方式无疑将对税收法定形式形成破坏，因此几乎所有PPP项目中，税收优惠均通过法定形式赋予。

（2）PPP法律文本体系中涉及公共利益的几项关键条款

PPP法律文本体系极其庞大，从近年来的国际实践来看，应对这种复杂性的有效手段推广标准化合同。尽管PPP文本体系中诸多条款交织所形成的钩稽关系错综复杂，但这却是维护公共利益并激发项目效率所必需的。

1）公、私部门风险配置条款

良好的风险配置机制是隔离PPP项目经营风险和公共财政风险的屏障。PPP项目中，公、私部门间风险配置条款的设计，不但要基于项目风险管理的需要，同时也应该基于有效激励的需要。在风险管理方面，一般认为应该根据不同主体对不同风险的控制力进行风险配置。第一，不可抗力风险、法律风险及政策变化风险具有一定的共同特征，即它们均不属于公、私任一方在具体项目中可独立掌控的风险因素，因此一般由双方共同承担；第二，包括通货膨胀风险和需求风险等在内的市场风险，通常由公、私两部门共同承担，但私人部门承担主体部分。这主要是由于在风险管理中起到决定性作用的是风险控制能力而非风险承担能力。尽管公共部门在通货和需求风险方面具有更大的承担力，但作为项目经营权的主要控制者，私人部门在项目市场化运营中更具风险控制与规避能力。并且如此分配市场风险能够有效隔离公共部门政策取向对项目实施的不当扭曲；第三，利率、运营收入不足、建设成本超支、建设拖期、运营成本超支等一般风险，通常由私人部门完全承担。这不但是公共部门实现项目风险转移的有效手段，同时也是约束私人部门项目经营行为的重要手段。

在行为激励方面，尽管将风险完全转移给私人部门被认为是不适当的，但通过风险配置条款进行适当转移，能够促使项目公司有主动性，将项目风险及项目风险管理成本控制在最低水平。PPP模式中公、私部门不但实现资本融合，而且事实上在公共产品提供方面形成委托代理关系，即PPP模式是公、私部门在民商事行为中的人资两合。在PPP模式下，出于公共利益需要，公共部门是完整意义上的风险厌恶者。而私人部门的风险成本和预期收益不可能完全对等，并且往往基于对公共资源的良好评价而赋予PPP项目较高溢价。更主要的是，适当承担更多的项目风险，被认为是私人部门社会责任体系的一项重要内容。为了管控风险，私人部门必须提高管理水平和经营业绩，并采取包括信用保险、完工担保、财产保险等在内的保险措施，运用金融体系进一步覆盖风险暴露。由此，在贷款协议、股权协议和保单等融资合同中，往往又涉及保险权益转让和代位求偿条款。

2）经营约束和监管条款

经营约束和监管条款事实上针对的是项目公司特许权使用行为。特许权配置实现了市场经营行为同公共利益导向的衔接，对特许经营权进行约束和监管的两个主要方面是实施范围和定价。其一，对特许权实施范围进行约束监管的重心在于，特许权的实施是否惠及目标受众，即PPP项目是否通过特许权配置实现了公共产品的供给目标。一些电力、水务、燃气等类别的基础设施项目，经常会在文本中设计一种接口模式，生产一端通过PPP模式运作，产品或服务接入后的销售环节则由公共性更强，甚至全国有或纯公共性的机构运作，由此来杜绝生产商进行价格歧视或特定消费者歧视。例如在罗马尼亚电力市场中，政府以赋予牌照、配额以及峰值调节等手段，组织私人资本投资建厂发电，而其国家电力公司负责整合电能和电网系统运营，ANRE（电力监管局）组织电力交易，各电力批发商和零售商负责与消费端对接。其二，价格约束和监管的方式，主要有资本回报率控制和产品或服务价格监管。目前看来，后者的应用更加普遍。一方面是由于价格监管更为简便，并能直接影响消费者剩余和公共产品供给水平；另一方面价格监管能够对公共服务及产品质量的监督融合其中。

3）退出机制及项目移交

对于PPP项目，尤其是基础设施类PPP项目而言，很难在其十几年甚至几十年的项目期间保持项目发起时的结构不变。尤其是当前项目管理中角色细分化和专门化日益明显的情况下，多数项目初始参与者仅专司个别职能，其退出和权益转让属于常态。例如Blackstone（黑石集团）在PPP领域，尤其是世界范围内的大型基础设施项目发掘、发起及运营管理方面具有卓越表现，但其并不长期持有多数PPP项目资产，而更集中于资本运作。为了保持项目管理的有效性，通常公共部门会在协议文本中要求关键的项目参与方在一定期限内不得退出，融资方也通常以此设定违约事项条款来规避风险。出于维护项目运行、保护公共利益的目的，在限制退出期结束之后，相关参与方可以选择退出，但对于其权益承接方作全面的资格限制，通常会对其管理能力、资本实力和信用水平提出较高要求。有些PPP项目会要求初始参与人的参与比例不得低于某一最低限制，以此来督促初始参与人继续履行职能，并在其承接方的遴选中负有履职尽责义务。

PPP项目使命完成之后，并不是无一例外地移交给公共部门。根据当初项目资产移交项目公司使用的方式，以及融资模式的不同，项目移交的处理方式也不尽相同。在直接股权融资的PPP项目中，除非公共决策认为项目PPP运作有延长期限的必要，否则公共部门在项目期结束之后一般会选择从项目中退出，从而将股份公开转让，同时赋予项目私人合作方优先受让权。在融资租赁模式融资的PPP项目中，公共部门通常在项目期结束之后以象征性对价将项目资产余值转让给项目公司或私人部门。而在资产支持债券、信用贷款等债务融资模式中，PPP项目公司在项目期结束之后通常走上重组之路，而公共部门则有可能从资产持有和信用支撑两个层面有步骤地退出。无论项目采取哪种形式移交，保证公共财产的保值增值都是一项不变的原则。

4）项目拖期和支付

建设工程合同中对承包商有实质性约束作用的，是目标日期而非中间进度。尽管业主会根据事先的施工计划提出工期警示，但一般将由于承包商原因导致的工程拖期和延期交付视为承包商违约，其法律责任的厘定十分明确。而对于经业主批准的延长工期请求，除了双方协商调整施工计划之外，一般会导致业主对承包商的经济补偿。业主对延长工期计划的批准通常会被视为工程合同的补充条款，尽管这类条款通常附加解除业主对承包商经济补偿责任的表述，但在仲裁中承包商仍具有提出经济补偿要求的权利。因为业主既然批准延长工期，显然是同意将此视为不可预见事项，而承包商不可能在原报价中将这一不可预见事项考虑进去。

目前建设工程合同的移交接收和支付结算方面，通常采取的方式有固定价格、固定工期并一次性支付的"交钥匙"模式，以及分段移交、里程碑式付款的"实报实销"模式。必须说明的是，在合理的工期范围内，工程招投标通常会采用"低价者得"原则，但不排除因急于交付公共使用而将工期视为更重要的评标因素。完工支付的方式事实上是承包商提供给业主的卖方信贷融资，存在巨大的信用风险，通常会配备完整的风险分担机制和保险计划。而里程碑式节点付款对预算准确性和现金流量计划要求相对较高，通常还要在合同文本中载入工期和施工内容调整情况下的预算及定价调整机制。成本超支是工程概算中不可回避的风险因素，其处理方式同工程拖期较为一致。

总体来看，法律文本体系是维系PPP模式中公、私合作的基本纽带，也是PPP这一融资模式得以有效运行的灵魂。PPP模式作为一种公共项目运作模式，涉及公共利益，通过法律文本体系和条款设计，有效进行主、客体选择及权利义务配置，是公共财政的核心关切，并应被视为提升公共福利，同时又不致损失效率的有效途径。

4.6 政府监督检查

4.6.1 政府管理机构角色定位

1. 作为法律政策上的支持者

PPP模式的推广需要一定的法律法规和政策上的支持。我国目前尚没有专门的PPP法，而且PPP项目涉及的法律范围也较广，如特许经营法、环境保护法、土地法、竞争与反垄断法等。法律法规的修订或颁布有可能会导致原有PPP项目的合法性或合同的有效性发生变化，使得原有PPP项目失去保护，可能会导致该项目半途终止或彻底失败。同时，这也会使得社会资本不敢踏入PPP投资领域，甚至使得政府的信用受损。

2. 作为顶层设计者

政府作为PPP项目的顶层设计者和监督管理者，必须坚持发展战略在前，项目开发实施在后的原则。PPP项目的实施必须符合当地发展战略或当地民生的需求。政府作为顶层设计者要根据地方发展战略对PPP项目进行科学的筛选和合理的排序，使得PPP项目不仅缓解当地政府的经济压力，同时要满足当地百姓的需要，提升当地百姓的生活质量和水准。政府必须意识到PPP项目只是缓解政府提供基础设施建设或公共服务财政支出压力的一种有效方法。其目的是为了解决当地的公共服务需求，而不是为了增加政府的社会资产。

3. 作为标准制定者

PPP模式下，项目运营管理模式的探索和行业最佳监管实践的重任都落在了中央政府和国家主要行业监管部门的肩上。而且从国外的最佳实践情况来看，标准的制定加速了整个国家对PPP模式基础设施的建设，减少了不必要的摸索和试错的过程。一方面，标准的制定为以财政预算管理为主要逻辑的基础设施建设，提供重要的支持和良好的发展土壤；另一方面，标准的制定还将为项目价值分析提供重要的数据资源，使PPP模式逐步发展和成熟。

4. 作为审核批准者

虽然政府作为投资主体的地位和职能被削弱了，但这并不代表着政府放任PPP项目的发展。中央政府对于国家的整体发展战略，以及地方政府在贯彻国家发展战略过程中，顶层设计的系统性、一贯性和连续性必须在基础设施建设市场得到体现。政府对于基础设施建设的管控行为转变为监管职能。通过对PPP项目立项的审核，确保该项目符合国家或地方政府的发展战略，并且对于国家战略性项目、区域战略性项目设置优先权或政策性支持，避免基础设施的重复建设或国家战略性资源的浪费。

5. 作为监督管理者

在PPP模式推广中,政府PPP项目管理机构重中之重的任务是监督管理工作。在监管中,政府的重要课题是如何对不同行业和细分市场的PPP项目监管确立一套行之有效的绩效考核指标,设立考核标准,创建考核工具及设计监管体系,以推进公共服务PPP项目的质量监管的精益化管理进程,保障PPP项目施工质量和最终提供服务的质量,在最大程度上保障公众的权益,真正做到采购的物有所值。

4.6.2 发达国家PPP模式政府监管体制

1. 综合行政部门下相对独立的纵向一体化监管体制:英国

英国对城市公用事业的民营化改革是以政府管制立法为先导,这使得民营化改革具有法律依据和实施程序,英国政府在电信、煤气、自来水、电力产业颁布了一系列法规,每项法规都建立了一个法定的政府管制机构。例如,英国城市水务行业服务监管的基本架构是将环境、经济和社会以及饮用水质量三个方面的监管职能分别纳入三个独立的监管部门,并统一于英国政府环境部。其中,水务办公室的主要职能是经济和社会方面的监督;饮用水监督委员会是饮用水水质的监管单位;环境监管局具体负责环境保护方面的监督。它们与环境部的权力划分一般为:环境部任命各独立部门的总监,制定具体的监管改革措施,设计监管改革方案;独立部门则负责执行政策、监督市场、提出建议和处理具体的监管事务等。

2. 纵向一体化和横向一体化独立监管机构相互分权的体制:美国

独立监管机构是美国的产业监管机构采取的方式。独立监管机构一般由5~7名委员组成。委员由总统提名,经参议院同意后任命。总统虽然对任命委员会具有自由裁量权,但得依法定事由,总统无权免除任一委员职务。委员的任期超过总统任期,一般为5~7年。委员必须来自不同党派,以保证委员会避免党派斗争的影响,作出公平的决定。独立监管机构与一般行政部门的区别表现为：首先，行政部门通常具有许多管理职能，机构庞大而混杂；而独立监管机构的管理职能是单一的，工作人员也很少。其次，行政部门直属总统领导，向总统负责，其首长经参议院同意由总统任免，通常与总统共进退，而独立监管机构的首长和成员通常是该领域的专家，熟悉相应领域的专门知识，而行政部门的首长通常是政客，对相应行政领域的专门知识知之不多。

独立监管机构的权力由国会授予。法律规定独立监管机构可同时行使立法权、行政权和司法权。它在行使立法权方面主要有制定行政规章、制定标准和提出立法建议这三种方式。在具体的事件处理上，它具有准司法的裁决权力，可以批准某些行为和禁止某些行为。例如，联邦水资源监管机构主要负责全国水资源的管理，包括环境、质量和整体供应与需求等问题。州监管权力主要通过横向一体化的州公用事业监管委员会独立行使，而该委员会也是独立的监管机构，它只负责对提供水务服务的私人企业进行经济监管，其中主要是价格监管。而各州内保持下来的提供水务服务的公共企业，则由各市政府通过财政预算和公务员系统进行直接管理（而非监管）。涉及州和联邦之间的某些业务，包括跨区之间的成本分摊问题，由州与联邦监管委员会协调解决。无法协调的问题可以通过法院和国会审议和裁决。

3. 行业纵向一体化为主的监管和管理混合体制：新加坡

在新加坡，代表国家管理和监督公用事业的权利主体是分行业建立的法定机构。在国会的授权下，各个行业的法定机构均具有政府监管的行政职能和经营公共企业（国有企业）的双重功能。这样，法定机构不仅是半自治的行政管理机构，而且也是经营机构。不同的法定机构，由于所处的经济领域不同，其权力范围也有所差异。

上述三个国家的监管体系的类型和结构见表4-9。

三个国家的监管体系的类型和结构　　　　　　　　　　表4-9

国别	体制类型	主要结构
英国	综合性部门下的相对独立的纵向一体化监管模式	监管机构（如水务：环境部下的水务办公室、饮用水监督委员会、环境监管局）+横向监管机构（如垄断与兼并委员会、公平交易办公室）+行业消费者协会

续表

国别	体制类型	主要结构
美国	纵向一体化和横向一体化独立监管机构相互分权模式	联邦税法律（环境署及其10大区派出机构）+州政府公用事业管理局（对私人企业经济监管）+纳税人组织和消费者援助组织
新加坡	行业纵向一体化为主的监管和管理混合模式	政府主管部门下的法定机构+法定机构之间的合作协调（法定机构兼具产业促进、管理国有企业和产业监管的职能）+负责社会性监管的行政机构（如环保机构）

4.6.3 结合我国国情的PPP模式政府监管体制

1. PPP模式政府监管模型的基本架构

目前，PPP模式在我国公用事业中的运用还处于起步阶段，市场上关于PPP模式运行的法律、法规还很少。而一般的PPP项目，都是大型项目，关乎国计民生，项目投资大，建设运营周期长，受众面广。因此，如何根据我国的现实情况建立适合我国的监管体制，对PPP模式在我国的顺利推行有着十分重要的意义。

结合发达国家的经验和我国的具体情况，我国政府对PPP模式项目的监管应从宏观和微观两方面入手。宏观方面，应该首先建立私营企业生存和发展的市场环境，可以从立法和市场准入两个方面着手，为私营企业提供一个公平、公开的市场竞争环境。微观方面，应该从具体的PPP模式项目出发，从项目的服务价格监管、项目的服务质量监管、项目的退出监管和项目的后评价监管四个角度入手。独立监管机构由国务院任命，一般由5～7名委员组成，下设各个专业的独立办公室，成员通常是该领域的专家，熟悉相应领域的专门知识。独立监管机构独立于行政部门，独立地进行监管活动，直属于国务院。

2. 加强PPP模式项目的宏观监管

首先，建立法律监管体系。所谓PPP模式下的法律监管体系，主要是指项目的运作要受到我国政府制定的相关法律、规章的制约。法律的监管是整个监管体系最基础的部分，也是其他监管制度建立的平台和前提。目前，我国与政府投资代建项目相关的主要法律有《关于加快市政公用行业市场化进程的意见》、《公用事业民营化管理条例》、《招投标法》、《合同法》、《建筑法》等。

其次，加强对私营部门的市场准入监管。我国的PPP建设模式刚刚兴起，还处于实践尝试阶段，到目前还没有出台一个统一的资质管理办法。当前主要做法是选择一些国际上类似项目有成功经验和实力雄厚的知名企业。但这只是一个暂时的过程，随着PPP模式的不断完善和发展，可以尝试建立一个PPP项目合作私营部门注册体系，在此体系登记注册的私营单位则可认为在资质上达到了一定的标准，可以承包相应的PPP项目。

3. 加强PPP模式项目的微观监管

（1）项目的服务价格监管

从价格构成上来看，现行有关法律、法规及规章对公用事业价格构成缺乏明确规定，在价格构成要素的确定及监管范围确定上存在很大随意性，从而导致公用企业成本约束软化。PPP模式的项目服务价格的监管应从三个方面着手：①在项目的确定阶段，通过招投标选择竞争企业；②服务价格的公开化，建立价格明示牌，明确区分价格中含有的政府规费和资源税费；③建立价格听证制度，对项目运营过程中的价格调整，应由监管机构进行听证。

（2）项目的服务质量监管

PPP项目的最终目标是社会公众满意，因此项目的服务质量就至关重要了。在PPP项目运营过程中，独立监管机构应专设项目服务质量的投诉电话，针对用户的上诉问题，实地调查并提出改进措施。

（3）项目的退出监管

PPP模式项目在特许期结束后，根据合同，私营部门都要无偿移交资产并退出经营。但由于在长达几十年的经营中，私营部门为保证符合标准地、持续地提供服务，需要不断进行投资，在合同结束后，有部分资产是无偿移交，有部分资产是需要政府购买的，或者提供补偿。而且原来经营者也可能申请合同延期。这时，监管机构通常需要对经营者的资产进行检查、评估，决定哪些资产是属于无偿移交，哪些资产是需要补偿，以及如何确保项目的顺利移交，还要决定是否同意原经营者申请的合同延期。

(4) 项目的后评价制度

项目后评价是用项目的实际成果和效益来分析评价项目的决策、管理和实施，通过经验和教训的总结，为项目的代理人和委托人服务，可为项目最终成果的运行和改善提出建议，也可为新项目的决策提供较为可靠的依据。由于采用PPP模式的融资模式才刚刚起步，所以对每一个项目实行详细的后评价制度是十分重要的。通过建立项目的后评价体系，可以对公用事业投资项目的科学性、投资管理水平、投入风险、绩效水平等方面进行综合评判，找出项目运行中存在的问题及形成原因，明确相关责任方应该承担的责任，有利于推动项目资金管理和使用部门建立强有力的执法和监督约束机制，提高公共效益。

随着我国经济和社会的发展，政府在公用事业上的投入也会不断加大。因此，需要不断完善PPP模式在我国的运行机制，做好PPP项目的监督和管理工作，才能更好地发挥PPP模式的优势，更好地解决我国在发展中面临的问题。

4.7 案例分析

本节以湖北某新型城镇化及基础设施建设PPP项目作为案例，深入剖析PPP模式下项目采购的方式、方法，总结经验供读者参考。

4.7.1 项目概况

1. 项目背景

按照经济发展的目标，近期内，湖北省某市经济技术开发区将实施以起步区为核心，积极推进扩展的"东扩南延"工程，使规划建设面积由20平方公里逐步扩大到50平方公里。

经过十几年的开发建设，该市经济技术开发区各项事业从无到有，项目由少到多，企业从小到大，现已发展成为湖北省该市重要的经济增长极和高新技术产业的密集区、外向型经济的示范区。湖北省该市经济技术开发区拥有各类企业913家，其中规模以上工业企业162家，目前仍有多家工商企业处于招商洽谈阶段，但因土地储备不足难以落地，为进一步推进黄金山工业新区招商引资工作，实现湖北省该市经济技术开发区蓬勃发展，土地储备不足问题成为未来地区发展最大桎梏。

为了从源头上解决这一问题，改善因土地储备不足，招商项目难以落地，地区发展严重受限的现状，湖北省该市经济技术开发区管委会委托开发区建设管理局进行某工业平台、某循环经济产业园建设项目，加紧土地收储工作，同时进行配套还建房建设，妥善安置动迁居民。

2. 项目认知

对项目的认知如图4-10所示。

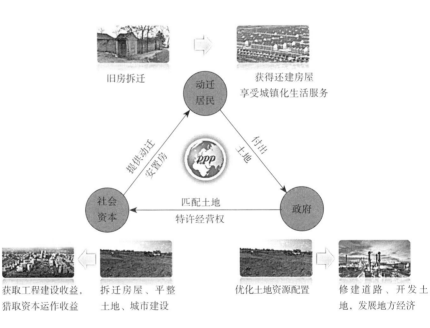

图4-10 项目认知图

湖北省该市经济技术开发区新型城镇化及基础设施PPP建设项目主要建设内容包括：土地平整、还建房、园区内主、次干道及管网、土地征迁、市政、道路、亮化及绿化、公共服务平台等。

项目涉及地方政府、社会资本和动迁居民：

地方政府，优化整合土地资源，授予特许经营权，获得土地、道路、房屋资产，发展地方工商业，增加税收，提升城市经济水平。

社会资本,提供拆迁、建设资金,负责建设安置房、道路、动迁,从中获得工程建设收益、商业设施运营收益、资本运作收益。

动迁居民,付出土地和房屋,获得还建安置房、拆迁补贴和新型城镇化生活服务,生活水平得到大幅提升。

本项目属于国务院大力推行PPP模式的范畴,属于三方共赢的"土地开发类PPP项目"。

3. 采用PPP合作模式的必要性和可行性

采用PPP合作模式的必要性和可行性分析如图4-11所示。

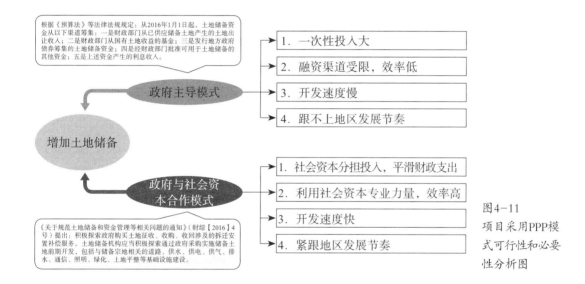

图4-11 项目采用PPP模式可行性和必要性分析图

根据《预算法》等法律法规规定,从2016年1月1日起,土地储备资金从以下渠道筹集:一是财政部门从已供应储备土地产生的土地出让收入;二是财政部门从国有土地收益的基金;三是发行地方政府债券筹集的土地储备资金;四是经财政部门批准可用于土地储备的其他资金;五是上述资金产生的利息收入。

本项目共涉及4700余亩土地开发建设工程,项目总投资37.7亿元,资金使用量非常大,全部依靠上述资金渠道难以完全满足项目推进需求。

国家财政部《关于规范土地储备和资金管理等相关问题的通知》(财综〔2016〕4号)提出,积极探索政府购买土地征收、收购、收回涉及的拆迁安置补偿服务。土地储备机构应当积极探索通过政府采购实施储备土地的前期开发，包括与储备宗地相关的道路、供水、供电、供气、排水、通信、照明、绿化、土地平整等基础设施建设。

国家发改委《关于开展政府和社会资本合作的指导意见》（发改投资[2014] 2724号）指出：PPP模式主要适用于政府负有提供责任又适宜市场化运作的公共服务、基础设施类项目。各地新建市政工程以及新型城镇化试点项目，应优先考虑采用PPP模式建设。

根据上述政策，为贯彻中央文件精神，本项目考虑通过政府购买服务的方式进行开发，采用PPP（政府与社会资本合作）模式，有效利用社会资本与政府共同开展项目融资、投资、建设，降低开发成本，解决传统模式操作政府一次性支出压力大、效率低的问题，平滑政府财政支出，提高开发效率，实现湖北省该市城市战略发展目标。

本项目采用政府和社会资本合作模式运作的必要性和可行性体现在以下几个方面：

（1）符合中央政策精神

党的十八届三中全会以来，国务院、财政部、发改委等多部委颁布了多项政策法规，推广和鼓励各级政府积极采用政府和社会资本合作PPP模式。采用政府和社会资本合作模式有利于引入社会资本的专业化运营经验、商业开发拓展能力、拓宽项目融资渠道、减轻政府负担，有助于加快转变政府职能，实现治理结构的升级。

（2）能够实现政府和社会资本的优势互补

采用政府和社会资本合作，政府提供优良的合作资源、优良政策环境，社会资本提供融资、运营、管理和再开发，能够最大限度地发挥基础设施建设项目的社会价值和商业价值，进一步完善湖北省某市的基础设施服务水平，改善城市形象，提升城市品位。

4. 公私合营基本框架

公私合营基本框架如图4-12所示。

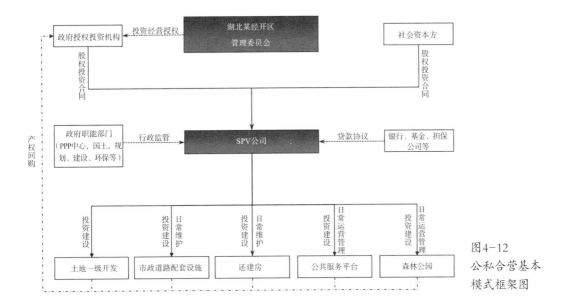

图 4-12 公私合营基本模式框架图

4.7.2 社会资本采购

1. 社会资本选择基本程序

为了提高项目推进效率，湖北省该市经济技术开发区新型城镇化及基础设施建设PPP项目采用资格预审的方式筛选社会资本，具体流程如下：

（1）设计PPP项目初步框架；

（2）公开发布投资人征集公告；

（3）社会投资人应征；

（4）社会投资人资格预审；

（5）与合格投资人进行洽商；

（6）审定PPP实施方案；

（7）合格投资人竞标；

（8）开标、评标、定标；

（9）签订PPP特许经营协议。

湖北省该市经济技术开发区新型城镇化及基础设施建设PPP项目采用该模式进行社会资本采购，并最终于三个月内完成全部采购工作，达成了上级部门对项目进度的要求。

2. 资格预审

（1）资格预审目的

向全社会发布项目信息，测试社会资本响应程度，吸引有意向的社会资本，然后，通过资格审查的方式筛选社会资本，剔除不具备实施能力的社会资本，避免无效沟通，提高项目推进效率。

（2）本项目资格预审条件

本项目投资（融资）数额较大，对社会资本资信要求较高，应考虑征集具备较高资信，具备较强融资能力的社会资本方。此外，项目涉及基础设施及市政道路的建设、运营、维护与管理，应征集具有建筑工程与市政公用工程施工、运营、维护、管理经验的社会资本方。

综合以上，资格预审条件设定如下：

1）申请人可独立投标，也可以联合体投标。

2）申请人必须是在中华人民共和国境内注册成立并是有效存在的企业法人，企业注册资本5亿元及以上。

3）申请人或全资子公司应具备以下资质之一：

①建设行政主管部门核发的建筑行业（建筑工程）甲级和市政行业（道路工程）专业甲级及以上设计资质，并具有相应业务范围内工程总承包资格。

②建设行政主管部门核发的建筑工程施工总承包一级和市政公用工程施工总承包一级及以上资质。

4）业绩要求：2010年至今，申请人或其子公司累计已完成的投融资项目（含BOT、PPP）总投资累计在10亿元以上（提供工程竣工验收报告或中标通知书或合同或竣工验收备案证）。

5）银行资信和投融资要求：

①投标人2014年净资产不少于15亿元，总资产40亿元及以上，提供2014年度经审计的财务报告（含财务报表）复印件（加盖投标人公章），原件现场备查。

②投融资能力：银行综合授信额度不少于2亿元（含）（提供协议、合同或银行出具的授信额度证明）。

③投标人须提供资格预审申请书,提交截止之日前3天银行出具的自有资金证明(不少于2亿元)。

6)信誉要求:投标人申请人近三年内企业无涉及重大资产的不良诉讼,履约情况良好,近三年无重大违法情况,且目前未处于投标资格被取消状态。

4.7.3 案例分析及结论

1. 资格预审优点

第一,采用资格预审能够减少投标人的数量,降低评标的难度,减少评标的工作量,降低PPP项目采购成本。有些项目招标,尤其是建设工程施工招标,经常会有几十家(甚至上百家)潜在投标人进行投标,评标难度较大,PPP项目采购成本较高。通过资格预审程序,将一部分潜在投标人淘汰,使其不能进入投标程序。一方面,评标工作量会大大减少,评标的难度也有所降低;另一方面,投标人的减少,能降低PPP项目采购成本(包括招标人的评标费用和投标人的投标成本)。

第二,采用资格预审能够避免履约能力不佳的企业中标,降低履约风险。资格预审过程减少了大量潜在的承包商,将潜在承包商范围缩小至那些已证明有能力执行特定质量标准的承包商。经过资格预审,能够将资信、业绩达不到招标人要求的潜在投标人排斥在投标人之外,避免其以价格取胜而中标(无论是采用综合评估法还是采用经评审的最低投标价法,价格都是最核心的竞争因素)。履约能力不佳的投标人中标后,对招标人来说会有很大履约风险,如偷工减料带来工程质量隐患,低价中标高价结算导致投资无法控制等。因此,通过资格预审程序能在一定程度上预防合同签订后履约风险的发生。

第三,采用资格预审符合国际惯例,有助于和国际接轨。资格预审也是国际上通用的一种资格审查方式。如国际咨询工程师联合会(FIDIC)在《土木工程合同招标评标程序》中明确指出:经验证明,对于大型的和涉及国际招标的项目,必须进行资格预审。世界银行在《贷款项目竞争性招标采购指南》第6.1条中指出:"对于大型复杂工程、专门设备和服务,应对投标人进行资格预审,确保投标邀请只发给有足够能力和经验履约的投标人。对于承包商的资格预审,要建立在其是否能够完全按照合同履约的基础上。"亚洲开发银行在《贷款采购准则》第2.08条也表明:"对于多数土木工程合同、交钥匙合同、造价昂贵和技术复杂的合同,必须对投标人进行资格预审,确保只邀请在技术和资金上有能力的公司参加投标。"显然,我国法律允许采用资格预审符合国际上的通用做法,有助于和国际接轨。

2. 资格预审缺点

第一,采用资格预审为招标人排斥潜在投标人提供了便利,易形成招标人与投标人的串标。招标人易通过资格预审文件和资格评审来排斥潜在投标人。在资格预审文件中,对潜在投标人提出与招标项目实际要求不符的或过高的资质等级要求,甚至为某个潜在投标人"量身定制"一套资格预审标准等方式排斥潜在投标人。由于监管机关对资格预审环节监督不力,在资格评审中,招标人或招标代理机构非法干涉资格评审工作,如要求或暗示资格审查委员会按照其倾向性进行打分。该程序为招标人操纵资格评审活动带来了便利。招标人与投标人串通投标,排斥潜在投标人行为侵犯了潜在投标人的公平竞争权。

第二,采用资格预审为投标人之间的沟通提供了便利,易形成投标人之间的围标。通过资格预审可能使一些潜在投标人身份、数量及其各种信息置于公开状态,潜在投标人能够建立一些信息沟通,容易发生围标行为。而且,资格预审使真正投标人数量大大减少,为围标提供了便利条件。投标人之间的围标行为影响了招标人的招标效果,侵害了其他潜在投标人的公平竞争权。

第三,采用资格预审,延长了PPP项目采购的时间,降低了PPP项目采购的核心价值。学理上,通常认为PPP项目采购制度的设置,最核心的价值是解决价格问题。从资格预审公告的发布、资格预审文件的编制到资格评审等整个资格预审程序的完成,无疑会延长PPP项目采购的时间。以建设施工为例,许多项目因其工程性质的特殊性,工期要求紧张,在竣工时间已定情形下只能压缩施工工期,这就增加了中标人追赶工期的成本。于是,投标人会在投标报价中增加追赶工期的成本,无形中会抬高最后的中标价,降低了PPP项目采购制度的核心价值。

3. 完善资格预审制度的建议

整个PPP项目采购程序需要保证所有投标人公平竞争的权利。资格预审作为PPP项目采购程序的一部分,更应该确保潜在投标人的公平竞争权。为了资格预审程序更加规范,建议从以下几个方面对其进行完善:

(1)限制资格预审制度的随意使用

为了避免招标人通过资格预审程序来排斥潜在投标人,可以对该程序的适用范围作一定的限制。有些地方性规定开始限制或取消资格预审制度。如深圳《关于加强建设工程招标投标管理的若干规定》(深府〔2008〕86号)第十四条规定:"非经市、区政府办公会议批准,施工招标中不得采用资格预审。拟采用资格预审的施工招标工程,招标人应当按照建设项目管理权限向市、区建设行政主管部门提出申请,经初审并报市、区政府办公会议批准后实施。"

天津也对资格预审进行了一些限制,如国有投资建设工程招标投标中,投标人少于15家时,不得实行资格预审,应当采取开标后资格审查方式。因此,国务院各主管部门在细化资格预审程序时应吸收地方一些较好做法,合理限制资格预审的使用。

(2)加强对资格预审程序的监督

PPP项目采购监督管理部门应该加强对整个资格预审程序的监管。资格预审文件的编制和组织进行资格预审申请文件的评审,是完成资格预审程序中的两项重要内容。监管部门应重点对这两个程序进行监督。一方面,监管部门应该对资格预审文件进行严格审核,审核的重点是不得出现"限制潜在投标人数量或条件的条款,以及不符合项目实际的资质等级要求"等有违公平原则的限制性条件。根据《实施条例》的规定,对资格预审文件中的业绩条款进行审核,不得含有"以特定行政区域或者特定行业的业绩、奖项作为加分条件"的条款。另一方面,监管部门对资格审查委员会的组建是否符合《实施条例》的规定进行监督,对资格预审申请文件的评审过程进行监督。监督部门可派监管人员对整个评审过程进行监控,制止评审过程中不合法行为。

(3)根据各类型项目的不同特点,开发客观化的资格预审系统

资格预审一般是对潜在投标人的资信、财务、业绩、人员和技术力量等

方面进行审查，具有固定的审查范围，易于开发客观化的资格预审系统。创建一套标准的资格预审形式，采用这套可以根据需要定制的标准化形式，可以帮助在同一水平下评估每个承包商。同时，也可通过一些资格预审文件的范本适用（如《2007年标准施工资格预审文件》），来规范资格预审文件的相应内容。

（4）对资格预审方法进行合理的规制

资格预审方法一般有两种，即合格制和有限数量制。采用合格制的资格预审方法是指凡符合资格预审文件中规定的初步审查标准和详细审查标准的申请人均为资格预审合格人。所有合格潜在投标人均可参加投标，招标人不得对合格潜在投标人的数量进行限制。采用有限数量制资格预审方法是指资格预审文件中事先规定了通过资格预审潜在投标人的数量。通过详细审查的申请人数量超过资格预审文件事先规定数量的，应对通过详细审查的申请人进行评分，按照资格预审文件事先规定数量，按得分排序、由高到低确定规定数量的资格预审合格人。相关法律应该对这两种方法的最低合格投标人数量进行规定，避免招标人有意控制资格预审合格人数。如天津规定，采用有限数量制审查法的，应当在资格预审文件中载明所限定的投标人数量和选择方法，选择不少于9家合格投标人。

资格预审在PPP项目采购程序中发挥着重要作用，如何优化使用资格预审程序，是摆在立法部门、监管部门和实践领域的重要课题。应从多个方面对资格预审程序进行规制，保证潜在投标人的公平竞争权，更好地保障当事人的权益。

4.8 对PPP采购模式方式的未来展望

经过对PPP模式下社会资本采购各个方面的理解和深入剖析不难发现，竞争性谈判与竞争性磋商在未来相比于公开招标可以更好地降低交易成本，实现合作双方的价值目标。然而我国毕竟还处于深化改革的进程当中，与PPP项目政府采购相关的很多方面尚不成熟，为了降低PPP项目政府采购方式变革的阻力，现从以下四个方面提出建议：

第一，完善PPP项目政府采购相关法律法规。PPP项目政府采购是一项参与方多、资金量大、过程复杂的"工程"，另外竞争性谈判与竞争性磋商相比公开招标更灵活多变。因此法律关系复杂，需要一套成熟而健全的法律体系与之配套才能保证其高效运转。根据交易成本理论，一套完善的法律规范可以改善PPP项目的运作环境，降低其不确定性、资产专用性、交易频率带来的负面影响，避免市场主体的机会主义行为，提高公共服务提供的效率和质量。尽管2014年《政府采购竞争性磋商采购方式管理暂行办法》和《政府和社会资本合作项目政府采购管理办法》相继出台，但PPP项目整体法律框架仍不完整，PPP项目与政府采购尚没有形成完美对接，因此构建一套完善的PPP项目政府采购法律法规体系意义重大。

第二，搭建合理高效的PPP项目政府采购平台。目前，政府采购的主管部门是财政部门，但PPP项目的运行相对传统政府采购更为复杂，单凭一个部门是很难完善并协调好PPP项目的政府采购工作。譬如城市污水处理项目，这其中涉及住建、发改、物价、国土、环保等相关部门。因此搭建一个合理高效的PPP项目政府采购平台可以提高PPP项目政府采购的工作效率，降低PPP项目政府采购的交易成本，为推进竞争性谈判与竞争性磋商采购方式做准备。

第三，建立科学合理高效的外部监督机制。竞争性谈判与竞争性磋商相对于公开招标具有较强的灵活性和较低的透明度，因此更需要外部的监督作为PPP项目政府采购公正性的保障，一项不公正的PPP项目政府采购活动是无法激励企业提供质优价廉的公共物品和公共服务的。具体来说分为三个方面：①做好谈判或磋商前期的监督工作，保证建立合理的谈判或磋商小组，并设计合理公正的评审标准。②做好谈判或磋商过程中期的监督工作，保证企业按时正确地提交谈判或磋商文件，并密封提交最后报价。③做好谈判或磋商后期监督工作，公示成交结果，并保证合同执行。

第四，加强对专业人才的培养工作。PPP项目政府采购本身就是一项专业性、技术性很强的复杂活动，其中蕴含多个领域的知识。竞争性谈判与竞争性磋商相较公开招标更复杂更灵活。它需要采购人员在谈判或磋商前期准备好相关文件草案等内容，并在谈判或磋商期间与企业博弈，实现PPP项目自身的价值目标。另外这两种采购方式也增大了采购人员的自由裁量权，容易滋生贪腐问题。为此，一方面要加强采购人员专业素质培养，提升采购工作效率；另一方面要提高采购人员的道德水平，避免因其不正确的价值目标而带来其他成本。

5
项目执行

5.1 项目公司设立

5.1.1 项目公司设立目的

PPP项目执行时,社会资本可依法设立项目公司。项目实施机构组织在编制项目实施方案时应根据股权情况明确是否要设立项目公司。一般来讲,成立项目公司的主要目的包括:

(1)明确联合体内部的责权利。当多个社会资本以联合体的形式参与PPP项目时,应以联合出资成立项目公司,以明确各联合体成员之间的投资责任和相关权益的分配。

(2)隔离PPP项目的投资风险。项目公司通常是依据《公司法》成立的具有独立法人资格的自主经营、自负盈亏的经营实体,除了PPP项目合同的履约责任外,社会资本只对项目公司承担有限责任,保障社会资本母体的投资风险可控。

(3)政府为资本金投入提供支持。为提高项目对社会资本的吸引力,增加项目融资的可实现性,许多政府选择承担部分项目资本金,因此指定相关机构依法参股项目公司便成了常见的选择。

(4)便于属地化管理分享税收。当项目所在地以外的社会资本被选中时,与项目相关的部分税费并不在项目所在地缴纳,项目所在地政府无法分享该部分收益,而选择在当地成立项目,有利于分享税收。

5.1.2 项目公司设立问题

虽然项目公司可以为PPP项目提供诸多便利,但并不一定是最优的选择。财政部并未规定PPP项目中必须要成立项目公司,反而要求要根据项目具体情况选择是否成立项目公司。在PPP实践中,在下列情况下,政府或社会资本一般选择不设立项目公司:

(1)银行等金融机构对PPP项目融资模式认识不足,仍按照传统模式要项目公司的母公司提供连带保证责任,甚至需要追溯到实际控制的自然人,致使隔离项目风险的目的无法实现。在没有联合体共同出资的情况下,社会资本如果另行成立项目公司负责运营,反而会增加管理层级和管理成本,降低了项目运行效率。

（2）地方政府期望由社会资本承担PPP项目全部的融资责任，并不愿意为PPP项目提供资本金支持。

（3）在通过履约管理、行政监管和公众监督等方式，已经实现了对项目充分监管的情况下，政府若为得到更多的决策权，仍强行要求成立并入股项目公司，会导致社会资本方无法充分发挥在项目设计、融资、建设以及运营等方面的优势，降低了项目公司经营效率，不利于提升公共产品的供给数量和质量。

因此，各级人民政府在项目实施方案设计时，应充分考虑项目实际情况，不必强行要求社会资本组建项目公司；更不必在未实际出资的情况下，在项目公司中索取不必要的权利；优先选择履约管理、行政监管和公众监督等方式实现对项目的监管，给社会资本更多发挥自身经营优势的空间。

5.1.3 项目公司设立须明确事项

如以设立项目公司的方式实施合作项目，应根据项目实际情况，明确项目公司存续期间的法人治理结构以及经营管理机制等事项，例如：

（1）项目公司注册资金、住所、组织形式等；

（2）项目公司股东结构、董事会、监事会及决策机制安排；

（3）项目公司股权、实际控制权、重要人士发生变化的处理方式。

项目公司可以由社会资本（可以是一家企业，也可以是多家企业组成的联合体）出资设立，也可以由政府和社会资本共同出资设立。但政府在项目公司中的持股比例应当低于50%且不具有实际控制力及管理权。如果政府参股项目公司，还应明确以下问题：

（1）政府出资人代表、出资金额、股权比例、出资方式等；

（2）政府股份享有的分配权益，如是否享有与其他股东同等的权益，在利润分配顺序上是否予以优先安排等；

（3）政府股东代表在项目公司法人治理结构中的特殊安排，如在特定事项上是否拥有否决权等。

5.2 项目融资管理

《政府和社会资本合作模式操作指南（试行）》（财金〔2014〕113号）规定，项目融资由社会资本或项目公司负责。社会资本或项目公司应及时开展融资方案设计、机构接洽、合同签订和融资交割等工作。财政部门（政府和社会资本合作中心）和项目实施机构应做好监督管理工作，防止企业债务向政府转移。

PPP模式下，成立项目公司可以有效实现项目本身和投融资主体间的风险隔离。同时，PPP模式以完整的契约体系和完备的法律架构维系并协调各方，合理匹配各方成本与收益，且未来还款主要以项目前景为基础，项目未来收益是主要保障，财政有限担保、财政信用有限介入或不介入融资安排。这意味着PPP模式有效控制了因项目实施而产生的主权信用或次主权信用的预算约束和隐性债务风险。

5.2.1 项目融资管理主要原则

根据《国务院关于调整固定资产投资项目资本金比例的通知》（国发〔2009〕27号）文件规定，社会资本或项目公司在融资模式运用及管理时，应遵循以下原则：

（1）资本金应确保公司资产真实有效，不得将公益性资产作为资本金注入投融资平台公司。各行业固定资产投资项目的最低资本金比例应按规定执行，对于个别情况特殊的国家重大建设项目，经国务院批准，可以适当降低资本金比例要求，属于国家支持的中小企业自主创新、高新技术投资项目，最低资本金比例可以适当减低。

（2）金融机构在提供信贷支持和服务时，应依据国家建设项目环境保护管理规定和环保部门通报情况坚持独立审贷、严格贷款审批、发放和监督管理，切实防范金融风险。在对鼓励类项目风险可控的情况下，积极给予信贷支持，对限制淘汰类新建项目不得提供信贷支持。对属于限制类的现有生产能力，且国家允许企业在一定期限内采取措施升级的，可按信贷原则继续给予信贷支持；对于淘汰类的项目，应停止各类形式的新增授信支持，并采取措施收回已发放的贷款。

（3）国家鼓励通过设立产业基金等形式入股提供特许经营项目资本金。鼓励特许经营项目公司进行结构化融资，发行项目收益票据和资产支持票据等。国家鼓励特许经营项目成立私募基金，引入战略投资者发行企业债券、项目收益债券、公司债券、非金融企业债务融资工具等方式拓宽投融资渠道。

5.2.2 改善项目公司融资环境

在我国，PPP项目对社会资本的吸引力总体不够，主要原因之一是社会资本或项目公司的融资来源多为银行贷款，但是由于PPP项目具有投资大、经营期长且收益不高的特点，部分项目难以获得银行青睐，从而造成了社会资本或项目公司融资困难的现状。

有效降低社会资本或项目公司的融资难度，提高社会资本或项目公司融资的积极性是在我国推广PPP项目的重要手段之一，提高项目公司融资积极性的方法包括：

（1）提高政府可承担的综合融资成本。PPP项目的特许经营期一般长达10~30年，社会资本目前通过银行贷款等传统融资方式难以融到足够长期限的资金，只有通过信托、资管等方式融资，但这样会增加资金成本，使社会资本得不偿失。如果政府愿意承担的综合融资成本较高，可以更好地吸引社会资本参与。

（2）允许项目再融资。为了调动项目公司的积极性并保障融资的灵活性，在一些PPP项目合同中，还会包括允许项目公司在一定条件下对项目进行再融资的规定。再融资的条件通常包括：再融资应增加项目收益且不影响项目的实施、签署再融资协议前须经过政府的批准等。此外，PPP项目合同中也可能会规定，政府方对于因再融资所节省的财务费用享有按约定比例分成的权利。

5.2.3 未按时完成融资处理办法

《政府和社会资本合作模式操作指南（试行）》（财金〔2014〕113号）规定，社会资本或项目公司未按照项目合同约定完成融资的，政府可提取履约保函直至终止项目合同；遇系统性金融风险或不可抗力的，政府、社会资本或项目公司可根据项目合同约定协商修订合同中相关融资条款。

由于项目的提前终止可能会对融资方债权的实现造成严重影响，因此融资方可在发生项目公司违约事件且项目公司无法在约定期限内补救时，自行或委托第三方在项目提前终止前对于项目进行补救。为了保障融资方的该项权利，融资方可要求在PPP项目合同中或者通过政府、项目公司与融资方签订的直接介入协议对融资方的介入权予以明确约定。当项目出现重大经营或财务风险，威胁或侵害债权人利益时，债权人可依据与政府、社会资本或项目公司签订的直接介入协议或条款，要求社会资本或项目公司改善管理等。在直接介入协议或条款约定期限内，重大风险已解除的，债权人应停止介入。

5.3 项目合同履行与修订

在项目初期阶段，项目公司尚未成立时，政府方会先与社会资本（即项目投资人）签订意向书、备忘录或者框架协议，以明确双方的合作意向，详细约定双方有关项目开发的关键权利义务。待项目公司成立后，由项目公司与政府方重新签署正式PPP项目合同，或者签署关于承继上述协议的补充合同。在PPP项目合同中通常也会对PPP项目合同生效后政府方与项目公司及其母公司之前就本项目所达成的协议是否会继续存续进行约定。

PPP项目合同是政府方和社会资本方明确合作方式的法律性文件，是其他合同产生的基础，是保障项目成功运营的核心要件。政府方和社会资本方签订项目合同时，应当公平表达双方意愿、合理分配双方风险、明确双方的权利和义务关系、保障合同按照约定妥善履行，以确保项目顺利实施。

5.3.1 合同履行

1. 合同履行原则

在PPP项目的合同履行方面，政府方和社会资本方均应遵循契约精神。

对于地方政府，要充分履行项目监督职能，确保社会资本或项目公司履行合同义务，主要包括项目出资、建设、工程质量、工程进度和运营管理等方面，并定期监测项目产出绩效指标，编制季报和年报，并报财政部门（政府和社会资本合作中心）备案。项目实际绩效优于约定标准的，项目实施机构应执行项目合同约定的奖励条款，并可将其作为项目期满合同能否展期的依据；未达到约定标准的，项目实施机构应执行项目合同约定的惩处条款或救济措施。

对于社会资本方或项目公司，应根据合同按时完成项目融资、工程建设任务等，同时要保证工程质量，并进行良好的运营管理。项目合同中设置超额收益分享机制的，社会资本或项目公司应根据项目合同约定向政府及时足额支付应享有的超额收益。

2. 履约担保

在大部分PPP项目中，为了确保项目公司能够按照合同约定履约，政府通常会与专门为此项目新设的、没有任何履约记录的项目公司签约，希望项目公司或其承包商、分包商就其履约义务提供一定的担保。

履约担保的金额设定一般以足够担保项目公司按合同约定履约，且出现违约时政府有足够的救济手段为原则。如果该项目公司的资信水平和项目本身的机制足以确保项目公司能够按照合同约定履约，且即便在项目公司违约的情形下，政府也有足够的救济手段，则可以不需要项目公司提供履约担保。但如果项目公司资信和项目机制均不足以确保项目公司按合同约定履约，同时项目公司违约时，政府缺乏充足有效的救济手段，则需要项目公司提供适当的履约担保。

在PPP模式中，保函是最常用的担保方式。保函是指金融机构（通常是银行）应申请人的请求，向第三方（即受益人）开立的一种书面信用担保凭证，用以保证在申请人未能按双方协议履行其责任或义务时，由该金融机构代其履行一定金额、一定期限范围内的某种支付责任或经济赔偿责任。在出具保函时，金融机构有可能要求申请人向金融机构提供抵押或者质押。

在PPP项目中，保函既包括项目公司向政府提供的保函，也包括项目承包商、分包商或供应商为担保其合同义务履行而向项目公司或直接向政府提供的保函。为了担保项目公司根据PPP项目合同约定的时间和质量来实施项目、履行义务，政府可以要求项目公司提供一个或多个保函，具体可能包括建设期履约保函、维护保函、移交维修保函等。

（1）建设期的履约保函

建设期履约保函是比较常见的一种保函，主要用于担保项目公司在建设期能够按照合同约定的标准进行建设，并且能够按时完工。该保函的有效期一般是从项目合同全部生效之日起到建设期结束。

（2）运营维护期的履约保函/维护保函

运营维护期的履约保函，也称维护保函，主要用以担保项目公司在运营维护期内按照项目合同的约定履行运营维护义务。该保函的有效期通常视具体项目而定，可以一直到项目期限终止。在项目期限内，项目公司有义务保证该保函项下的金额一直保持在一个规定的金额，一旦低于该金额，项目公司应当及时将该保函恢复至该规定金额。

（3）移交维修保函

在一些PPP项目中，还可能会约定移交维修保函。移交维修保函提交时点一般在期满终止日12个月之前，担保至期满移交后12个月届满。

此外，在PPP项目合同签订前，政府还可能要求项目公司提供下列保函：

1）投标保函

在许多PPP项目中，政府会要求参与项目采购的社会资本提供一个银行保函，作为防止恶意参与采购的一项保障（如社会资本参与采购程序仅仅是为了获取商业信息，而没有真正的签约意图）。这类保函通常在采购程序结束并且选定社会资本同意或正式签署PPP项目合同时才会予以返还。因此，投标保函并不直接规定在PPP项目合同中，因为一旦签署了PPP项目合同，投标保函即被返还并且失效。

2）担保合同前提条件成就的履约保函

在一些PPP项目中，为了确保项目公司能够按照规定的时间达成融资交割等PPP项目合同中约定的前提条件，政府可能会要求项目公司在签署PPP项目合同之前向政府提交一份履约保函，以担保合同前提条件成就。该保函通常在PPP项目合同条款全部生效之日即被返还并失效。

5.3.2 项目合同修订

PPP项目合同的订立不仅要遵循公平与效率的原则，同时还要预留出调整和变更空间。这样在项目实施过程中，当经济社会环境、公共产品和服务的需求量及结构等条件发生变化时,项目实施机构和社会资本或项目公司可以按照项目合同约定的条件和程序,提出修订项目合同申请,待政府审核同意后可以执行。

5.4 违约处理机制

《政府和社会资本合作模式操作指南(试行)》(财金〔2014〕113号)规定,社会资本或项目公司违反项目合同约定,威胁公共产品和服务持续稳定安全供给,或危及国家安全和重大公共利益的,政府有权临时接管项目,直至启动项目提前终止程序。政府可指定合格机构实施临时接管。临时接管项目所产生的一切费用,将根据项目合同约定,由违约方单独承担或由各责任方分担。社会资本或项目公司应承担的临时接管费用,可以从其应获终止补偿中扣减。项目公司或第三方均未能在规定的期限内对该违约进行补救的,政府方可根据合同约定主张终止PPP项目合同。

政府方发生违约事件,政府方在一定期限内未能补救的,项目公司同样可根据合同约定主张终止PPP项目合同。

政府方可在项目期限内任意时间主张终止PPP项目合同,由于PPP项目涉及公共产品或服务供给,关系社会公共利益,因此PPP项目合同中,政府方应当享有在特定情形下单方面决定终止项目的权利。但在PPP项目实践中,政府方的此项权利应当予以明确限定,以免被政府方滥用,打击社会资本参与PPP项目的积极性;同时,政府方在选择终止时需要给予项目公司足额的补偿。

5.4.1 主要违约事件

在PPP项目合同中,通常会明确约定可能导致合同终止的违约事件,这些违约事件通常是由于合同一方违反PPP项目合同中的重大义务而引起的。违约事件通常有投融资违约、前期工作违约、建设期违约、资产移交违约、运营期违约、项目移交违约等。

(1)常见的政府方违约事件包括但不限于

1)未按合同约定向项目公司付费或提供补助达到一定期限或金额的;

2）违反合同约定转让PPP项目合同项下义务；

3）发生政府方可控的对项目设施或项目公司股份的征收或征用的（是指因政府方导致的或在政府方控制下的征收或征用，如非因政府方原因且不在政府方控制下的征收征用，则可以视为政治不可抗力）；

4）发生政府方可控的法律变更导致PPP项目合同无法继续履行的；

5）其他违反PPP项目合同项下义务，并导致项目公司无法履行合同的情形。

（2）常见的社会资本方违约事件包括但不限于

1）项目公司破产或资不抵债的；

2）项目公司未在约定时间内实现约定的建设进度或项目完工或开始运营，且逾期超过一定期限的；

3）项目公司未按照规定的要求和标准提供产品或服务，情节严重或造成严重后果的；

4）项目公司违反合同约定的股权变更限制的；

5）未按合同约定为PPP项目或相关资产购买保险的。

5.4.2 违约承担责任

项目实施机构、社会资本或项目公司未履行项目合同约定义务的，应承担相应违约责任，包括停止侵害、消除影响、支付违约金、赔偿损失以及解除项目合同等。

违约事件的发生并不直接导致项目合同终止。诉讼和仲裁期间项目各方对合同无争议的部分应继续履行；除法律规定和另有约定外，任何一方不得以发生争议为由，停止项目运营服务、停止项目运营支持服务或采取其他影响公共利益的措施。

在PPP项目合同中通常会规定通知和补救程序，即如果在PPP项目合同履行过程中发生违约事件，未违约的合同相对方应及时通知违约方，并要求违约方在限期内进行补救，如违约方在该限期内仍无法补救的，则合同相对方有权终止PPP项目合同。若因不可抗力原因对合同部分不能履行，可协商变更或解除项目合同；造成合同履行中断，可继续履行合同并就中断期间的损失承担作出约定；造成合同不能履行，应约定解除合同。

5.4.3 违约后处理办法

在PPP项目合同中,基于不同事由导致的终止,在终止后的处理上也会有所不同。

1. 回购义务

在PPP项目终止后,政府可能并不一定希望全盘回购已经建成或者正在建设的项目设施。但如果政府方有权选择不回购该项目,对于项目公司而言可能是非常重大的风险。因为项目公司不仅将无法继续实施该项目并获得运营回报,甚至无法通过政府回购补偿收回前期投资。鉴此,在PPP项目合同中,对于回购的规定一般会比较谨慎。

实践中,通常只有在项目公司违约导致项目终止的情形下,政府才不负有回购的义务而是享有回购的选择权,即政府可以选择是否回购该项目。但对于一些涉及公共安全和公众利益的、需要保障持续供给的PPP项目,也可能在合同中约定即使在项目公司违约导致项目终止的情形下,政府仍有回购的义务。

2. 回购补偿

根据项目终止事由的不同,项目终止后的回购补偿范围也不相同,在具体项目中,双方应对补偿的金额进行合理的评估。常见的安排如下:

(1)政府方违约事件、政治不可抗力以及政府方选择终止

对于因政府方违约事件、政治不可抗力以及政府方选择终止所导致的项目合同终止,一般的补偿原则是确保项目公司不会因项目提前终止而受损或获得额外利益(即项目公司获得的补偿等于假设该PPP项目按原计划继续实施的情形下项目公司能够获得的经济收益)。补偿的范围一般可能包括:

1)项目公司尚未偿还的所有贷款(其中可能包括剩余贷款本金和利息、逾期偿还的利息及罚息、提前还贷的违约金等);

2)项目公司股东在项目终止之前投资项目的资金总和(必要时需要进行审计);

3)因项目提前终止所产生的第三方费用或其他费用(例如支付承包商的违约金、雇员的补偿金等);

4）项目公司的利润损失（双方通常会在PPP项目合同中约定利润损失的界定标准及补偿比例）。

（2）项目公司违约事件

实践中，对于因项目公司违约事件导致的项目合同终止，如果政府有义务回购或者选择进行回购时，政府需要就回购提供相应补偿。常见的回购补偿计算方法包括：

1）市场价值方法。即按照项目终止时合同的市场价值（即再进行项目采购的市场价值）计算补偿金额。此种方法相对比较公平，并且在项目回购后政府必须要在市场中重新进行项目采购，因此通常适用于PPP市场相对较为成熟的国家。

2）账面价值方法。即按照项目资产的账面价值计算补偿金额。与市场价值方法不同，该计算方法主要关注资产本身的价值而非合同的价值。这种计算方法比较简单明确，可避免纠纷，但有时可能导致项目公司获得的补偿与其实际投资和支付的费用不完全一致。

在具体项目中适用哪一种计算方法，需要进行专项评估，但一般的原则是，尽可能避免政府不当得利并且能够吸引融资方的项目融资。此外，根据上述计算方法计算出的补偿金额，通常还要扣减政府因该终止而产生的相关费用和损失。

（3）自然不可抗力

由于自然不可抗力属于双方均无过错的事件，因此对于自然不可抗力导致的终止，一般的原则是由双方共同分摊风险。通常来讲：

1）补偿范围一般会包括未偿还融资方的贷款、项目公司股东在项目终止前投入项目的资金以及欠付承包商的款项。

2）补偿一般会扣除保险理赔金额，且不包括预期利润损失。

3. 补偿的支付

在PPP项目合同中还会约定政府回购补偿的支付方式、时间和程序。具体支付方式包括以下两种：

（1）一次性全额支付

对项目公司而言，当然希望可以一次性获得全额补偿。但对政府而言，一次性全额支付可能会增加政府的资金压力，需要政府进行合理的财政预算安排。

（2）分期付款

分期付款可以在一定程度上缓解政府的资金压力，但是否能够采用这种方式还取决于项目公司和融资方能否同意。此外，如果采用分期付款方式，项目公司一般会向政府主张延期支付的利息，并且在未缴清补偿款前，项目公司一般不愿意移交项目资产，因此采用分期付款方式有可能会影响项目的移交时间。

5.4.4 争议解决

PPP项目所涉及的合同中通常都会规定争议解决条款，就可能产生的合同纠纷进行明确的约定。争议解决条款中一般以仲裁或者诉讼作为最终的争议解决方式，并且通常会在最终争议解决方式前设置其他的争议解决机制，以期在无需仲裁或者诉讼的情况下快速解决争议，或达成一个暂时具有约束力、但可在之后的仲裁或诉讼中重新审议的临时解决办法。常见的争议解决方法包括：

1. 协商

协商的具体约定方式包括：

（1）协商前置。即发生争议后，双方必须在一段特定期限内进行协商，在该期限届满前双方均不能提起进一步的法律程序。

（2）选择协商。即将协商作为一个可以选择的争议解决程序，无论是否已进入协商程序，各方均可在任何时候启动诉讼或仲裁等其他程序。

（3）协商委员会。即在合同中明确约定由政府方和项目公司的代表组成协商委员会，双方一旦发生争议应当首先提交协商委员会协商解决。如果在约定时间内协商委员会无法就有关争议达成一致，则会进入下一阶段的争议解决程序。

2. 专家裁决

专家裁决通常适用于对事实无异议、仅需要进行某些专业评估的情形，不适用于解决那些需要审查大量事实依据的纠纷，也不适用于解决纯粹的法律纠纷。

3. 仲裁和诉讼

在项目实施过程中，按照项目合同约定，项目实施机构、社会资本或项目公司可就发生争议且无法协商达成一致的事项，依法申请仲裁或提起民事诉讼。

实践中，诉讼程序相较于仲裁程序时间更长，程序更复杂，比较正式且对立性更强，因此PPP项目双方在选择最终的争议解决程序时需要仔细的考量。需要特别注意的是，就PPP项目合同产生的合同争议，应属于平等的民事主体之间的争议，应适用民事诉讼程序。

5.5 绩效监测评估与监管

5.5.1 绩效监测与评估

PPP项目执行过程中不但要注重项目前期投资决策，同时也要对项目的全生命周期进行有效监督，项目实施机构应每3～5年对项目进行中期评估，重点分析项目运行状况和项目合同的合规性、适应性和合理性；及时评估已发现问题的风险，制定应对措施，并报财政部门（政府和社会资本合作中心）备案。

1. 绩效监测评估必要性

我国PPP项目在执行过程中，往往更注重项目前期投资决策，缺乏对项目全生命周期的有效监督，特别是项目绩效的监控处于无章可循的状态。在实际工程中，政府和社会资本方往往只看重自身的利益，缺乏共担风险、共享利益的意识，不利于项目有效的执行和反映项目的真实绩效水平。因此，应定期对项目的执行状况进行回顾总结、找出问题并及时改进，提高PPP项目的执行效率。

在我国，许多PPP项目的主要目的是提高公共产品与服务供给质量，但如何衡量是否提高公共产品与服务供给质量，需要借助绩效的理念和评价手段来加以评判。大多PPP项目具有显著的公共性、长期性，产品或服务是否满足使用者或政府要求，以及长期运行过程中是否始终满足合同约定的标准要求，都需要通过绩效评价的方式来进行认定。例如在对绩效评价需求较为迫切的污水治理项目中，依据《关于推进水污染防治领域政府和社会资本合作的实施意见》（财建〔2015〕90号），绩效评价与合同约束、信息公开、过程监管等工作共同构成了PPP工作规范体系。

2. 绩效监测评估原则

有效的绩效监测和评估对PPP项目公私双方的利益获取与平衡十分重要，因此在绩效监测和评估时要注重公平与效率的兼顾，找到一个合理的平衡点，实现公私双方利益上的"双赢"，最终建立一个完整的系统评价体系。

（1）绩效评价结果应依法公开，接受社会监督，鼓励公众参与对项目的监管，切实提高项目实施水平和效益。

（2）将绩效评价结果作为PPP项目的财政补贴、收费标准、合作期限等重要内容调整的依据，可通过合同约定具体调整条件和方式，保证公共利益最大化。

3. 绩效监测评估方法

绩效监测与评估体系的建立应当从相关者利益需求的角度出发，根据项目的实际情况确定评价体系的核心要素，然后从项目环境、项目财务状况、内部管理、未来成长性和创新性等各个方面选取合理的评价指标，从而建立合理绩效监测与评估体系。

绩效监测评估应当贯穿整个项目全生命周期过程，分层次对项目进行全方位的监测评估，不同层次的绩效检测评估方法和侧重点也各有不同：

（1）对项目日常运行过程中的绩效监控。重点对项目的关键绩效指标进行评测，如在污水处理项目中的项目污染物减排量、河道水体水质改善程度等，以绩效监控结果作为政府购买服务费用支付依据，同时通过绩效监控加强项目运营的监管。

（2）对项目阶段性的绩效评价。在项目日常运行绩效监控基础上，每隔3~5年开展一次阶段性绩效评价，对阶段目标实现程度、公共产品和服务的数量和质量、资金使用效率、运营管理、可持续性、公众满意度等方面进行综合评价，以评价结果提升项目实施、公共产品和服务供给的质量和效率。

（3）对项目实施完毕后开展项目整个实施周期绩效评价。对项目的总体目标实现程度、成本效益、可持续性等进行评价，评价结果作为完善PPP模式制度体系的参考依据。

5.5.2 政府监管

政府相关职能部门应根据国家相关法律法规对项目履行行政监管职责，重点关注公共产品和服务质量、价格和收费机制、安全生产、环境保护和劳动者权益等。社会资本或项目公司对政府职能部门的行政监管处理决定不服的，可依法申请行政复议或提起行政诉讼。

1. 政府监管必要性

PPP项目中政府所提供基础设施和公共产品带有天然的公益性特征，由于社会资本具有逐利性的特点，因此项目的建设和运营需要政府的监管，使公共利益和社会利益得到保障。PPP项目的政府监管应是"监"与"管"的统一，其中"监"是监督，是政府按照合同的约定要对社会资本所提供公共产品的质量和服务的效率进行调控；而"管"是管理，是在公用事业和基础设施市场化后，代表公众的利益与社会资本博弈，最终使公众获得满意的公共产品和服务。总之，PPP项目的政府监管是监管机构运用行政、法律、法规、经济等手段，发挥政府和公众等利益相关者的监管职责，对PPP项目的建设和运营进行监管，以保证公用事业和基础设施的顺利实施以及公共产品的质量和服务。

2. 政府监管现状

我国PPP项目市场尚未成熟，在政府监管方面仍然存在一些问题：
（1）未专门进行PPP立法，法规政策体系缺失。
PPP项目的成功需要完善的法律、政策框架作为支撑和约束。目前国内针对PPP模式并没有设立专门的法律法规。各部门、各地区虽然颁布了一些行业管理办法，但这些部门办法和条例缺乏权威性、强制性，缺少国家层级的PPP法律，也没有解决PPP实践中的法律冲突问题。

（2）缺乏跨部门的PPP机构或者协调机制，导致行政监管效率不高。

政府对PPP项目监管的理解存在一定的偏差，认为引入PPP模式就是引入了市场机制，项目的监管只需要依靠市场自发的调控手段。政府目前最重视PPP项目识别阶段、准备阶段和采购阶段，一旦将项目的特许经营权交给社会资本后便放松监管，导致政府监管角色缺失。同时，发改委、市政管理局、财政局、审计局等行政部门在现行PPP项目监管体系中都扮演着非常重要的角色，PPP项目的行政监管分散在多个不同的行政部门，但也暴露出相互之间的监管责任边界不清的问题，在监管职能方面存在相互交叉的现象，最终导致PPP项目的行政监管效率不高。如果对社会资本在PPP项目建设和运营过程中的监管不力，对PPP项目中出现的不规范行为听之任之，就会导致产品质量下降、经营不善、服务效率降低甚至中断等问题的出现，损害公众的利益。

3. 政府监管方法

（1）推动特许经营法立法，健全法律法规体系。

2015年6月1日，《基础设施和公用事业特许经营管理办法》（2015年第25号令）正式实施，《办法》中既明确了特许经营的范围、主体和程序，又配套了投资、价格和财政补贴的政策，并对厘清各方责任保证合约的顺利实施，给予了制度性支撑。对于扩大民间投资领域，激发社会活力，增加公共产品和服务供给，具有制度兜底的作用，对于创新基础设施和公用事业建设、运营和提供机制，推动政府职能转变，提高公共服务的质量和效率，促进基础设施和公用事业特许经营健康发展具有重要意义。

《基础设施和公用事业特许经营管理办法》被誉为我国PPP项目的基本法，是目前为止法律效力最高的PPP相关的法律文件。整体来看，《办法》提供了较为明确的准入标准，同时规范了特许经营行为，有利于促进特许经营持续健康发展，是从深化投融资体制改革的全局角度，对政府和社会资本合作及特许经营进行系统化的顶层设计。但从特许经营发展的整体历程来看，《办法》实际上只是一个过渡性的文件，特许经营法的立法进程仍然需要加快。

（2）建立高效的PPP项目政府监管机构。

建立高效的PPP项目政府监管机构，要明确各个政府行政监管部门的监管职责和范围，设立独立综合性的政府监管机构，然后在该国家监管机构下设立各个领域的专业性独立监管机构，使其具有独立性和专业性，保证PPP项目行政监管的效率。

5.5.3 社会公共监督

政府、社会资本或项目公司应依法公开披露项目相关信息，保障公众知情权，接受社会监督。社会资本或项目公司应披露项目产出的数量和质量、项目经营状况等信息。政府应公开不涉及国家秘密、商业秘密的政府和社会资本合作项目合同条款、绩效监测报告、中期评估报告和项目重大变更或终止情况等。

公众作为公用事业和基础设施的主要服务对象，需要在PPP项目实施过程中发挥重要的监督作用，来保证自己的需求和利益得到满足。但我国PPP项目社会公共监督方面尚不完善，主要原因包括：

（1）公众对PPP项目的监督责任意识不足，不能把自身作为项目的参与者对项目的建设和运营进行监督，并提出合理化建议。

（2）地方政府缺少社会监督机制，公众不能采取有效的方式对PPP项目出现的问题进行监督，无法快速将发现的问题及时反映到上级部门。

目前，我国PPP项目的社会监督功能往往流于形式。由于完善的PPP项目社会监督体系是PPP项目成功非常重要的保障，体现了公众作为项目利益相关者参与项目的公平性和公正性，因此要推动社会公共监督体系的建成：

（1）建立PPP项目公众投诉及建议平台。

（2）健全PPP项目听证会制度。

（3）社会公众及项目利益相关方发现项目存在违法、违约情形或公共产品和服务不达标准的，应提供向政府职能部门提请监督检查的渠道。

加大公众在监管过程中的参与度，建立完善的PPP项目社会监督体系，实现对PPP项目监管的再监督，能够保障公众需求得到满足，有利于保证项目所提供的公共产品和基础设施服务质量。

5.6 案例分析

5.6.1 重庆涪陵至丰都高速公路项目

1. 项目概况

重庆涪陵至丰都、丰都至石柱高速公路（简称"涪丰石高速"）在2008年由重庆市发展和改革委员会分别以《关于涪陵至丰都高速公路工程可行性研究报告的批复》（渝发改交〔2008〕1443号）、《关于丰都至石柱高速公路工程可行性研究报告的批复》（渝发改交〔2008〕1442号）批准立项，并于2009年6月开工建设，合同工期为2013年6月交工。

涪丰石高速公路是重庆市"三环十射三联线"高速公路网规划中重庆至安康的重要一段，是重庆市、贵州北部、四川南部地区通往长三角地区最快捷的公路运输通道，同时也是重庆"一圈两翼"经济圈的重要交通纽带及沿江综合交通运输体系的重要组成部分。项目的建设，有力推动丰都、石柱的旅游发展，结束了丰都县无高速公路的历史，对增强重庆主城区对三峡库区的经济辐射，促进重庆逐步发展成为长江上游交通枢纽和经济中心，提高重庆干线公路网的可靠性和安全性具有重要意义。

2. 项目执行

（1）项目公司成立

项目经招标确定中交路桥集团国际建设股份有限公司为项目投资人。根据项目投资协议，约定由项目投资人根据项目规划和政府相关要求完成项目投资建设和运营管理。项目投资协议签署后，投资人根据项目投资协议的要求成立项目公司，具体负责项目的投资建设和经营管理。

经市政府授权，市交委于2009年5月与项目公司签署项目特许权协议，授予项目公司投资建设和经营管理重庆涪陵至丰都高速公路项目的特许权利。根据协议授权，项目公司开展项目核准、勘察设计、征地拆迁、融资安排、工程建设等项目投资建设工作。

(2)项目运营模式

项目采用"BOT+EPC"投融资模式,即政府向企业授予特许经营权,允许其在一定时间内进行公共基础建设和运营,而企业在公共基础建设过程中采用总承包模式施工,当特许期限结束后,企业将该设施向政府移交。

项目的成功建设和运营,与"BOT+EPC"模式的成功实施关系密切。该模式下项目公司与总承包人、分段承包人、设计、监理等参与各方权责明确、统筹协调。项目公司履行项目法人职责,按照股东、董事会赋予的权责,负责项目建设的融资,总承包合同的履约管理,建设项目进度、质量、安全和投资目标的制定和宏观管理,负责拨付资金,以及建设施工环境、征地拆迁政策的总体协调和指导工作。总承包人作为项目建设过程的管理实施主体,履行总承包合同约定的职责,负责建设过程的质量、安全、进度和投资的具体管理及其与之合作的勘察设计、施工、材料及设备供应等单位协调和履约管理,负责建设施工与环境的具体协调管理,并接受政府主管部门、项目公司的监督、管理。

3. 借鉴意义

在"BOT+EPC"的运营模式下,总承包商成了项目建设管理的核心,承担了整个工程项目从设计、采购、施工到试运行服务的各项工作,并对工程质量、安全、工期、造价全面负责。总承包商的集成管理,有效提高了管理效率,项目公司人员可以最大化的精简,加快了工程建设进度,有效地控制了工程建设成本。但该模式下对承包商的要求较高,需要总承包商有着强大的资金实力、设计能力和成熟的采购网络,能够争取到施工技术精良的专业分包商的资源支持和有效监控等,同时要接受政府部门和项目公司监管。

在该模式下,项目公司不再直接对项目进行管理,其主要工作是对建设工程质量的监管与确认、设计条件的认可、采购行为的认可、现场的外部协调、费用的确认与重大变更的签认以及提交场地等,从而较好地回避了工程量及费用变更风险。总承包商虽然要承担整个工程各项具体事务,但由于建设项目的部分股东会承担一些总承包的任务,因此可以较好地提高其管理的动力,充分挖掘项目在管理层面上的潜力,有利于在管理上提高整个项目的利益。

重庆涪陵至丰都高速公路项目是对"BOT+EPC"模式进行的一次有益探索,项目的成功建设和运营,使"BOT+EPC"建设模式在重庆高速公路项目上得以广泛应用。

但需要注意的是，采用"BOT+EPC"模式意味着PPP项目公司在工程实施过程中主要有监管责任，对工程建设的参与度和控制力较低，而且一旦承包商的管理或财务出现重大问题，项目也将面临重大风险。因此承包商的选择至关重要，对于总承包商的要求也会相应较高，而承包商责任大，风险高，在承包工程时会考虑管理投入成本、利润和风险等因素，导致EPC总承包合同的成本一般也会偏高。因此，在选择"BOT+EPC"建设模式时应充分考虑项目情况，是否能够争取到资金、管理等方面实力强大的总承包商，不可盲目套用。

5.6.2 北京地铁四号线项目

1. 项目概况

北京地铁四号线是北京市区轨道交通线网中贯穿城区南北的一条交通主干线，线路正线全长28公里，共设23座地下车站和1座地面车站，穿越了人口密集的丰台、西城、海淀三个行政区，沿途经过大型居民生活区、学术文化浓厚的科教区（清华、北大、人大等）、有"中国硅谷"之称的高科技园区（学院南路-中关村）、繁华的商业区（新街口-西单-菜市口）以及旅游名胜区或风景点（颐和园、圆明园、动物园、陶然亭等），是一条极具特色的线路，客流条件较好。地铁四号线工程于2009年9月按时正式开通试运营。

北京地铁四号线是我国城市轨道交通的首个PPP项目，该项目由北京市基础设施投资有限公司具体实施。该项目有效缓解了北京市政府投资压力，实现了北京市轨道交通行业投资和运营主体多元化突破，形成同业激励的格局，促进了技术进步和管理水平、服务水平提升。从实际情况分析，4号线应用PPP模式进行投资建设已取得阶段性成功，项目实施效果良好。

2. 项目执行

（1）项目公司设立

2006年1月，项目公司北京京港地铁有限公司注册成立，注册资本15亿元人民币，由北京市基础设施投资有限公司出资0.3亿元人民币，占持股2%，北京首都创业集团有限公司和香港地铁有限公司各出资7.35亿元人民币，持股49%，共同组建。另外，项目公司还通过银行申请到31亿元人民币的无追索权贷款。至此，项目融资已全部完成，下一步进行项目协议的正式签署。2006年4月，北京市交通委与北京京港地铁有限公司正式签署了《北京地铁四号线特许经营协议》。项目协议正式签署之后正式开始动工建设。

（2）项目投融资管理

北京地铁四号线项目公司由社会投资方香港地铁公司、北京首都创业集团有限公司和代表政府出资的北京基础设施投资有限公司组成，总注册资本约15亿元人民币，北京地铁四号线总投资约153亿元人民币，根据协议，由北京市政府和项目公司按照7：3的比例进行投资。工程分为A、B两部分，A部分主要为征地拆迁及土建工程部分，投资额约为107亿元，占总投资的70%，由已成立的北京地铁四号线投资有限责任公司负责投资建设；B部分主要包括车辆、信号、自动售检票系统等机电设备，投资额约为46亿元，占总投资的30%，由项目公司负责投资建设，并在30年特许经营期内负责四号线的运营和管理，项目公司其他资金来源于无追索权银行贷款，共31亿元人民币（图5-1）。

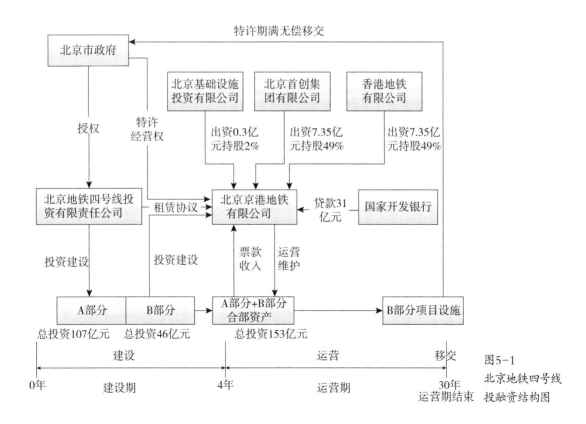

图5-1 北京地铁四号线投融资结构图

(3) 项目投资回报定价机制

1) 投资回报模式

轨道线路本身的票务和非票务收入，不足以弥补运营成本和满足社会投资者合理的投资回报，因此需要政府和社会投资者经过一种商业安排使投资项目能够满足国际上通行的商业回报率要求。

北京地铁四号线的项目总投资约153亿元，按照2004年的票价政策，项目30年的运营收益只能回收约30%的投资，其余107亿元投资无法平衡。项目实施单位和咨询顾问经研究和论证，根据投资与项目运营的关联度，创造性地将项目分为A、B两部分，A部分主要为洞体等土建工程（107亿元），由政府投资；B部分为车辆和机电设备等与项目运营关联度较高的投资（46亿元），引入香港地铁等社会资本投资建设B部分，租赁A部分，并负责整体项目的运营。北京地铁16号线则在4号线模式的基础上，进一步对A部分引入保险资金约120亿元股权投资，加深了市场化程度。

2) 票价定价机制

按照项目投资回报机制，项目公司的收入主要来自于票款和财政补贴。北京地铁的票制票价实行政府统一定价机制，而且地铁运营成本随着CPI、工资、电价等因素的变化而变化。因此，在项目合同中约定了开通年的初始票价，同时也约定了根据上述3项因素进行调整的测算票价，若票价低于测算票价，政府就其差额向PPP公司进行补偿，反之，若实际票价高于测算票价，政府与PPP公司分成。

3) 租金机制

北京地铁四号线创新性地将项目分为A、B两部分，并由两个业主进行投资建设，为保证项目运营管理更有效率，双方约定由特许经营公司通过租赁政府方资产的形式，获得整体线路运营管理的权利。

在租金机制设置上，北京地铁四号线项目公司向特许公司收取A部分租赁资产的租金，用于A部分资产的还本付息。在项目初期，政府只向特许经营公司免收或者收取少量象征意义的租金，促进项目尽快成熟租金；而在项目成熟期，当实际客流超出预测客流一定比例，政府投资方将适当的提高租金，避免特许经营公司利用公共财产产生超额利润；反之，若客流低于预测客流一定比例或者政府定价低于测算的平均人次票价，政府投资方会适当地减免租金，增强项目抵御风险的能力。

3. 借鉴意义

（1）政府方和社会资本方在风险分担和利益分配中体现了公平与效率的原则。项目中，政府投资和社会投资比例分配体现了合作模式的公平性。项目前期，政府方通过对项目运营成本、客流预测和票价定价等方面的实证研究，建立了城市轨道交通的项目寿命期现金流寿命模型，并以经营期30年、回报率10%为假设条件，测算得出项目30年的财务净现值的总额约占项目总投资的30%。由此，项目创新性地分成了A、B两部分，分别为公益性部分和营利性部分，其比例也确定为7∶3。该比例划分在确保地铁项目作为公益性公共产品的同时，吸引了社会资本，扩大了资金来源；另一方面，降低了投资风险，使得社会资本有利可图，进而达到双赢的目的。

此外，在特有的资产租赁模式中的租金机制和作为项目公司主要收入来源的票价定价机制中，双方尤其是政府方充分体现了风险共担的原则，灵活的调整机制降低了社会资本方的风险，提高了社会资本方的积极性。

（2）政府方和社会资本方在合同履行过程中充分体现了契约精神。例如在票价机制上，在实际运营过程中，北京市政府将票价定价为3元起步，但受奥运会影响，出台了低票价政策（2元/人次），按照出行最短路径对票价进行拆分后的票价仅为1元/次，导致票款收入无法弥补运行成本，无法达到预期的投资回报，北京市政府按照项目，在低票制情况下补助2.44元/人次，在票价提高后则取消了对票价补贴。政府方兑现了对社会资本方的收益承诺，保证了社会资本方的投资回报率。

北京地铁四号线项目的成功之处主要在于政府和社会资本双方在项目前期对项目过程中各方面进行了准确的论证研究，首次将准经营性项目分成了公益性和经营性两部分，并在项目运行过程中得到了有效的体现，保证了社会资本方得到稳定的收益。该项目在研究PPP模式上具有典型意义，打破了基础设施建设方面融资难的困境，对于在现有预算框架下缓解地方债务，具有一定的借鉴意义和实践价值。

5.6.3 国家体育场"鸟巢"项目

1. 项目概况

国家体育场位于奥林匹克公园中心区南部,工程总占地面积21公顷,建筑面积25.8万平方米,场内观众座席约为91000个,其中临时座席11000个,项目2003年12月24日开工建设,2008年6月28日正式竣工。

国家体育场作为2008年奥运会的主体育馆,是国家级的标志性建筑,除了承办北京奥运会、残奥会开闭幕式、田径及足球等相关活动和赛事外,建成之后主要用于举办主要的国际、区域和中国的国内大赛事和其他一些大型活动。国家体育场将创造其自己的文化和人文氛围,通过吸引最好的中国国内及国际体育活动和表演艺术机构、优秀的服务和先进的管理技术,使国家体育场成为全国范围内最优秀的大型体育活动和表演场所,国家体育场将成为全世界其他国家看中国的一个新窗口。

2. 项目执行

(1)项目公司成立

2003年8月9日,北京2008年奥运会主体育场——国家体育场举行项目签约仪式。中标人中国中信集团联合体分别与北京市人民政府、北京奥组委、北京市国有资产有限责任公司签署了《特许权协议》、《国家体育场协议》和《合作经营合同》三个合同协议。之后,联合体与代表北京市政府的国有资产经营管理有限公司共同组建了项目公司——国家体育场有限责任公司,该公司也如愿注册为中外合营企业,以享受相关税收优惠。

(2)项目投融资管理

国家体育场"鸟巢"项目的总投资为313900万元,其中北京市国有资产经营有限责任公司代表政府出资58%,投资182062万元,中国中信集团联合体出资42%。在中信集团联合体42%的投资中,中信集团所占比例为65%,投资金额约为85695万元,占总投资的27.3%;北京城建集团占30%,投资金额约39551万元,约占总投资的12.6%;美国金州公司占5%,投资金额约6592万元,约占总投资的2.1%。而中信集团的投资又分为内资部分和外资部分,其中，内资部分占中信集团投资比例的90%（约为77125万元），外资部分仅占10%（约为8570万元）。

"鸟巢"的融资模式比较简单，分别由北京国资委和中信联合体直接安排项目融资，投资者按比例出资用于项目的建设，项目投资者直接承担对应比例的责任与义务。资金不足部分由国资委和联合体分别筹措，根据工程进度分批注入。体育场运营后的收入所得，根据与贷款银行之间的现金流量管理协议进入贷款银行监控账户，并使用优先顺序的原则进行分配，即先支付工程照常运行所发生的资本开支、管理费用，然后按计划偿还债务，盈余资金按投资比例进行分配。

3. 项目失败原因及教训

2009年8月，在"鸟巢"正式进入赛后运营一年之后，北京市人民政府与中信联合体签署了《关于进一步加强国家体育场运营维护管理协议》。根据协议，国家体育场将进行股份制改造，北京市政府持有的58%股份将改为股权，主导经营场馆，并承担亏损和盈利；原中信联合体成员共持有42%的股权。该协议的签订意味着社会资本投资方中信联合体放弃了30年特许经营权，转为永久股东，北京市政府收回了鸟巢的经营权，负责鸟巢投融资和建设工作的国家体育场有限责任公司的董事长、总经理等领导重新由政府人员出任。30年经营权的终结，正式宣告PPP模式在我国大型体育场（馆）建设、运营中的首次应用夭折。因项目执行中出现的问题而导致项目失败的原因主要包括：

（1）政府的强势干预，导致各方面利益冲突严重。

国家体育场作为2008年北京奥运会主场馆，是国家性的地标建筑，代表着国家和北京市的形象，因此政府在项目中一直处于强势的主导地位。例如在招标之前就已经选定了设计方案，但却未获得方案的知识产权，导致项目公司无法对项目建设进行控制，最终建成成本超出预算4.56亿元。在建设过程中，政府许多临时性的调整，如减少停车位、减少商业设施、取消"鸟巢"可闭合顶盖等严重影响了项目后期的运营收入，导致了各方矛盾激化，利益冲突严重。

（2）在项目运营过程中，社会资本承担了较多不可控风险且没有保障措施。

国家体育场PPP项目在风险分配方面，社会资本方承担了较多的如市场风险、建设成本超支和运营成本超支等风险。政府方和社会资本方均忽略了双方可共同承担的风险，风险过多的向社会资本方偏移，而政府方没有提供相应的收入保障措施，最终社会资本方提前退出。

例如，"鸟巢"项目是体育场项目，其市场经营相比基础设施如公路、机场等市场需求不确定性较强，经营风险更大。在此项目中，为鼓励投资人的积极性，北京市政府承担了投资额以及小部分的融资，但与此相对应的是，由项目公司完全承担经营期的市场风险，北京市政府不提供任何的市场收入保障。由于在项目前期对市场需求估计过于乐观，而在实际运营期市场需求低于预期，从而给私资人带来了持续亏损，在运营期间，由于还贷、场地折旧、日常维护费用达到2.2亿元，而市场运营的收入远不如预期，第一年仅为2.6亿元，社会资本远远无法在30年的经营期回收成本，最后加速了项目的回购，导致项目的失败。

虽然为了保障社会资本方的投资回报，双方在投资协议中加了一个兜底条款：北京市发改委协调各部门帮助联合体取得利润。但是该条款内容空泛，而且实际操作非常困难，最终也未能达到预期效果。

（3）项目公司对大型体育设施运营经验缺乏。

在北京地铁四号线项目中，北京市政府引入的社会资本方为香港铁路（香港联交所上市公司），其成立于1975年，核心业务是以香港地区为主的公共交通运输服务，市场占有率超过45%，建设及运营方面的专业能力突出、经验丰富；同时，其财务实力雄厚，2013年实现收入387.07亿港元、利润132.08亿港元，具有很强的融资能力。香港铁路的引入为该项目成功运营奠定了良好基础。

大型体育场的经济可行性很大程度上依靠的是公司客户的赞助，为了吸引将来的客户，项目公司应与国内、区域和国际的体育协会建立良好关系，特别要与国家体育总局、文化部等政府部门、广电总局下的各新闻机构和外国新闻机构保持良好关系，此外，项目公司还必须与国内外大型企业建立良好关系，以保证国家体育场的服务和产品满足这些机构的需求。但在国家体育馆项目中，北京市政府引入的社会资本方为联合体，资金雄厚，融资实力较强。但其主要股东均从未运营过体育场，运营经验匮乏。尽管和法国一家知名公司签署战略合作协议，以寻求高效运营国家体育场的咨询建议，但具体协议可能会因高额的咨询费而终止。

（4）借鉴意义：

实际上，国家体育场项目的失败，很大程度上是由于国家体育场政治意义和国家形象与PPP项目的商业运作模式上的冲突。对于准经营性项目而言，PPP模式适用性主要体现能够对项目的盈利和补偿机制达成共识，并通过合同条款予以明确，尤其需注重通过前期调研及方案设计，明确收费机制及补偿方案，保障社会资本的盈利模式。

对于国家体育馆项目，一方面，由于其建设技术难度大、设计方案不够及时详尽等，投资测算准确度较差；另一方面，由于其公益性较强，收费机制及补贴方式均不明确，导致投资回报测算难度亦较大。在收费机制不明确的情况下，社会资本方希望通过商业化运营，以实现投资回报为目标；而国家体育馆项目一定程度上代表国家形象，且具有较强的公益性，运营阶段若采取商业运作及定价模式（包括参观门票、座位冠名权等），则会与公众利益产生冲突。由此，尽管该项目通过PPP模式解决了建设中的资金、效率问题，却未能对赛后运营作出合理规划，以及就盈利预测及补偿机制达成共识，最终导致该项目的PPP运作模式以失败告终。

6 项目移交

照《政府和社会资本合作模式操作指南（试行）》（财金［2014］113号文），项目移交的过程主要分为移交准备、资产评估、项目性能和功能测试、资产交割、项目绩效评价五个阶段。项目合同中应明确约定移交方式、补偿方式、移交内容和移交标准。

6.1 移交准备

6.1.1 项目移交前过渡期

1. 过渡期安排

根据项目合同约定，政府与社会资本应协定将项目合作期届满前的一定时期（如12个月）作为过渡期，并约定过渡期安排，以保证项目顺利移交。过渡期约定内容一般包括：

（1）过渡期的起讫日期一般定于在特许经营期限期满1年之前。

（2）过渡期的工作内容主要为地方政府与社会资本双方研究制定移交方案和计划。

（3）过渡期的进度安排主要为地方政府与社会资本双方共同成立移交委员会，随后共同研究制定移交方案和计划，保证在移交过渡期终止日前180日内完成，并签订相关协议。

（4）过渡期各方的责任和义务主要包括：

1）政府方负责组织成立移交委员会，监督并协调移交过程中的各项事宜。

2）项目公司负责配合政府方在终止日前180日内完成移交方案及计划，并签订相关协议的责任。

3）政府与社会资本双方共同负责包括移交期间对公共利益的保护。

（5）负责项目移交的工作机构和工作机制，如移交委员会的设立、移交程序、移交责任划分等；一般在项目开始移交后，由双方建立共管机制，实行共同管理考核和监督，全面实行对项目的保修维护。

2. 移交委员会

（1）项目移交委员会应在不迟于特许期结束前12个月内设立，该移交委员会中双方的人员由地方政府与社会资本双方代表组成，但移交委员会负责人由政府方或其指定的机构委派。

（2）移交委员会或其委托的专门机构有权对与移交有关的或可能影响移交的事宜进行监督，项目公司有义务为其提供一切方便，但移交委员会不应直接干预项目公司的正常运营。

（3）移交委员会有权要求项目公司不迟于移交日前12个月向移交委员会提供与PPP项目有关的下列资料：

1）全部固定资产和无形资产的清单；

2）技术、知识产权和专有技术目录及其概要；

3）各类设施、设备的技术资料；

4）各类人员及其工资、福利状况资料；

5）完成移交所需的其他资料。

（4）移交委员会应不迟于移交日前12个月确定项目设施移交的详尽程序和移交前大修的具体时间与内容。

（5）在双方进行移交会谈时，项目公司应提交负责移交的代表名单，政府方或其指定机构应告知项目公司其负责接受移交的代表名单。

6.1.2 PPP项目移交形式

按照《政府和社会资本合作模式操作指南（试行）》(财金［2014］113号文)，PPP项目移交形式包括期满终止移交和提前终止移交两个阶段。各阶段移交具体事宜如下。

1. 期满终止移交

（1）期满终止后移交至政府方

期满终止移交是指在项目合作期限结束后，项目公司将全部项目设施及相关权益以合同约定的条件和程序移交给政府或者政府指定的其他机构。根据PPP项目特许经营协议及合同文本的规定，项目公司应按照协议约定将项目设施（含为项目设施正常运营所必需的各类项目设施、设备、信息系统、专利、维护手册等）无偿移交给市政府或其指定机构。项目公司应确保移交的项目设施不存在任何抵押、质押等担保权益或所有权约束，亦不得存在任何种类和性质的索赔权，同时还应确保该资产在移交后3年内能够正常使用。

在项目达到移交条件前，项目公司需向地方政府或其指定的接收机构提交项目移交申请。政府方在收到项目公司移交申请后的15个工作日内，组织项目移交工作并接收全部可转移的项目设施、项目资料及其他资产。且自移交之日起，由政府方与社会资本方负责各自的因为移交发生的费用和支出。

对于合同期满的项目移交，应在项目合同中提前约定包括资产移交、经营权移交、股权移交以及其他移交方式。

（2）期满终止后项目公司股份转让及重组

在PPP项目使命完成之后，并不是所有项目都需移交给公共部门。根据当初项目资产移交项目公司使用的方式，以及融资模式的不同，项目移交的处理方式也不尽相同。在直接股权融资的PPP项目中，除非公共决策认为项目PPP运作有延长期限的必要，否则公共部门在项目期结束之后一般会选择从项目中退出，从而将股份公开转让，同时赋予项目私人合作方优先受让权。在融资租赁模式融资的PPP项目中，公共部门通常在项目期结束之后以象征性对价将项目资产余值转让给项目公司或私人部门。而在资产支持债券、信用贷款等债务融资模式中，PPP项目公司在项目期结束之后通常走上重组之路，而公共部门则有可能从资产持有和信用支撑两个层面有步骤地退出。无论项目采取哪种形式移交，保证公共财产的保值增值都是一项不变的原则。

2. 提前终止移交

在PPP项目合同中，可能发生因政府或项目公司违约而导致的合同终止情况。可导致项目提前终止的事由通常包括：

（1）政府方违约事件：发生政府方违约事件，政府方在一定期限内未能补救的，项目公司可根据合同约定主张终止PPP项目合同。

如果发生政府违约事件，项目公司将要求政府予以纠正，政府没有在规定的期限内纠正，则项目公司将把项目移交给政府。在这种情况下，政府将对项目全部经济问题承担责任，包括偿还借款本息、偿还发起人建设投资和应得利润。

（2）项目公司违约事件：发生项目公司违约事件，项目公司和融资方或融资方指定的第三方均未能在规定的期限内对该违约进行补救的，政府方可根据合同约定主张终止PPP项目合同。

项目公司违约，政府应通知贷款人。只要贷款协议还有效，贷款人就有权选择接管项目或放弃接管项目。如果贷款人放弃帮助项目公司纠正违约事件，或者放弃接管项目，或者没有能力完成这些工作，那么政府将接管项目。

（3）发生法律变更：各方不能就合同变更达成一致故协商解除PPP合同。

（4）合同各方协商一致同意解除PPP项目合同。

（5）不可抗力事件：发生不可抗力事件持续或累计达到一定期限，任何乙方可主张终止PPP项目合同。

如果由于其他非社会资本原因或发生不可抗力事件导致项目公司将项目提前移交政府或政府指定的机构，那么应当根据PPP项目合同中的规定，政府要按既定的原则计算并支付提前终止补偿金。在这种情况下，项目公司得到的补偿还包括保险赔款等，具体的补偿方式将在下文进一步说明。

（6）政府方选择终止：政府方在项目期限内任意时间可主张终止PPP项目合同。

由于PPP项目涉及公共产品或服务供给，关系社会公共利益，因此PPP项目合同中，政府方还应当享有在特定情形下（例如，PPP项目所提供的公共产品或服务已经不合适或者不再需要，或者会影响公共安全和公共利益）单方面决定终止项目的权利。但在PPP项目实践中，政府方的此项权利应当予以明确限定，以免被政府方滥用，打击社会资本参与PPP项目的积极性；同时，政府方在选择终止时需要给予项目公司足够的补偿。

并不是所有违约事件或不可抗力事件等都将引起项目非正常移交，多数情况下，各方都应尽量采取补救措施，维持项目的继续进行。非正常情况下的移交是项目有关各方所不希望的，这种移交的解决过程将是十分复杂的。

案例6.1 安庆市污水厂网一体化PPP项目

2015年12月18日，安庆市污水厂网一体化PPP项目完成一揽子项目协议签署，历时近一年完成项目识别、准备及采购阶段工作。作为财政部首批

30个PPP示范项目之一，该项目采用区域特许经营方式实施污水厂网一体化整合。

在区域污水厂网一体化整合的过程中，由于安庆市已于2007~2010年期间通过TOT、BOT等方式引入了3家社会资本，分别负责3座污水处理厂的投资运营，特许经营协议仍处于有效期内。如今若要在规划区范围内实现完全意义上的污水厂网一体化整合，需要地方政府与社会资本妥善协商正在运营的项目设施的实施方案，讨论一体化整合的可能性。其中，PPP项目提前终止作为常见的社会资本退出手段，首先得到政府的重视。

如果政府主导实施提前终止，可以在区域污水厂网一体化项目正式运作前彻底清空市场、释放可利用资产，最大限度地为厂网一体化整合发挥最大效用创造条件，并消除潜在社会资本对整合前景的顾虑，有利于提高项目的市场吸引力。

然而，提前终止属于PPP项目非正常移交，不管是移交时的补偿方式，还是项目资产的转让及后续运营，都需要PPP参与各方进行严谨的谈判及商议，影响厂网一体化实施项目的推进，具体的考虑因素如下：

（1）提前终止现有特许经营项目必然有损政府信用，一方面失信于现有社会资本，另一方面会对新引进的社会资本造成不良预期。

（2）目前安庆市已投运污水项目均由社会资本负责运营，提前终止政府方可能缺乏足够的运营管理人员接管项目，无法保证存量特许经营项目在PPP采购完成前的持续稳定运营。

（3）提前终止需要地方政府对原社会资本方支付较大金额的补偿价款。

（4）提前终止协议属于重大事项，谈判、审批及项目移交工作均耗时较长，乐观预期也需要1~2年才能完成项目移交，严重影响厂网一体化项目的推进计划。

综上所述，安庆市政府放弃了提前终止这一方案。因此，非正常移交在PPP项目实际操作中应尽可能避免。如果因各方原因导致项目最终不得不提前终止进入移交程序，则应妥善处理好提前终止补偿方式，尽量减少提前终止导致的损失，最大限度地保证PPP项目各方利益。

6.1.3 PPP项目补偿方式

在PPP项目实施过程中,PPP模式涉及运营阶段,在项目经历了建设、运营阶段后,项目实施机构代表政府需收回项目合同约定的项目资产。因此,项目公司与政府方应针对项目移交阶段的补偿方式提前作出约定。根据《政府和社会资本合作模式操作指南(试行)》(财金〔2014〕113号文),PPP项目移交补偿方式分为有偿移交与无偿移交两种。此外,依据可销售性(有无收费机制)和可经营性(项目全寿命周期内经营收入是否足以覆盖投资成本),可将PPP项目划分为非经营性项目、准经营性项目和经营性项目,因此,PPP项目移交阶段的补偿方式也与其具体的建设模式息息相关。

1. 无偿移交

在选择移交的补偿方式时,如果PPP项目移交发生在特许期结束后,且项目公司已经还清债务本息,回收了建设投资并赚取了合理利润,则该项目正常情况下的移交应是无偿的。由于社会资本在参与经营性的PPP项目时,在项目前期财务测算时就已考虑到可能的运营收益及预期风险,在项目实施阶段,运营所得收入通常会在一定程度上弥补建设与运营成本,加之政府会对有些PPP项目进行可行性缺口补助,因此在项目合同签订时会明确标注在项目特许经营期结束之后,项目公司将项目设施及资产无偿移交给政府方。

此外,政府方在PPP项目市场化运行的阶段,会以各种形式支持项目的正常运营,保证项目公司的利益。例如,项目前期资金要求强度大,中后期经济效益可观,在项目成长期,政府会将其投资所形成的资产,以无偿或象征性的价格租赁给PPP项目公司,为其实现正常投资收益提供保障;在项目运营期,政府还会通过可行性缺口补助等方式,与项目公司共同分担运营期的收益风险,防止因需求量变化导致的项目公司的超额收益或亏损。

因此,正常情况下,移交是无偿的或以象征性的价格移交给政府方。例如,巴基斯坦Hab River电厂项目移交时,项目公司依照约定将项目无偿移交给政府。为了标志项目的顺利移交,仅收取了1卢比的价格。与此类似,在我国广西来宾B电厂的BOT项目实施中,广西政府对该项目的投资设计、融资及建设全过程，均提供了大量支持，包括运营期收费调整与税收优惠等措施。项目合同同样约定，在18年的特许经营期结束后，项目公司应将电厂无偿移交给广西政府。

2. 有偿移交

若项目采用有偿移交，合同中应明确补偿方案；如果没有约定或是约定不清时，项目实施结构应按照"恢复相同经济地位"原则拟订补偿方案。区别不同情况，政府的补偿方式还取决于项目还本付息资金需求，也包括成本回收和应获利润等。

（1）针对采用BT等模式建设的非经营性项目

在项目建设期完成后，政府应按照合同规定，将工程的投资款及投资融资，采取分期付款等方式，补偿支付给社会资本。因此，针对没有固定收入来源的公共设施、公益项目，主要采取两种模式：一是政府回购，亦即通过仔细测算和认真分析，设定回购年限和价格，鼓励社会资本投资；二是设计固定回报率，由社会资本投资。

（2）针对采用BOT、LOT等模式建设的准经营性项目

由于特许经营期的存在及其他收费机制，项目具有潜在的利润，但因为其建设和运营直接关系公众切身利益，因而其产出的价格由代表公众利益的政府确定，往往无法收回成本，即具有不够明显的经济效益，市场运行的结果将不可避免地形成资金的缺口，此时政府可以通过适当政策优惠和/或多种形式的补贴予以维持，包括财务费用补贴、运营补贴、折旧补贴、利润补贴以及税费补贴等。

案例6.2 长春汇津污水处理厂项目

长春汇津污水处理厂项目是典型的因提前终止合同而导致有偿移交的，该项目由汇津公司与长春市排水公司于2000年3月签署《合作企业合同》，设立长春汇津污水处理有限公司，同年长春市政府制定《长春汇津污水处理专营管理办法》。2000年底，项目投产后合作运行正常。然而，从2002年年中开始，排水公司开始拖欠合作公司污水处理费，长春市政府于2003年2月28日废止了《管理办法》，2003年3月起，排水公司开始停止向合作企业支付任何污

水处理费。经过近两年的法律纠纷,2005年8月最终在运营期末结束前由长春市政府回购而结束。

【分析】如上述案例所示,在PPP项目提前终止而移交时,其补偿方式及分配的确定是利益双方的主要关注点。在财政部颁布的PPP项目合同指南中,对于政府对提前终止项目的补偿方式从三方面进行了安排,若是政府方违约事件、政治不可抗力以及政府方选择终止造成的提前终止,其一般补偿原则是确保项目公司不会因项目提前终止而受损或获得额外利益;若是项目公司违约事件,其一般补偿原则是尽可能避免政府不当得利并且能够吸引融资方的项目融资;若是自然不可抗力,其一般补偿原则是由双方共同分摊风险,补偿范围一般会包括未偿还融资方的贷款、项目公司股东在项目终止前投入项目的资金以及欠付承包商的款项。恰当的补偿方式能够尽可能减少项目因提前终止导致的损失,能够最大限度地保证项目参与方的利益。

6.1.4 PPP项目移交内容

根据《政府和社会资本合作模式操作指南(试行)》(财金[2014]113号文),在移交日期内,社会资本方应向地方政府或其指定的机构移交项目,具体的移交内容通常包括:项目设施,项目土地使用权及项目用地相关的其他权利,与项目设施相关的设备、机器、装置、零部件、备品备件以及其他动产,项目实施相关人员,运营维护项目设施所要求的技术和技术信息以及移交项目所需的其他文件等内容。

1. 权利义务、资产、项目设施、相关人员、项目信息和资料等转移

(1)项目资产及相关内容转移

在移交日,项目公司应解除任何种类或性质的债务、留置权、动产和不动产抵押、担保物权、环境污染及其他求偿权,将项目全部固定资产的所有权和利益以及所有场地的使用权无偿移交给政府或政府指定的机构。同时项目公司应做好项目人员安置方案,协调相关项目人员在移交后能正常投入项目运作。在项目移交的同时,项目公司还应向政府移交项目的运营手册、运营记录、移交记录、设计图纸等重要技术资料,以便政府或其指定机构能够顺利接管并运营项目。

（2）流动资产及债务

在项目移交结算阶段，项目的流动资产一般归项目公司所有，不在移交的范围之内。此外，任何属于项目公司的债务都不在移交范围之内，在移交日之前，项目公司要对所有公司债务做出妥善处理，政府将不会对公司债务承担任何责任。

（3）备品备件

在移交日期，项目公司应向社会资本方或其指定机构无偿移交12个月内正常需要的消耗性备件和事故修理备品备件。如有需要，项目公司还应向政府方提交生产、销售所需全部备品备件的厂商名单。

2. 项目保险、承包合同和供货合同、技术等转让

（1）保险和承包商保证的转让

在项目移交时，项目公司应将所有承包商和供应商尚未到期的担保和保险等转让给政府或其指定的机构。但是，如果政府不接受担保和保险以及其他合同，项目公司应取消其各方签订的仍有效的合同，并自行承担所发生的损失和费用。

（2）技术和专利转让

在移交日，为了保证移交后项目能正常运行，项目公司应将项目可移交或可转让的、政府未来运行和维护项目所需的所有技术和专利，通过包括许可证等方式移交或转让给政府或其指定的执行机构，这种技术转让是项目移交的重要组成部分。在现代工业社会，技术对项目是很重要的，缺少必要的技术，政府接管的项目可能根本无法运营。

3. 技术培训

根据签订的PPP项目合同协议，除了项目正常运营必需的技术和专利外，项目公司还需在移交时负责对项目后续的运营维护人员进行培训，具体内容如下：

（1）合作期满的6个月之前，项目公司应提交一份当时项目公司内负责运营维护的员工名单，包括每位员工的资格、职位、收入和福利等详细资料。政府方有权选择在移交日之后优先继续聘用全部或部分员工。

（2）政府方或其指定接受机构需要在移交日之前派驻人员到项目设施所在地进行培训或学习的，应在移交日6个月前向项目公司说明情况及拟订派驻人员名单，项目公司应免费负责为上述人员提供培训，使之达到熟练操作和管理要求。

（3）作为移交工作的一部分，政府方和社会资本方应联合考试，已确定被指定人员经过培训合格，可以接管本项目的独立运营和维护。移交后，项目公司有义务免费提供不低于6个月的技术支持。

事实上，培训工作应贯穿PPP项目的始终，也是政府开发PPP项目的主要目标之一。尤其在国际合作的PPP项目中，项目本身能极大地提高东道国管理项目水平并帮助其掌握先进技术。因此，特许权协议中都规定项目建设承包商和运营承包商在其工作过程中有义务培训当地劳务人员，而且很多特许权协议还要规定当地承包商参与项目的最低程度。培训当地劳务对项目公司也是有好处的，因为当地劳务价格较低，培训合格的人员参与项目的建设与运营可以降低成本，扩大收入。例如，某火电厂项目。在PPP项目的选择中，有些基础设施项目的技术含量很高，如火电厂项目和大型通信设施。传统的项目实施通常采取从国外采购先进设备自行建设，这种方式在引进技术上对国外咨询专家、设备供应商和建设承包商的依赖性很强，导致项目发起方的话语权和决策权变弱。在项目建成后也往往由于国内无法完全消化国外的技术，导致运行维护成本的升高。因此，这样的项目建设与技术转让模式代价非常大，效果也不是很好。而采取BOT、BOOT等公私合作模式建设后，这些国际公司能够在项目实施过程中，在较长的特许期内，把技术（包括管理技术）带到东道国，自然地实现向东道国的技术转让，完成对东道国工程人员的技术培训。以广东沙角电厂项目为例，在广东沙角B电厂的BOT合作项目运营期间一直由英国电力公司全权负责。但是根据合同协定，英国电力公司将制定的培训计划作为移交工作的重要部分。该项目公司和政府联合对培训学员进行考试，以确定被指定人员已掌握了培训中学到的技能并有能力接管项目的运营与维护后，项目移交才能宣告完成。在广东沙角B电厂的案例中，项目的运营由英电公司主导逐渐过渡到由中国承包商负责，相比传统的技术培训，项目公司从中节约了很多开支。当然，这种培训对项目公司应当是强制性的，如果没有培训，政府在接管项目时将遇到很大困难，更难保证未来项目的正常运营。

6.1.5 PPP项目移交标准

PPP项目经过了特许期内的运营和正常损耗，很多技术经济指标已经达不到设计标准，因此，对于项目移交时的状态及标准应提出明确要求，否则政府无法保证能得到一个处于良好状态的项目。移交标准应包括如移交时项目设施设备需要达到的技术状态、资产法律状态等。

1. 权利方面的条件和标准

项目设施、土地及所涉及的任何资产不存在权利瑕疵，其未设置任何担保及其他第三人的权利。在提前终止导致移交的情形下，如移交时仍有未清偿的项目贷款，就该未清偿贷款所设置的担保除外。

2. 技术方面的条件和标准

项目设施应符合双方约定的技术、安全和环保标准，且处于正常标准的运营状态。项目公司应确保最后一次运维绩效考核指标达到正常使用移交状态。如任一方对是否达到移交标准有异议的，则由移交委员会聘请第三方机构进行评定。

例如，对于电力项目，对移交时的标准要求可能包括：设备完好率、最短可使用年限、热耗、锅炉最大连续蒸发量、机组热效率、机组剩余寿命、机组最大连续出力、年可利用小时数等。

为了保证项目在移交时达到政府要求的标准，在移交前项目公司还应对项目进行恢复性大修。在大修过程中，任何不符合要求的设备都必须进行修理，大修结束后，政府和项目公司应通过例行测试核定项目的技术参数，如果测试结果达不到要求，政府可要求增加一次技术测试。通过测试，任何主要设备的功能不足或任何技术经济指标低于移交标准，都能及时被发现，从最后的恢复性大修到移交日，项目公司有时间克服设备缺陷。

在移交日，将由国际知名专家、项目公司和运营承包商、政府或其指定机构的代表组成联合测试小组对即将移交的项目进行测试。如果项目未能通过测试，那么将构成项目公司违约事件，政府就可能从项目公司运营履约保证金中得到补偿。以温哥华某单间住房建筑项目为例。加拿大卑诗省温哥华市中心东区的单间住房建筑（Single Room Occupancy，SRO）几十年来得不到及时维护，早已年久失修，几乎不能居住，而若要保持现状乃至进行整体维修，又需要大量资金的投入。2010年，加拿大卑诗省房屋局（British Columbia Housing）根据住房需求状况及资金测算，制定出了完整的房屋改造与商业发展方案，并最终获取了省政府的批准。2012年，社会资本方"安置房行动"（Habitat Housing Initiative，HHI）与房屋局签订了一份基于绩效的固定价格项目协议，共同完成温哥华市东区的13栋SRO改造项目。HHI负责设计、建造、融资和维护（DBFM）工作。

加拿大卑诗省政府为敦促项目及时完工并保证工程质量，与社会资本方协议约定，HHI不仅须对总面积约40000平方米的13栋SRO进行翻新整修，其还需负责整个协议有效期内设施的维护与维修服务，并在PPP合作结束后，按照协议约定将建筑设施完好无损地移交给加拿大卑诗省房屋局。按照协议约定，该项目建筑设施在15年的特许经营期结束后，整体设施将移交给政府，社会资本方随之退出。具体的移交标准为：

在15年特许经营期结束时，建筑物的状况必须符合项目协议所规定的移交标准。例如，建筑设施整体移交时，不能出现建筑物结构倒塌、地板磨损或者总体环境脏乱等服务或维护问题。为了进一步保证项目移交时能达到约定标准，HHI和房屋局在项目期结束之前共同委托一个独立团队对建筑物的状况进行全面的检视和调查，其费用由地方政府与社会资本方共同承担。在PPP合同期内，HHI有责任满足协议约定的移交要求与移交标准。

6.2 资产评估

资产评估，顾名思义，是对资产的价值进行评估。按照《中国资产评估准则》（2013）给出的定义，"资产评估是指注册资产评估师根据相关法律、法规和资产评估准则，对评估对象在评估基准日特定目的下的价值进行分析、估算并发表专业意见的行为和过程"。

6.2.1 资产评估的功能与作用

中国资产评估行业自20世纪80年代诞生以来，持续为社会提供价值发现、价值衡量、价值量化的专业咨询服务，在服务经济、服务改革、服务社会的过程中取得了辉煌成就。资产评估机构作为专业性的评估咨询服务机构，依托专业的人才队伍建设以及严谨的行业管理机制，也在逐步尝试并开展PPP相关评估咨询业务。在各地PPP模式的推广与实施过程中，评估机构应当整合内部优势资源，积极开展PPP模式推广过程中相关评估与咨询业务，如提供物有所值评价服务、项目融资咨询服务以及项目绩效评价服务，充分发挥新常态下的资产评估功能作用，为PPP模式的有效实施作出积极的贡献。

1. 物有所值评价服务

根据《关于印发〈PPP物有所值评价指引（试行）〉的通知》（财金〔2015〕167号）定义：物有所值评价是判断是否采用PPP模式代替政府传统投资运营方式提供公共服务项目的一种评价方法。物有所值评价包括定性分析和定量分析。同时，该文指出项目本级财政部门应会同行业主管部门，委托第三方机构或专家开展定量分析，并将物有所值评价报告作为项目绩效评价的重要组成部分。物有所值评价定量分析主要包括项目建设成本的估算和项目建成后收益现金流的折现分析，其核心是"价值发现"、"价值量化"。这与一般项目资产评估思路中的假设开支法和收益法的评估思路在本质上是一致的。此外，PPP项目全生命周期内产生的运营、转让、租赁或处置收益、运营维护成本及费用的测算与资产评估研究的企业价值收益法评估的思路、途径基本一致，其主要参数（收入、成本、投资回收期、回报率）的取值是现有资产评估执业规范《资产评估准则——企业价值评估》和《企业国有资产评估指南》中的精髓部分。资产评估机构和资产评估师作为独立的第三方，运用专业评估技术估算政府采用传统采购模式的项目净现值、PPP项目的盈利分析、PPP项目周期内财政收支能力的匹配性分析，一方面有助于政府在安排财政指出时统筹考虑PPP项目全生命周期内的财政支出和承受能力，另一方面促使社会资本提前了解PPP项目的长期合理回报。

2. PPP项目融资咨询服务

PPP项目的融资渠道按资金特点主要包括股权融资和债权融资。其中，债权融资通常包括金融机构贷款、国际组织贷款、债券、私募债权融资、融资租赁等。PPP项目偿还贷款的资金来源主要来源于项目运营收益、政府财政补贴等。随着国内PPP项目的推进，一些投资规模大的项目已不再满足于传统的以资产抵押取得银行贷款的模式，开始探索包括资产证券化、项目融资在内的创新融资方式。《证券公司及基金管理公司子公司资产证券化业务管理规定》（中国证券监督管理委员会公告［2014］49号）第13条指出，管理人对相关交易主体和基础资产进行全面的尽职调查，可聘请具有从事证券期货相关资质的会计师事务所、资产评估机构等相关机构出具专业意见。而根据《资产评估机构审批和监督管理办法》（中华人民共和国财政部令第64号），资产评估机构的业务范围包括单项资产评估、资产组合评估、企业价值评估、其他资产评估，以及相关的咨询业务等，可以为PPP项目的融资提供评估咨询服务。

3. PPP项目绩效评价服务

资产评估机构作为独立的第三方专业机构，近年来积极参与财政支出绩效评价工作及实践。资产评估师通常具备资产评估、工程技术、财务会计、法律等方面的综合专业知识，同时行业拥有评估师、会计师、律师、专业咨询师、税务师等，评估行业人员知识结构的多元化与PPP项目复杂性、多样性、综合性相符，为资产评估机构服务于PPP项目的绩效评价奠定了良好的基础。其评价结果也更容易为项目参与主体所接受。此外，在《关于印发〈预算绩效管理工作规划（2012-2015年）〉的通知》（财预［2012］396号）文件中，已明确指出要发挥资产评估在预算绩效管理中的专业服务作用。PPP项目一般具有准公共性或公共性的长期产品或服务，如何规范并强化PPP项目的效率、效益等约束机制，以提高PPP项目的实施效率显得非常重要。上述问题的考量完全可以借助于绩效评价的手段加以评判和考核。因此，资产评估机构或资产评估师在PPP项目不同实施阶段提供的绩效评价服务对于助推PPP项目的推进具有重要作用。2014年，评估行业率先出台《财政支出（项目支出）绩效评价操作指引》并在各地开展培训，有效地提升了各地评估机构完成绩效评价及相关咨询业务的能力。

6.2.2 PPP项目资产评估要素

本质上，PPP项目资产评估是一种评价的过程，在评价过程中要涉及一些基本的评估要素。这些评估要素主要有以下几个方面：

1. 评估目的

在PPP项目资产评估的基本事项中，评估目的是最重要的因素，其他各项基本要素均要受到评估目的的约束。PPP项目资产评估旨在确定项目的经济价值，待PPP项目合作期限临近，为项目移交至政府公共部门提供决策依据。

2. 评估主体

PPP项目实施机构或政府指定的其他机构应组建项目移交工作组。由项目移交工作组委托具有相关资质的资产评估机构，按照项目合同约定的评估方式，遵循特许经营协议规定的标准与范围，对移交资产进行资产评估，对项目设施的质量和资产的完好程度进行评估与验收，合理确定资产转让范围及转让数额，作为确定补偿金额的依据。

评估主体选择正确与否关系到评估结果的有效性，其评估工作直接对决策部门负责。

3. 评估客体

评估客体是评估的具体对象。作为被评估的资产，需要鉴定其是否真实存在并核实其产权的合法性和有效性。

4. 评估基准日

由于PPP项目特许经营期限较长，在满足评估目的的前提下，PPP项目资产评估基准日应尽可能选择在评估日期附近，尽量减少因时间因素造成的误导性判断。

5. 评估原则

评估原则是对评估行为的规范，参照评估原则可以有效地调节项目双方的利益关系，合理地处理评估业务。在对PPP项目进行资产评估时，需坚持客观性原则、科学性原则、替代性原则、公开市场原则、谨慎性原则及独立性原则等。

6. 评估假设

评估假设是PPP项目评估工作得以顺利开展进行的前提，对项目资产的评估应当在持续使用假设的基础上进行。

6.2.3 PPP项目资产评估流程

PPP项目资产评估是为保障项目资产所有者和经营者的合法权益，为基础设施类项目和公共服务类项目的政企合作经营、股份经营、资产转让等经济活动提供一个客观合理的价格基础。通过在移交前对项目设施进行综合评估，使交接双方在移交过程中全面、准确地掌握将要移交设施的实际情况，有效保护交接双方的合法权益。

借鉴旅游项目、森林景观项目资产评估流程，本文建议PPP项目资产评估步骤如下：一是根据资产占有方提供的基础资料进行资产核查，以确定其准确性；二是根据评估对象的实际情况，确定具体的评估项目，并选择合适的评估方法；三是根据PPP项目设施、设备条件及社会经济因素，综合评定项目资产价格。资产评估机构根据项目资产目录清单，结合社会资本或项目公司提供的运营维护手册、运营总结、设计图纸等技术资料，对项目设施的实体状况、新旧程度、维护保养等情况进行现场勘察与记录，并现场验证项目设施的实际运转情况，并形成评估报告。

具体流程如图6-1所示。

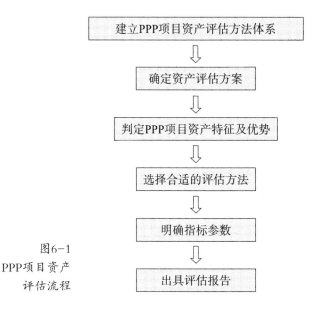

图6-1 PPP项目资产评估流程

6.2.4 PPP项目资产评估方法

PPP项目资产评估的内容主要是可获得的经济效益。比较常用的方法有现行市价法、重置成本法和收益现值法。

1. 现行市价法

现行市价法又称市场比较法,以相同的或类似项目资产的市场价格作为比较基础,以此估算评价对象价值。其计算公式如式(6-1)所示。

$$E = K \times K_b \times G \times S \times \Delta \qquad (6-1)$$

式中　E——项目资产的评估值;

　　　K——项目质量调整系数;

　　　K_b——项目使用者消费水平调整系数;

　　　G——参照对象单位市场价值;

　　　S——项目有效利用率;

　　　Δ——其他影响因素。

2. 重置成本法

重置成本法是指在现时条件下重新购置或建造一个全新状态的评估对象,所需的全部成本减去评估对象的实体性陈旧贬值、功能性陈旧贬值和经济性陈旧贬值后的差额,以其作为评估对象现实价值的一种评估方法。其基本公式如下:

评估值=重置价值-实体性陈旧贬值-功能性陈旧贬值-经济性陈旧贬值

评估值=重置价值×成新率

利用重置成本法,可以得出PPP项目资产的测算公式如式(6-2)所示。

$$E = K \times \sum_{i=1}^{n} C_i \times (1+p)^{n-i+1} + Q \qquad (6-2)$$

式中　E——项目资产的评估值;

　　　K——项目质量调整系数;

　　　C_i——第i年的项目营业收入;

　　　p——年利率;

　　　Q——项目设施设备重置价格。

3. 收益现值法

收益现值法主要包括年金资本化法和条件价值法等,该方法适用于市场发育比较成熟、年均收益相对稳定、项目建设和运维日趋完善的PPP项目。在实际的操作过程中，可根据被评估对象的特征与评估要求选取适当方法。本文以条件价值法为例进行相关说明。

条件价值法是当前世界上流行的对环境等具有无形效益的公共物品进行价值评估的方法，主要利用问卷调查方式直接考察受访者在假设性市场里的经济行为，以得到消费者支付意愿来对商品或服务的价值进行计量的一种方法。以旅游资源资产评估为例，其测算公式如式（6-3）所示。

$$E = \frac{Q \times \frac{\sum_{j=1}^{K_i} Q_j \times WTP_j}{\sum_{j=1}^{K_i} Q_j} + A - B}{p \times (1+p)^n} \times [(1+p)^n - 1] - \sum_{m=1}^{K_2} \sum_{h=1}^{K_3} C_m (1+r)(1+p)^n \quad (6-3)$$

式中　　E——项目资产的评估值；

　　　　Q——年游客数量；

　　　　Q_j——以前游客数量；

　　　　WTP_j——j年度游客数量；

　　　　A——其他经营项目经营收入；

　　　　B——其他经营项目经营费用；

　　　　C_m——经营项目投资；

　　　　r——社会评价投资收益率；

　　　　p——本金年化率；

　　　　n——项目经营期限；

　　　　h——投资项目距评估的年限；

　　　　K_i——以前某年度。

6.3 性能测试

项目移交阶段的主要工作包括移交准备、资产评估、性能测试、资产交割和绩效评价，其中最关键的环节是性能测试。随着基础设施类项目和公共服务类项目市场化发展趋势，特许经营权的授予在全国进入规范操作阶段。在项目资产转让移交过程中，性能测试成为保障项目双方利益的重要环节。性能测试部分从测试目标、测试范围及内容、测试方案制定、测试标准、测试结果的应用等方面展开陈述。

6.3.1 PPP项目性能测试目标

项目性能测试旨在验证项目是否能够达到使用者需求的产品和服务性能指标，同时排检项目在运营中存在的性能瓶颈，优化项目运营管理。具体包括评估项目能力、识别项目弱点以及验证项目稳定性与可靠性等。通过项目性能测试，保证项目按照特许经营权协议要求的性能标准顺利移交。

6.3.2 PPP项目性能测试要素

1. 性能测试主体

项目移交工作组。

2. 测试范围及内容

性能测试范围为项目资产、知识产权、技术法律文件以及项目全部资产清单。以某污水处理厂资产转让为例，该项目针对污水厂的工艺系统、主要机械设备、电气、自控和仪表以及构（建）筑物，分成工艺、设备、电气、仪器仪表与自控、土建设施、安全与环境6个专业分别进行性能测试。

3. 测试方案制定

性能测试是一项技术性较强的系统工作，必须由专业公司科学合理地进行，实事求是、客观评价项目工程建设，在充分保障项目双方利益的前提下，实现PPP项目资产的顺利移交。

PPP项目实施机构或政府指定的其他机构应组建项目移交工作组，根据项目合同约定与社会资本或项目公司确认移交情形和补偿方式，制定性能测试方案。

4. 测试标准

项目移交工作组应严格按照性能测试方案和移交标准对移交资产进行性能测试。

5. 性能测试结果的应用

PPP项目性能测试结果分两种情形：

（1）达标：进入资产交割环节。

（2）不达标：移交工作组应要求社会资本或项目公司进行恢复性修理、更新重置或提取移交维修保函。以恢复性修理为例，项目公司在经与政府或其指定机构协商的情况下，在移交日协商日期前对项目进行一次恢复性的全面大修，以确保项目设施在移交时能够良好运转。此检修不迟于移交日之前完成，具体日期期间可由项目双方约定。经政府或其指定机构验收后，按届时的项目设施清单交回项目设施。修理完成后项目资产应达到相关国家规范、地方标准以及其他规定。若验收不合格，政府可要求社会资本继续整改修理，且整改修理完成以后，发生的费用，直接在保证金中扣除，风险全部锁定到社会资本。

6.4 资产交割

6.4.1 PPP项目资产性质

在PPP业务中，社会资本一般通过设立项目公司进行基础设施类项目和公共服务类项目的建设和运营。从资产的本质出发，资产是企业过去的交易或者事项形成的、由企业拥有或者控制的、预期会给企业带来经济利益的资源。PPP项目资产的性质取决于特许经营权合同所约定的权利，特许经营权属于用益物权的范畴。因此，PPP项目从本质上来说是使用特许经营权进行项目融资。社会资本或项目公司负责实物资产的运营管理，具有使用权。政府对项目所属资产在合同经营期内具有监督权，并在特许经营期满时无偿取得项目资产的所有权。因此，从这个角度看，PPP项目资产是国有资产的一部分，只是暂时将使用权让渡给社会资本或项目公司，并不能改变其国有资产的本质。

6.4.2 PPP项目资产范围

根据PPP项目资产性质分析可知，PPP项目资产具备用益物权属性。用益物权具备"有形资产无形化、无形资产有形化"特征。界定PPP项目资产范围，即特许经营权合同约定的项目移交范围，以达到区分自有资产与非自有资产的目的。

6.4.3 PPP项目资产交割内容

特许经营期满时（合作期限结束或者合作协议提前终止后），社会资本或项目公司应将满足性能测试要求的项目资产、知识产权和技术法律文件，连同资产清单移交项目实施机构或政府制定的其他机构，办妥法律过户和管理权移交手续。社会资本或项目公司应配合做好项目运营平稳过渡相关工作。

6.4.4 PPP项目资产交割注意事项

资产交割时，PPP项目各主体单位及政府派遣人员对项目交割资产进行核查，并需要注意以下事项：

（1）对已纳入资产评估范围，不仅要核查其数量及完好状况是否与资产评估相符，并且要再次核查确认其对今后运营管理是否有用。

（2）交割资产与评估报告不符，各方应在签署资产交割确认清单时特别列明，并据此调整项目资产作价及政府对项目的实际负债数额。

（3）若自评估基准日至资产交割日期间，PPP项目资产发生质的或量的变化，政府和社会资本应在签署资产交割确认清单时特别列明，相应调整实际移交资产作价结果，调整政府对PPP项目的实际负债数额。

（4）未列入资产评估范围，但确实对项目有用的资产，可由政府在未来经营中另行适时评估购买。

（5）资产交割完毕，政府应与社会资本签署资产交割确认清单并加盖双方印章。资产交割书应明确调整后的项目资产最终作价结果及政府方对项目最终负债数额。

（6）自资产交割完毕时起，交割资产即归政府所有。

6.5 绩效评价

绩效评价机制具有重要的"反馈调节"功能，能够加强政府对社会资本进行监管，其评价结果可作为政府开展政府和社会资本合作管理工作决策的参考依据，从而提升PPP项目运作效率，提高PPP项目公共产品与服务供给质量，实现公共利益的最大化。鉴于PPP项目绩效评价的重要作用，本节着重从PPP项目绩效评价体系设计、PPP项目绩效评价模型构建、PPP项目绩效评价实施流程及应用等维度展开分析。

6.5.1 PPP项目绩效评价的内涵及范畴

1. PPP项目绩效评价的定义

PPP项目的特殊性决定了PPP项目绩效评价与一般的政府投资项目或传统建设项目绩效评价有所不同。在本书中，结合PPP项目本质特征对PPP项目绩效评价的概念内涵如下：PPP项目绩效评价，是在项目确定实施PPP模式之后，从项目干系人要求和关心的项目目标利益出发，对项目实施、运营管理相关的经济、社会、风险分担、环境和技术等各方面因素，从项目投入、过程控制、结果、影响等角度进行全面和客观的评价。其中，项目干系人主要包括项目投资人、承包商、项目施工方、供应商等以及政府部门、社会公众等。

2. PPP项目绩效评价的范畴

（1）PPP项目绩效评价主体

按照《中华人民共和国政府和社会资本合作法（征求意见稿）》PPP项目绩效评价应由县级以上人民政府有关行业主管部门会同财政部门对合作项目进行绩效评价。合作项目的绩效评价可以由财政部门（政府和社会资本合作中心）组织有关部门进行，也可以委托第三方评估机构进行。当前，国内尚无PPP项目专门的监管机构，该类项目的绩效评价仍主要由投资项目后评价的执行主体执行，如财政部投资评审中心等机构。在国外，如英国、澳大利亚，PPP项目已设有专门的监管机构，由其负责项目的定期检查和评价。借鉴国外发达国家PPP项目监管经验，在宏观层面，PPP项目绩效评价的主体是专门的PPP监管部门。具体到项目层面，其评价主体则是相应的项目办公室或特派人员，具体如图6-2所示。

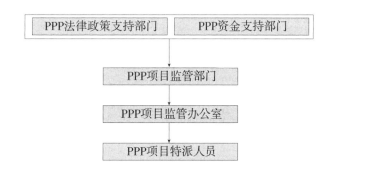

图6-2 PPP项目绩效评价主体

（2）PPP项目绩效评价时点

PPP项目全生命周期大致有六个发展阶段：即项目论证阶段、招投标阶段、特许权授予阶段、建设阶段、运营阶段和项目移交阶段。PPP项目绩效评价的时点始于项目已有一定产出的建设阶段、终于项目移交阶段。在本书中，PPP项目绩效评价的重点是建设阶段、运营阶段、项目移交阶段。PPP项目绩效评价时点如图6-3所示。

图6-3 PPP项目绩效评价时点

（3）PPP项目绩效评价对象

财政部门（政府和社会资本合作中心）组织有关部门或第三方评估机构执行绩效评价业务，应当明确绩效评价的对象和内容。按照《中华人民共和国政府和社会资本合作法（征求意见稿）》（2016）划分标准：PPP合作项目包括基础设施类项目和公共服务类项目。其中，基础设施类项目包括公路、铁路、港口、机场、城市轨道交通、供水、供暖、燃气和污水垃圾处理等；公共服务类项目包括环境保护、大气污染治理、教育培训、公共医疗卫生、养老服务、住房保障、行政事业单位房产运行维护等。

鉴于PPP项目适用的基础设施类项目和公共服务类项目种类繁多，笼统地讲PPP项目绩效评价并无太大的实际意义，即便是单一的PPP项目，也分为单个项目的绩效评价、项目公司的绩效评价或整个城市同类项目的绩效评价。因此在对PPP项目进行绩效评价应说明是对某一个项目还是对整个行业网络的系统性评价。本书中PPP项目绩效评价，是在PPP模式广泛实践的基础上，建立适用于某一类别或是单个项目的绩效评价，并在具体应用的过程中加以改进，为行业领域内系统的PPP项目的绩效评价奠定一定的基础。

6.5.2 PPP项目绩效评价体系设计

PPP项目绩效评价体系包括两部分内容：一是PPP项目绩效评价体系的构建，包括项目绩效评价方法及绩效评价的实施流程。其中，指标体系的构建是绩效评价的基础，评价体系的构建与实施是绩效管理的核心；二是确定PPP项目绩效评价的指标，并对指标进行定义描述。

1. PPP项目绩效指标构建思路

PPP模式的绩效指标体系是一个复杂多维的结构，其设计的完整性、适用性与可操作性是评价项目的基础工作，需要一个科学的设计理念。

2014年，财政部《关于推广运用政府和社会资本合作模式有关问题的通知》提出，PPP项目绩效评价重点从绩效目标实现程度、运营管理、资金使用、公共服务质量、公众满意度等方面开展。PPP项目绩效评价的主体应该是对PPP项目的事前评估、事中监督，以提高PPP项目合理开展、良好运行、提高项目利益相关方、维护社会公众利益为宗旨。

同时，PPP项目绩效是对PPP项目管理的一种思考，与一般工程项目管理一样，PDCA（计划-执行-检查-控制）思想亦适用于PPP项目管理。此外，PPP项目作为一种特殊的项目合作模式，合同结构复杂、参与方众多，特许经营期长，相比于一般工程建设项目，PPP项目更需要合理的计划、执行、检查、控制机制，对项目进行定期的监督与考核。

本文基于上述政策文件精神及项目管理思想，形成了PPP项目绩效指标的构建思路，如图6-4所示。

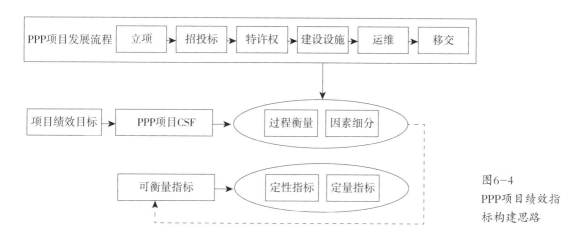

图6-4
PPP项目绩效指标构建思路

2. 绩效目标设定

项目绩效目标是绩效评价对象计划在一定期限内达到的产出和效果。绩效目标是被评价项目计划实现的产出、效果和影响，一般在立项阶段的评估文件或设计文件中有明确阐述。绩效目标是设定绩效评价指标体系的基础和前提。通常，PPP项目绩效目标包括：

（1）预期产出，包括提供的产品和服务的数量；

（2）预期效果，包括经济效益、社会效益、环境效益和可持续影响等；

（3）服务对象或项目受益人的满意程度；

（4）达到预期产出所需要的成本资源；

（5）衡量预期产出、预期效果和服务对象满意程度的绩效指标；

（6）其他。

绩效评价是一种以目标为导向的评价体系，通过衡量项目投入产出、运营管理效率、实施效果等方面符合既定绩效目标的程度，以判断PPP项目实施成功与否。

3. 指标设计原则

绩效评价指标是衡量绩效目标实现程度的考核工具。在设置PPP项目绩效评价指标体系过程中，需遵循重要性、相关性、系统性、独立性、平衡性、定性分析和定量分析相结合这六项基本原则，就项目决策、项目管理、项目产出及效果等方面全面设定指标体系，促进PPP项目绩效评价体系设计科学合理，同时充分保障评价体系的实际应用价值与可操作性。绩效评价指标体系设定应当满足以下原则：

（1）相关性原则

绩效评价指标设定应当与绩效目标有直接的联系。指标反映的评价内容宜能充分体现PPP项目的绩效且具有一定的典型性，同时，指标设计还应考量项目利益相关者的目标，能够在项目建设、运营过程中对项目进行切实可行的评价，能够恰当反映目标的实现程度。

（2）重要性原则

绩效评价指标设定应当根据绩效评价的对象和内容优先使用最具代表性、最能反映评价要求的核心指标。PPP项目绩效影响因素众多，罗列所有考核指标不具备现实意义，需要识别出相对重要的影响因素，从而使项目绩效评价过程更具有实际操作性。指标体系一要能够体现PPP项目管理工作的重点，二要结合其评价结果体现PPP项目管理的成效与不足之处，为PPP项目运营管理单位提供针对性的改进措施。

（3）系统性原则

绩效评价指标体系设定应当将定量指标与定性指标相结合，系统反映项目所产生的社会效益、经济效益、环境效益和可持续影响等。鉴于PPP项目影响因素较多，建议在设计项目绩效评价体系过程中，从多维度设置评价指标，并设置多级层次，从而将指标划分属性，更能使指标体系系统化，提供指标的运用价值。

（4）独立性原则

PPP项目绩效指标在筛选过程中，应尽可能地保持各项指标的独立性，避免各个指标之间的多重共生性问题，使项目评价主体有效运用该套评价体系，并根据指标值推断出PPP项目某一方面的进展情况。

（5）平衡性原则

主要体现在以下两点：一是评价指标体系需要反映项目内在逻辑性，使各维度指标充分体现项目绩效水平；二是评价指标还要充分考虑项目利益相关者的需求。

（6）定性分析和定量分析相结合原则

为了使PPP项目评价结果更为客观、公正，建议根据项目的实际情况，结合使用定性指标与定量指标，综合考虑、统一筛选。以财务类指标为例，可直接定量分析。如宏观环境指标，难以定量，可考虑采用定性指标。

4. PPP项目绩效评价指标的选择

绩效评价指标是依据细化量化的绩效目标而形成的衡量绩效目标实现程度的考核工具，体现了绩效评价主体的评价目的，以及对绩效的理解和追求。通过将绩效业绩指标化，获取具有针对性的业绩值，为开展后续绩效评价工作提供基础。绩效评价指标应当充分体现和真实反映项目的绩效、绩效目标的完成情况及评价的政策需要。在PPP项目各阶段应分别从多维度设定多级指标，以进行考量，旨在实现PPP项目绩效目标。

财政部门（政府和社会资本合作中心）组织有关部门或第三方评估机构对项目从质量、工期、环境保护、安全生产等方面进行绩效考核，应当根据评价对象的具体类型合理选择绩效评价指标，指标的设定应能体现项目绩效目标实现程度、运营管理、资金使用、公共服务质量、公众满意度等。

（1）共性指标和个性指标

共性指标是适用于所有评价对象的指标，主要包括决策管理、投入管理、财务管理、项目实施及社会效益、经济效益等。

个性指标是适用于不同预算部门或项目的业绩评价指标，主要包括经济效益指标、社会效益指标、环境效益指标及可持续影响指标等。个性指标可以针对预算部门或项目特点设定。

（2）定量指标和定性指标

定量指标是可以准确地以数量定义、精确衡量并能设定绩效目标的考核指标。定量指标的评价标准值是衡量该项指标是否符合项目基本要求的评价基准。在数据收集过程中，需要遵循准确、详尽及客观的原则，确保数据来源的可靠性与真实性。在数据整理过程中，根据项目各项指标的要求，按照数据分类、数据选取、数据验证的步骤，确定数据。

定性指标是指无法直接通过数据分析评价对象与评价内容，需对评价对象及评价内容进行客观描述来反映评价结果的指标。对定性指标的评价，可通过案卷研究、数据填报、实地调研、座谈会、问卷调查等多种方法来获取数据，并对数据进行综合定性分析后得出结论。为确保评价结果的客观性和准确性，尽量避免运用单一的数据收集方法进行评价。

6.5.3　PPP项目绩效评价模型构建

1. PPP项目绩效评价方法

参考国内外文献研究成果，常用的PPP项目绩效综合评价方法主要采用专家评分法、数理统计法、灰色关联分析法、经济分析法、其他适宜的评价方法。

在PPP项目推进过程中，采用较多的是专家评分法。

（1）专家评分法

专家评分法通常以主观判断为基础，简单易行。相关专家在定性与定量分析的基础上，以打分、评语等形式对评价对象作出综合评价。具体流程可分为三个步骤：首先，对每项指标划分出评价等级；其次，采用具体的数值和区间来表示每个等级对应的评价标准，相关专家根据标准对所列指标进行评价；最后通过数学统计方法计算出评价对象的总分值。

（2）数理统计法

该类方法主要有主成分分析、因子分析、聚类分析等。这种方法较为客观，可以排除人为因素对评价的干扰和影响，比较适宜于指标间相关程度较大的对象之间的评价。在应用过程中，对指标的数据值要求较高。

（3）灰色关联分析法

灰色关联分析法主要通过行为因子序列来观察因子之间的相关性，以及各因子对行为的影响程度，最终得出因子的动态变化趋势，或根据其变化来分析因子间的离散度，对样本数量和分布没有严格的要求。该类方法研究得出的结论与定性分析差别不大。

（4）其他适宜的评价方法

PPP项目绩效评价方法的选用，应当坚持定量优先、简便有效的原则。根据评价对象的具体情况，可以采用一种或多种方法进行绩效评价。

2. PPP项目绩效评价指标权重的确定

绩效评价指标的权重是指标在评价体系中的相对重要程度，确定是否科学合理往往直接关系到项目绩效评价的质量。在项目整体评价指标体系中，确定各项评价指标的权重，即确定各评价对象在总体评价中的重要程度，并且要对这种重要程度作出量化描述。鉴于项目各项指标的影响程度存在差异性，故指标的权重需要依据实际情况，并通过相应的权重设定方法来获得，以区别对待各级评价指标在总体评价中的作用。不仅如此，由于各个项目的自身情况也存在特殊性，因此，同样的指标在不同的项目中不应采取相同的权重赋值。不过指标赋值的方法确定基本上是一致的。

绩效评价指标权重的确定在很大程度上依赖于确定方法。确定评价指标权重的方法通常包括菲尔德法、相对比较法、连环比率法、判断矩阵法、层次分析法等。

（1）菲尔德法

菲尔德法（Delphi）也称专家调查法。该方法主要是由调查者针对调查内容制定调查表、选择调查范围，并对专家调查对象进行意见征询的方法。在调查期间，各相关专家之间不得相互讨论。经多次征询和反馈循环，使相关专家取得相对一致的意见。当专家意见分歧程度局限在5%~10%时则停止调查。最后由调查者汇总并求得各指标的权重值。

菲尔德法具有广泛的代表性，可靠程度较高，适用范围广泛，且不受样本指标是否有数据的限制。其缺陷在于受专家知识、主观经验等主管因素影响，过程较为烦琐，工作量大，周期长。

（2）相对比较法

相对比较法是根据经验进行评分的方法。其具体做法是：将各项指标裂成N阶矩阵，各项指标与其他指标进行比较并采用0~1打分法进行打分，矩阵对角线上指标可不填，也可以不进行运算，然后测算得到各项指标的总分数，并做规范化处理。矩阵中指标满足$a_{ij}+a_{ji}=1$，具体如式（6-4）所示。

$$a_{ij}\begin{cases}=1 & 当指标i比指标j重要时\\=0.5 & 当指标i和指标j同等重要时\\=0 & 当指标i没有指标j重要时\end{cases} \quad (6-4)$$

指标i的权重系数为：

$$w_i = \sum_{j=1}^{n} a_{ij} \bigg/ \sum_{i=1}^{n}\sum_{j=1}^{n} a_{ij}, i,j = 1,2,\cdots\cdots,n \qquad (6-5)$$

相对比较法缺陷在于赋值只能取0、0.5、1，过于简单，受人的主观性影响大，且各项指标之间相对重要程度必须要有可比性。

（3）判断矩阵法

判断矩阵法是对相对比较法的改进，也属于经验评分法，它将各项指标排成$N \times N$的方阵，然后通过两两比较来确定元素值的重要程度。按照11、9、5、3、1的顺序对重要性程度赋值，值越小，两项指标的重要性程度越接近。反之赋予1/11、1/9、1/5、1/3、1。将矩阵中元素按行相加（或相乘）并做规范化处理，所求向量即为权重值。

（4）连环比率法

连环比率法同相对比较法、判断矩阵法一样，也是一种主观赋权方法。其求取方法是：首先将各项指标任意排序，从顺序的第1项指标开始，两两比较前后指标的重要程度，并赋予相应的值，到最后一项指标时固定为1；然后再从后面开始，按赋予的值计算出每项指标的修正分值；最后进行归一化处理得出最终结果。由于在此类方法中，赋权结果非常依赖于相邻的比率值，比值的主观判断误差会在逐步计算过程中进行误差传递。

（5）层次分析法

层次分析法（Analytical Hierarchy Process，简称AHP）是定性分析和定量分析相结合，用于分析多指标的复杂大系统的有力工具。该类方法具有思路清晰、方法简便、适用面广、系统性强等优点。将人们的思维过程和主观判断进行量化，让分析者可以对复杂的问题进行简单化处理。其基本思路是：首先根据问题的性质和目标将问题分解成各个组成因素；其次根据因素之间相互影响和隶属关系建立问题的层析结构模型；然后定量描述模型中层次因素的相对重要性并确定其权重；最后综合计算因素相对重要性的组合权数，作为评价依据。

3. PPP项目绩效评价标准

绩效评价标准是指衡量绩效目标完成程度的尺度。财政部门（政府和社会资本合作中心）组织有关部门执行绩效评价业务，应当以评价对象的性质和具体的政策导向为基础，结合行业、规模、历史经验和专家评价意见等确定绩效评价标准。绩效评价标准通常包括：

（1）计划标准

计划标准是以预先制定的目标、计划、预算、定额等数据作为评价的标准。

（2）行业标准

行业标准是指参照国家公布的行业指标数据制定的评价标准。

（3）历史标准

历史标准是指参照同类指标的历史数据制定的评价标准。

（4）以经验数据和常识确定的标准

以经验数据和常识确定的标准是指根据财政经济活动发展规律和管理实践，由相关领域经验丰富的专家学者经过分析研究后得出的有关指标标准或惯例。

（5）其他经财政部门确认的标准

在评估PPP项目绩效时，应当尽可能地选择计划标准、行业标准、历史标准及其他经财政部门确认的标准，谨慎选用以经验数据和常识确定的标准。

6.5.4　PPP项目绩效评价实施流程

当前对PPP项目监管较成熟的国家和地区有英国、澳大利亚，其PPP监管实践中关于机构设置、监管依据可以作为我国构建PPP监管的参考，另外，也是我国实施PPP绩效评价的有效平台。PPP项目绩效评价实施主体及实施流程如图6-5所示。

6.5.5　PPP项目绩效评价结果应用

按照《中华人民共和国政府和社会资本合作法（征求意见稿）》：县级以上人民政府财政部门根据绩效评价结果，依据合同约定对政府付费、可行性缺口补助进行调整。具体作用体现在两个层面：

一是绩效评价最直接的价值在于有助于完善项目实施方案。对于绩效评价中反映出的相关问题，及时反馈给项目实施机构后，可有效督促其在PPP项

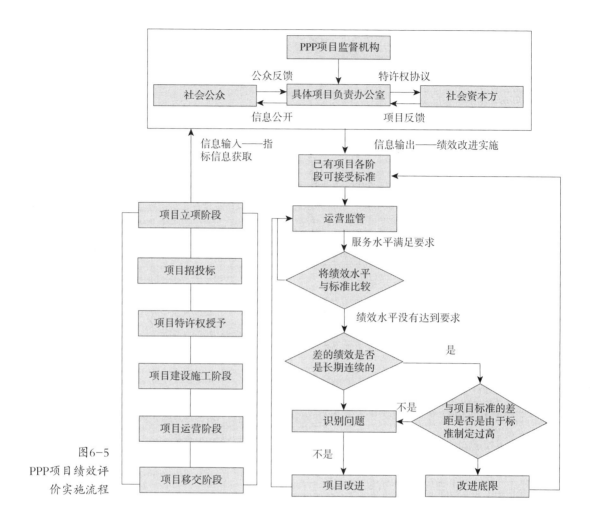

图6-5 PPP项目绩效评价实施流程

目中期评估或适时对项目方案进行调整,并将调整方案和结果及时公布。对于绩效评价结果优秀的实施方案应予以表彰奖励,并通过财政部PPP中心等平台宣传、推广,既能对全国各地的PPP项目实施机构产生良好的借鉴作用,又能对相关中介机构产生正面激励。

二是通过绩效评价可以助推咨询服务质量的不断提高,通过评价结果的公开与运用,以对中介机构产生刺激作用。因此,应将评价结果充分反馈到项目前期咨询服务中去,而不是为评价而评价、流于形式。例如因方案设计明显不合理而导致政府财政补贴、风险支出增加,数据采集和测算有重大错误等情况的,应及时将中介机构和相关情况予以公布,并督促其优化服务方案。尤其对于明显违反法律文件规定,特别是项目方案中将保底承诺、回购安排、明股实债等项目包装成伪PPP进行融资的,更是应对相关机构和从业人员限制进入PPP咨询市场。

6.6 "绩效评价"案例分析

浙江某医药特色小镇PPP项目

【案例分析】该项目绩效考核建立中期评估机制,特许经营期间每3~5年进行一次中期评估,对合同双方履约情况进行综合评估,指导调整合同履行。中期评估将由财政部门(政府和社会资本合作中心)组织有关部门进行。考核结果与投资人收益挂钩。项目采用专家评分法对项目建设阶段、运营阶段和移交阶段的各项指标逐一打分,见表6-1~表6-3,并统计汇总结果。在此基础上,对各项指标权重的确定,项目采用菲尔德法求取各指标的权重值。通过上述评价指标体系的设立与测算过程推演,最终得出本项目的绩效考核分数。项目绩效考核结果将向社会公示,作为价费标准、财政补贴以及合作期限等调整的参考依据。

【项目点评】本项目绩效评价主体在调研基础上,借鉴国内项目先进的管理经验,制定了本项目的管理标准及考核评分细则。项目组对项目的绩效监督与管理分成三个阶段。通过细则,项目组为该PPP项目建立绩效考核机制,并将绩效考核机制与政府提供可行性缺口补偿相结合,提高该PPP项目管理、运营和维护效率。需要指出的是,由于国家对小镇没有统一的考核标准,在行业中也没有典型的小镇考核案例,给该PPP项目的绩效考核造成一定程度上的局限。

项目建设绩效指标　　　　　　　　表6-1

序号	指标名称	指标说明	评分	比重
1	承包商综合能力	承包商综合管理能力;承包商对行业的知悉了解程度及对整体技术、经济与社会环境的把握		
2	风险分担	合同文件风险分担是否合理		
3	设计标准化	设计标准化程度		

续表

序号	指标名称	指标说明	评分	比重
4	质量控制	质量检验指标，参照《旅游区（点）质量等级的划分与评定》GB/T 17775-2003，需符合国家3A级旅游景区的相关技术规范、施工和验收标准等规范要求		
5	设备与材料采购合规性	项目建设所需的一切设备、材料的采购、供应、进口是否按照法律实施并符合国家的规范和标准		
6	进度管理	关注社会资本方是否严格按照政府采购的要求按时完成项目任务，其中关键性节点和工期目标应满足合同工期要求		
7	进度控制	进度控制指标		
8	成本管理	成本预测指标		
		成本控制指标		
9	施工安全	参照《建筑施工安全检查标准》JGJ 59-2011、《施工现场临时用电安全技术规范》JGJ 46-2005，用安全事故发生率表示		
10	健康管理	采用项目建设过程中造成安全事故的件数来考量		
11	环境影响	参照《环境空气质量标准》GB 3095-2012二级标准、《声环境质量标准》GB 3096-2008 2类区域标准、《建筑施工场界环境噪声排放标准》GB 12523-2011、《大气污染物综合排放标准》DB 11/501-2007二级标准、《污水综合排放标准》DB 31/199-2009二级标准等		
12	与政府良好关系	项目程序审批效率		
13	沟通协调	衡量项目建设服务所引起的争端或项目问题的解决程度，用有效沟通次数/项目沟通次数来确定		
14	社会影响	评判项目是否具备良好的社会效益，如推动地方相关产业建设、促进旅游环境建设、项目节能减排等		
15	宏观经济条件	PPP项目所属的行业宏观发展态势是否稳定		
16	法律环境	PPP项目所属的行业相关法律制度是否稳定而适宜		
17	政治环境	PPP项目所属区域政策环境是否稳定而适宜		

项目运维绩效指标　　　　　　　　　　　　　　　表6-2

序号	考核维度	标准值	评分	权重	考核指标说明
一	服务高效性	67.5		50%	
（一）	项目景区	24.5			
1	旅游交通	1.5			
1.1	可进入性	0.5			外部交通工具抵达景区的便捷程度，按0.5分、0.2分、0分三个等级计分
1.2	自配停车场地	0.5			停车场面积、地面及管理，按0.5分、0.2分、0分三个等级计分
1.3	内部交通	0.5			游览线路设计、游步道设计特色，按0.5分、0.2分、0分三个等级计分
2	游览	5			
2.1	门票	1			免费旅游景区此项不失分，设园中园、票中票的，发现一处扣2分
2.2	游客中心	1			视位置、标识醒目、造型与景观的协调性、规模、设施与服务而定，按1分、0.5分、0分三个等级计分
2.3	导游服务	1			视导游人员数量、导游语种、导游效果而定，按1分、0.5分、0分三个等级计分
2.4	游客公共休息设施和观景设施	1			视布局合理、造型与景观环境的协调性、材质及维护而定，按1分、0.5分、0.2分、0分四个等级计分
2.5	特殊人群服务项目	1			包括残疾人轮椅、盲道、无障碍设施，老年人使用的拐杖，儿童使用的童车等，按1分、0.5分、0分三个等级计分
3	卫生	2			
3.1	环境卫生	1			考量场地秩序、游览场所地面、建筑物及各种设施设备，按1分、0.5分、0分三个等级计分
3.2	废弃物管理	1			视污水排放、垃圾管理、吸烟区管理、餐饮服务、厕所情况，按1分、0.5分、0分三个等级计分

续表

序号	考核维度	标准值	评分	权重	考核指标说明
4	邮电服务	2			
4.1	邮政纪念服务	1			若提供信函等基本邮政业务,且服务便捷,计1分;若不提供,计0分
4.2	电信服务	1			若提供电信服务,且服务便捷,计1分;若不提供,计1分
5	旅游购物	3			
5.1	购物场所建设	1			购物场所不破坏主要景观,不妨碍游客游览,不与游客抢占道路和观景空间,按1分、0.5分、0分三个等级计分
5.2	购物场所管理	1			对购物场所进行集中管理,环境整洁,秩序良好,无围追兜售,强卖强买现象,按1分、0.5分、0分三个等级计分
5.3	旅游商品	1			具备本旅游景区的特色,计1分;若不具备,计0分
6	资源吸引力	7			
6.1	观赏游憩价值	2			用"很高"、"较高"、"一般"、"较小"衡量并打分,"很高"计2分;"较高"计1分;"一般"计0.5分;"较小"计0分
6.2	历史文化科学价值	2			是否同时具有极高历史价值、文化价值、科学价值,同时具备3种价值,计2分;具备2种,计1分;具备1种,计0.5分;不具备,计0分
6.3	珍稀或奇特程度	1			是否有大量珍稀物种、景观异常奇特、世界级资源实体,按1分、0.5分、0分三个等级计分
6.4	规模与丰度	1			依资源实体体量、基本类型数量、资源实体疏密度而定,按1分、0.5分、0分三个等级计分
6.5	完整性	1			视资源实体完整性、保持原来形态与结构的程度而定,按1分、0.5分、0分三个等级计分

续表

序号	考核维度	标准值	评分	权重	考核指标说明
7	市场影响力	4			
7.1	美誉度	1			获得游客和专业人员的赞美程度，按1分、0.5分、0分三个等级计分
7.2	市场辐射力	2			客源分布状况，按2分、1分、0.5分、0分四个等级计分
7.3	主题强化度	1			景区是否有特色主题，若有，计1分；若无，计0分
8	综合管理	4			
8.1	游客投诉及意见处理	2			及时处理并获得游客好评，计2分；及时处理但游客反应一般，计1分；未及时处理扣1分
8.2	征询游客意见	2			定期征询一年超过3次，计2分；一年1~3次，计1分；一年1次以下，计0分
（二）	商办设施	23			
1	招商考核	9			
1.1	招商完成时间	3			
1.1.1	主力店签约时间	2			不迟于××年××月××日，按时完成，计2分；未按时，计0~0.2分
1.1.2	招商完成日期	1			××年××月××日，商家入驻率=实际入驻商家数量/计划入驻商家数量×100%，按时完成，计1分；未按时，计0~0.2分
1.2	品牌落位质量	4			
1.2.1	一线品牌进驻比例	1			签订合同商户达××以上，超过比例，计1分；未超过，计0~0.2分
1.2.2	二线品牌进驻比例	1			签订合同商户达××以上，超过比例，计1分；未超过，计0~0.2分
1.2.3	招商签约控制目标	2			达××以上，招商签约率=已签约面积/计划招商面积×100%，实现目标，计2分；未实现，计0~0.2分

续表

序号	考核维度	标准值	评分	权重	考核指标说明
1.3	招商费用控制	2			招商费用控制=实际发生/费用预算×100%，超过比例，计1分；未超过，计0~0.2分
1.3.1	招商直接费用控制目标	1			费用不超过××万元，实现目标，计1分；未实现，计0~0.2分
1.3.2	招商间接费用控制目标	1			费用不超过××万元，实现目标，计1分；未实现，计0~0.2分
2	运营考核	9			
2.1	经营业绩	4			
2.1.1	出租率	2			以出租率为依据，出租率=已出租面积/总出租面积×100%，出租率超过90%，计2分；出租率60%~90%，计1分；出租率低于60%，计0分
2.1.2	客流	2			参照标杆房企的数据，设定客流基准值进行考核，超过基准值，计2分；未超过，计0~0.5分
2.2	物业增值能力	2			
2.2.1	商铺租金增长	1			以增长率为依据，商铺租金增长率=本期租金/上期租金×100%，按1分、0.5分、0分三个等级计分
2.2.2	租户营业额增长	1			以增长率为依据，租户营业额增长率=本期营业额/上期营业额×100%，按1分、0.5分、0分三个等级计分
2.3	重大事件处理	1			以消费者投诉事件处理结果为依据，按1分、0.5分、0分三个等级计分
2.4	经营与管理合规性	2			项目运营及管理是否符合法律、法规相关规定，按2分、1分、0分三个等级计分
3	企划考核	5			
3.1	推广费用控制目标	1			费用率不超过××，推广费用率=实际推广费用/预算推广费用×100%，按1分、0.5分、0分三个等级计分

续表

序号	考核维度	标准值	评分	权重	考核指标说明
3.2	商业推广计划完成目标	1			以完成率为依据,商业推广计划完成率=已完成关键节点数量/总关键节点数量×100%,按1分、0.5分、0分三个等级计分
3.3	推广效果	2			
3.3.1	当期营销推广效果	1			以统计当期来电来访人次情况为依据,按1分、0.5分、0分三个等级计分
3.3.2	品牌影响力	1			通过品牌影响力抽样调查的方法统计,按1分、0.5分、0分三个等级计分
3.4	诉讼仲裁件数控制目标	1			以发生率为依据,诉讼仲裁发生率=年度诉讼仲裁发生件数/年度诉讼仲裁控制件数×100%,按1分、0.5分、0分三个等级计分
(三)	停车设施	10			
1	车位配置	6			《台州市机动车停车设施近期建设规划》台建规〔2010〕190号、建科发〔2005〕168号
1.1	机动车停车位	3			
1.1.1	景区机动车位配置	1			参照旅游区停车位指标,停车位数量不应小于0.2车位/每100m²用地面积,若符合标准,计1分;不符合标准,计0分
1.1.2	商业场所机动车位配置	1			参照商业建筑停车位指标,停车位数量不应小于0.2车位/每100m²建筑面积,若符合标准,计1分;不符合标准,计0分
1.1.3	办公场所机动车位配置	1			参照办公楼停车位指标,停车位数量不应小于0.3车位/每100m²建筑面积,若符合标准,计1分;不符合标准,计0分
1.2	非机动车停车位	3			
1.2.1	景区非机动车位配置	1			参照旅游区停车位指标,停车位数量不应小于0.2车位/每100m²用地面积,若符合标准,计1分;不符合标准,计0分

续表

序号	考核维度	标准值	评分	权重	考核指标说明
1.2.2	商业场所非机动车位配置	1			参照商业建筑停车位指标，停车位数量不应小于2.0车位/每100m^2建筑面积，若符合标准，计1分；不符合标准，计0分
1.2.3	办公场所非机动车位配置	1			参照办公楼停车位指标，停车位数量不应小于1.0车位/每100m^2建筑面积，若符合标准，计1分；不符合标准，计0分
2	车位出租	2			
2.1	出租率	1			以出租率为依据，出租率=已出租车位数/总车位数×100%，出租率超过90%，计1分；出租率70%~90%，计0.5分；出租率低于70%，计0分
2.2	租金水平	1			以增长率为依据，停车位租金增长率=本期租金/上期租金×100%，分1分、0.5分、0分三个等级计分
3	经营与管理合规性	2			台政办函〔2015〕80号、建城〔2015〕129号
（四）	基础设施	10			
1	实施效果	6			
1.1	服务能力	2			设施使用情况，分2分、1分、0.5分、0分四个等级计分
1.2	服务质量	2			以客户满意指数为依据，分2分、1分、0.5分、0分四个等级计分
1.3	外部效果	2			以对地区经济增长的贡献为依据，贡献率=项目增加量/GDP增加量×100%，分2分、1分、0.5分、0分四个等级计分
2	可靠程度	2			
2.1	确定性指标	1			以预备费百分比、风险分类等级指标为依据，预备费=（建安费+二类费）×8%
2.2	复合指标	1			以灾害复发频率为依据

续表

序号	考核维度	标准值	评分	权重	考核指标说明
3	环境影响	2			
3.1	土地使用	0.5			项目用地与城市腹地连通性,分0.5分、0.3分、0分三个等级计分
3.2	大气状况	0.5			服务阶段通风设计等,分0.5分、0.3分、0分三个等级计分
3.3	视觉影响	1			与周围环境协调性,分1分、0.5分、0分三个等级计分
二	财务健康性	10		25%	
(一)	项目公司负债能力	2			
1	短期偿债能力	1			以流动比为依据,流动比率=流动资产/流动负债×100%,分1分、0.5分、0分三个等级计分
2	长期偿债能力	1			以资产负债率为依据,资产负债率=负债总额/资产总额×100%,分1分、0.5分、0分三个等级计分
(二)	项目公司盈利能力	6			
1	静态盈利能力	3			以投资利润率为依据,投资利润率=年利润总额/总投资×100%,分3分、1分、0分三个等级计分
2	动态盈利能力	3			以财务内部收益率为依据,当财务内部收益率大于等于基准收益率时,项目可行,分3分、1分、0分三个等级计分
(三)	项目公司营运能力	2			
1	流动资产周转水平	1			以流动资产周转率为依据,流动资产周转率=主营业务收入/平均流动资产总额,分1分、0.5分、0分三个等级计分

续表

序号	考核维度	标准值	评分	权重	考核指标说明
2	固定资产周转水平	1			以存货周转率为依据,存货周转率=主营业务收入/存货平均余额,分1分、0.5分、0分三个等级计分
三	系统安全性	14.5		15%	
(一)	安全保卫	7			
1	巡视制度	1			对重点区域、重点部位有巡视计划和巡视路线图,若有,计1分;若无,计0分
2	人员出入管理	0.5			对进出物业管理区域的外部人员实行临时出入证管理,若有,计0.5分;若无,计0分
3	安全设备设施	1.5			视游览游乐服务设施安全、危险地带安全防护设施配置情况而定,配置完善,计1.5分;基本配置,计0.5分;未配置,扣1分
4	景区医疗服务	1			设立医务室、有专职医护人员、备日常药品和备急救箱,按1分、0.5分、0分三个等级计分
5	景区救护服务	1			救护设备、建立紧急救援体系设置,按1分、0.5分、0分三个等级计分
6	安全及应急管理	1			是否建立制度和预案,若有,计1分;若无,计0分
7	治安事件	1			项目范围内未发生治安事件,计1分;若发生,扣1分
(二)	消防管理	7.5			
1	设备完好率	1			消防系统设施设备齐全、完好无损,计1分;基本完好,计0.5分;完全破损,计0分
2	消防系统检查制度	0.5			按周期进行检查,计0.5分;不进行检查,计0分

续表

序号	考核维度	标准值	评分	权重	考核指标说明
3	应急方案	1			定有突发火灾的应急方案，计1分；若无，计0分
4	消防值班	1			实行24小时制，计1分；实行12小时制，计0.5分
5	消防演练	1			一年超过4次，计1分；2~4次，计0.5分；2次以下，计0分
6	安管人员业务素养	1			对消防知识、消防器材的知悉程度，分1分、0.5分、0分三个等级计分
7	火灾事件	1			项目范围内未发生火灾事件，计1分；若发生，扣2分
8	火灾安全隐患	1			项目不存在火灾安全隐患，计1分；若存在，扣2分
四	满意度	8		10%	
1	社会相关利益者满意度	2			满意率90%以上的计2分，满意率80%~90%的计1分，满意率70%~80%的计0.5分，满意率60%~70%的计0.2分，满意率60%以下的计0分
2	上级主管部门满意度	2			满意率90%以上的计2分，满意率70%~90%的计1分，满意率70%以下的计0分
3	项目单位内部职工满意度	2			满意率90%以上的计2分，满意率80%~90%的计1分，满意率70%~80%的计0.5分，满意率70%以下的计0分
4	奖惩指标	2			无奖惩得2分，受省级表扬1次得1分，受市级表扬1次得0.5分，受省级批评一次扣1分，受市级批评一次扣0.5分
合计		100		100%	

项目移交绩效指标 表6-3

序号	指标名称	指标说明	评分	比重
1	技术转移	与设施运营和维护有关的技术及书面的技术操作规范的交接达标度		
2	运营状况	特许经营协议约定的移交时的盈利能力的达成度		
3	设备状况	特许经营协议约定的移交时的设备可使用性的达成度		
4	维修担保	维修担保服务满意度		
5	移交范围及标准程序	特许经营协议中约定移交范围和移交手续，考核是否遵照协议约定履行手续，以及是否完全移交规定范围的内容		
6	人员培训	政府人员在移交前培训学习的合格度		
7	提前移交	是否满足提前移交的情形，以及此时设备的性能状况		

7 我国PPP应用现存问题及展望

7.1 现存问题

7.1.1 政府部门问题

1. 政府部门对PPP认识存在偏差

（1）国家部委间对PPP的认识存在偏差

目前，国家部委对PPP的认识存在一定差异。国家发改委在《关于开展政府和社会资本合作的指导意见》（发改投资［2014］2724号）中采用的定义为："政府和社会资本合作（PPP）模式是指政府为增强公共产品和服务供给能力、提高供给效率，通过特许经营、购买服务、股权合作等方式，与社会资本建立的利益共享、风险分担及长期合作关系。"该定义主要侧重于公共产品和服务供给"效率"。而财政部在《关于推广运用政府和社会资本合作模式有关问题的通知》中给出的PPP定义为："政府和社会资本合作模式是在基础设施及公共服务领域建立的一种长期合作关系。通常模式是由社会资本承担设计、建设、运营、维护基础设施的大部分工作，并通过'使用者付费'及必要的'政府付费'获得合理投资回报；政府部门负责基础设施及公共服务价格和质量监管，以保证公共利益最大化。"从中可见，财政部对PPP定义侧重于社会资本合理"利益"和公共最大"利益"。另外，两者差异还在于：发改委强调的是"公共产品和服务"，财政部强调的是"基础设施及公共服务"，发改委确认的PPP项目适用范围比财政部大。因此，两部门对PPP认识不同可能会造成后续政策的侧重机制不同，可能会带来一定程度的冲突。例如，一个项目在"利益"方面并不能获得最大化，但由社会资本和政府合作实施，其效率比传统方式高许多，此时符合发改委对PPP的认识，而与财政部认识稍有偏差。

（2）地方与中央政府对PPP的认识存在偏差

根据《财政部PPP综合信息平台项目库季报第1期》，截至2016年1月31日，我国33个省、自治区、直辖市和计划单列市的6997个PPP项目纳入项目库，总投资需求达到81322亿元。同时，各地方政府根据国务院、发改委及财政部政策纷纷出台相应的PPP项目指导文件，积极探索PPP等模式，推进PPP

发展。然而，由于PPP项目起步较晚，部分地方对推行PPP项目的认识与中央政府存在一些偏差，导致部分PPP项目实施失去原有的意义，甚至埋下隐患。具体表现在：

第一，将PPP机制简单看作是一种"减债"的融资工具，没有提高公共项目的效率意识。当今，地方政府债务的急剧累积和迅猛增长，已成为制约地方经济社会持续、健康、和谐发展的严重障碍，并潜伏着巨大的债务风险和诚信危机。为此，中央政府于2014年出台《国务院关于加强地方政府性债务管理的意见》（国发〔2014〕43号），简称《43号文》，以规范地方政府举债行为。为摆脱困境，一些地方政府将原先公共基础设施项目统统列入PPP项目库，认为采用PPP形式，由社会资本买单，政府就可以"甩包袱"，减轻财政支出压力。但是，这种一哄而上的做法与中央政府利用PPP增进公共产品的效率相违背，在缺乏必要项目筛选、物有所值评估、财政承受能力论证的前提下盲目上PPP项目，缺乏经营性和公益性平衡的综合考虑，如此有可能会降低公共产品的服务水平和效率，使得推行PPP项目的初衷适得其反。此外，部分政府实施的PPP项目已演变为"拉长型BT项目"及"明股实债"，政府仍需在项目运营期内支付大量财力，债务并未减轻。因此，针对类似问题，财政部延续《43号文》精神，于2016年年初下发《关于对地方政府债务实行限额管理的实施意见》（财预〔2015〕225号），明确了地方政府限额确定的程序、方式及类别，明确省级和计划单列市地方政府为债务的举借主体。同时从建立债务预警指标体系、风险化解应急处置机制和监督考核问责机制等方面加强对地方政府债务的管理。

第二，部分地方政府创新机制匮乏，缺少将PPP机制推行与政府当前体制改革相融合的举措，其改革意识偏差不利于PPP发展。自党中央"十八大"召开以来，中国政府体制进入新一轮改革，以更务实的态度解决一些经济社会的具体问题。PPP模式的推出，正是国家进行政府机构体制（服务型政府）、经济体制、财务税收、国企改革等综合性改革需求，是国家经济进入经济"新常态"的重要举措。同时，PPP不仅改进了基础设施投资的效率和效益（增值），而且符合当今国家供给侧改革的意图。目前，部分地方政府还是停留在原先"大力发展基础设施拉动需求、招商引资"的传统思维，其各项改革只是"走一步、看一步"，未呈系统性、创新性改革布局，势必给PPP项目建设带来阻力，而不是动力。

2. 部门间缺乏有效的协调机制

PPP项目的实施需要涉及政府各部门之间的配合，如政府发展改革、财政、国土、环保、住房和城乡建设、交通和运输、水利、价格、能源、金融监管等有关部门，这些部门如何协调、职责如何分工，将直接影响PPP项目的运行。为解决促进各部门配合，国家发改委在《关于开展政府和社会资本合作的指导意见》（发改投资〔2014〕2724号）中提出，按照地方政府的相关要求，明确相应的行业管理部门、事业单位、行业运营公司或其他相关机构，作为政府授权的项目实施机构，在授权范围内负责PPP项目的前期评估论证、实施方案编制、合作伙伴选择、项目合同签订、项目组织实施以及合作期满移交等工作。

目前，政府指派的实施机构一般由与PPP项目相关的行业主管部门担任，具体人员从各个处室临时抽调人员组成。由于这些人员平时以业务管理为主，没有项目管理经验，对PPP的流程也不熟悉，并且项目信息未共享，其协调机制不能有效发挥，影响PPP项目的正常运行。虽然，有些地方建立了联合审查机制，但给予联合小组审查的时间往往很短，并且小组缺乏法律、财务等方面专业人士，此外还需经常等相关部门领导拍板，而领导工作繁忙，往往不能仔细审核资料，仅凭以往传统经验作出决策，无法保证审查质量，为今后PPP项目实施留下隐患。

3. 部分地方政府契约意识不强

在PPP业界，流传着这样一句话，"PPP不是一场婚礼，而是一段婚姻"。婚礼一次性结束，婚姻却需要长期的合作和互相信任。然而，在实际PPP项目中，由于政府原因导致PPP项目失败的案例有许多，以此使得社会常误解为"政府失信"。其原因主要在于：政府缺乏"契约精神"的贯彻，其承诺缺少保证机制；由于行政区划调整，政府换届、部门调整和负责人变更引起项目变更；政府破坏项目排他性的承诺；财政支付费用不及时等。例如，杭州湾跨海大桥属于经营性PPP项目，社会资本的投资回报依赖政府政策支持，其中项目唯一性是关键因素。项目运营初期，投资回报率较高（2009年营业毛利率为63.93%）。但运营5年后，杭甬客运专线和杭州网第二通道（嘉绍跨江大桥）均于2013年7月通车，对杭州湾跨海大桥形成较强分流，致使通行费收入下降，其投资回报率下降（2013年营业毛利率为50.44%），并最终导致部分社会资本退出，只得由政府授权机构宁波交投回购其股权。可见，政府的契约意识强弱对PPP项目影响巨大，如果"契约意识不强"问题未得到妥善解决，将无法吸引社会资本投入PPP项目的积极性。为此，政府应充分尊重"契约精神"，确保社会资本合理收益。此外，政府应合理确定财政付费总额和分年度数额，建立与政府年度预算和中期财政规划相衔接机制，对财政支出风险加以评估，并预留风险资金，如建立政府违约后的救济机制，完善担保和保险制度，甚至可建立担保基金，以确保PPP项目的顺利实施。

4. 项目审查效率偏低

为保证政府和社会资本合作项目实施质量，《财政部关于推广运用政府和社会资本合作模式有关问题的通知》（财金〔2014〕76号）中规范了项目识别、准备、采购、执行、移交各环节操作流程，但缺少具体细则。例如，PPP项目原为政府固定资产投资项目（公共产品），实行审批制程序。而PPP项目主要是以社会资本为主进行的投融资活动，其性质偏向企业投资，按理可按常规的核准、备案等流程办理相关手续，但目前政策并未明确到底实施哪种流程。另外，PPP项目在筛选前，部分已经经过可行性研究审批，如果再重新走流程，势必影响PPP项目的推进效率。例如某项目社会资本在中标后，按现行基本建设程序，成立项目公司后还需到计划、规划、土地、环保等部门审批，而这些部门审批程序非常繁杂，有时并不认可城市建设部门的意见，就存在对项目进行二次审查的情况，审查效率明显降低。更为重要的是，政府各部门不协调的问题，审查后提出的意见和投资人与政府签订的特许经营权协议有冲突，使投资人的利益难以保证。同时，目前政府各相关部门项目信息渠道不流畅，有待PPP项目信息库的建设与协调机制的真正落实，才能为PPP项目融资工作顺利推进创造有利条件。

5. 补贴、奖励政策存在随意性

为推广运用政府和社会资本合作模式（PPP），政府在2014年推出一系列补贴政策，如《财政部关于推广运用政府和社会资本合作模式有关问题的通知》（财金〔2014〕76号）提出，对项目收入不能覆盖成本和收益，但社会效益较好的政府和社会资本合作项目，地方各级财政部门可给予适当补贴。并且，该文件指出"财政补贴要以项目运营绩效评价结果为依据，综合考虑产品或服务价格、建造成本、运营费用、实际收益率、财政中长期承受能力等因素合理确定"。但是，在实际过程中，由于没有具体的标准，且补贴金额如何与上述指标挂钩，使补贴工作较难开展。因此，2015年年底财政部出台《关于实施政府和社会资本合作项目以奖代补政策的通知》（财金〔2015〕158号），提出"对财政部PPP示范项目中的新建项目，给予300万~800万元不等的奖金，对符合条件、规范实施的转型为PPP项目的地方融资平台公司存量项目，按照项目转型实际化解地方政府存量债务规模的2%给予奖励"。2016年年初，浙江、山东、江苏、江西等地方政府出台PPP项目以奖代补政策，主要目的是推动PPP项目加快实施进度，提高项目操作的规范性，保障项目实施质量。从总体上看，政府一开始趋向于"补建设"向"补运营"的补助政策，现以转变为从"前补助"向"后奖励"，这种"以奖代补"比直接补贴政策更加合理，但各地奖励标准不平等、何时奖励、奖励资金如何分配等问题仍然需要细化，不能随意化。

6. 缺乏有效的监管机制

在PPP项目实施中，政府主要职责是对融资、投资、质量、价格、成本等监管，包括事前、事中和事后的监管。目前，在PPP项目监管实际运作中，出现较多问题，主要表现在：

第一，项目监管责任主要落实在政府制定的实施机构，由于实施机构多为PPP项目行业主管部门，除对自身行业建设内容熟悉外，对PPP项目的投融资活动了解不深，其监管方向不明。同时，地方政府协调机制不健全，实施机构权力不足以对其他部门进行协调，信息在各部门之间不畅通，导致各方监管缺失。

第二，监管指标多由咨询机构在实施方案中提供，但由于咨询机构的专业能力有限，其指标体系缺乏合理性、科学性，如部分监管指标没有考虑经济效益指标和社会效益指标间的平衡，缺乏事先对公众满意度的调查，使指标流于形式。

第三，我国及地方相关政策中虽然提出监管主体责任和监管事项，但缺乏监管细则，可操作性不强。例如，《市政公用事业特许经营管理办法》（建设部令126号）提出对获得特许经营权的投资人应至少两年进行一次经营情况的中期评估，而实践中只是五六年之后有一个简单评估，并未起到监管作用。而地方性法规对监管也只是作出个概括性或笼统性的规定，并未涉及在监管过程中责任的分担及相应的法律后果，这让在现实中如何真正实现监管成为空中楼阁。

第四，监管内容不公开，监管渠道未建立。一则，社会公众无从得知项目实施及监管信息，无法参与对PPP项目的监管，提供对PPP项目的看法和反馈；二则，上级部门不能及时掌握PPP项目运行信息和监管内容，其监督工作无法正常开展。

7. 信息平台的公开性、及时性问题

《关于规范政府和社会资本合作合同管理工作的通知》（财金〔2014〕156号）提出，"政府、社会资本或项目公司应依法公开披露项目相关信息，保障公众知情权，接受社会监督。社会资本或项目公司应披露项目产出的数量和质量、项目经营状况等信息。政府应公开不涉及国家秘密、商业秘密的政府和社会资本合作项目合同条款、绩效监测报告、中期评估报告和项目重大变更或终止情况等"。

当前实际情况，公众很难获得社会资本或项目公司披露的信息。2016年2月29日，国家PPP综合信息平台项目库在财政部PPP中心网站（www.cpppc.org）首次公开，披露全国PPP项目信息。其中的PPP项目信息由地方各级财政部门组织相关部门录入，并经审核通过后纳入项目库。公开的项目库信息，主要包括入库项目总数、投资总额和行业分布，库中每个项目的名称、所在地、实施内容、投资额、合作年限、PPP运作方式、所处PPP操作阶段、联系方式等基本信息。但是，PPP综合信息平台只能各地方政府部门查看，而一般公众只能查看项目库综合信息，单独的PPP项目信息尚未公开。此外，国家发改委和财政部网站都分别公开了示范性项目名录及部分信息，但对于示范性项目具体实践创新内容与存在问题未作分析与总结，借鉴意义尚有不足之处（图7-1）。

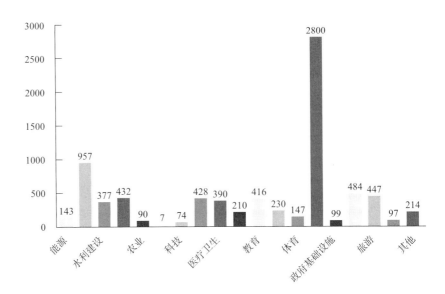

图7-1
2015年全国PPP项目分布

7.1.2 法律、政策环境问题

随着我国政府相继出台一系列的PPP模式的相关法律、政策，为推行PPP模式提供了规范和指导性纲领，但由于法律、政策集中出台，存在疏漏和彼此间冲突现象，给PPP项目相关的实际工作带来难题，同时也缺少比较权威的解释。例如，《政府和社会资本合作项目财政承受能力论证指引》提出，需对行业和领域均衡性评估，"根据PPP模式适用的行业和领域范围，以及经济社会发展需要和公众对公共服务的需求，平衡不同行业和领域PPP项目，防止某一行业和领域PPP项目过于集中"。问题是，该文件并未对均衡性提出相应的指标，在实际评估中难以确定。又如，财政部《政府和社会资本合作项目政府采购管理办法》（财库[2014]215号）中明确了"PPP项目采购方式包括公开招标、邀请招标、竞争性谈判、竞争性磋商和单一来源采购"。而在《基础设施和公用事业特许经营管理办法》（发改等6部委25号令）则要求"实施机构根据经审定的特许经营项目实施方案，应当通过招标、竞争性谈判等竞争方式选择特许经营者"。再如，财政部《政府和社会资本合作模式操作指南（试行）》第二十八条："（二）违约责任。项目实施机构、社会资本或项目公司未履行项目合同约定义务的，应承担相应违约责任，包括停止侵害、消除影响、支付违约金、赔偿损失以及解除项目合同等。（三）争议解决。在项目实施过程中,按照项目合同约定,项目实施机构、社会资本或项目公司可就发生争议且无法协商达成一致的事项,依法申请仲裁或提起民事诉讼。"《基础设施和公共事业特许经营管理办法》第五十一条:"特许经营者认为行政机关作出的具体行政行为侵犯其合法权益的,有陈述、申辩的权利,并可以依法提起行政复议或者行政诉讼。"两者PPP项目实施中争议诉讼解决的方式不同,财政部文件认为PPP模式是民事行为,争议适用民事诉讼。而发改委主导的六部委则认为PPP模式是行政行为,争议适用行政诉讼。

7.1.3 PPP项目筛选问题

1. 项目筛选标准无详细规定,缺少一套完善指标体系

根据《关于规范政府和社会资本合作(PPP)综合信息平台运行的通知》(财金〔2015〕166号),"由各级财政部门会同相关部门评估、筛选的PPP项目,基本信息均应录入PPP综合信息平台。经省级财政部门审核满足上报要求的,列为储备项目,编制项目实施方案,通过物有所值评价、财政承受能力论证,并经本级政府审核同意的,列为执行项目"。由于项目筛选在物有所值评价、财政承受能力论证之后,因此地方政府在筛选PPP项目时存在凭直觉或从政府财政需求考虑的情况,缺乏合理的筛选标准和完善的指标体系。

2. 筛选前期准备工作不充分

由于中央政府对PPP项目的大力支持和引导,加上对地方债务的限额控制。部分地方政府一方面积极响应中央政策,另一方面从地方建设考虑,筛选原先列入政府投资计划的建设项目作为PPP项目,但未及时将前期准备工作做细。就目前而言,PPP项目多为基础设施投资项目。项目投资规模巨大、周期长、风险大,需要前期的大量论证工作,比如对建设方案的比较、可行性研究等,如果在项目筛选前缺乏必要的决策评估工作,将加大PPP项目实施的不确定性,容易导致PPP项目失败。

3. 缺乏项目评估与项目筛选之间的互动

建立一套完善、合理的PPP项目筛选指标需要经验与数据的积累,而经验

与数据是通过PPP项目实践而来。由于我国推行PPP项目尚处于初始阶段，相关的PPP项目建设和运营方面的经验与数据较少，加上我国PPP信息中心刚刚建立，尚未能发挥出积极的作用。因此，需要对在建或运营的PPP项目进行中期评估，以获得数据给项目筛选指标建立与完善提供良好的依据，以此形成良性互动，提高项目筛选的效率，避免今后不必要的损失。

7.1.4 融资问题

1. 融资渠道不畅通

目前，多数PPP项目还是沿用以往政府固定资产投资项目，多采用银行贷款方式。由于银行贷款周期短（一般10年），利率高，而PPP涉及的基础设施项目周期长、收益低，之间存在期限错配风险，因此银行贷款的融资渠道并不理想。在2015年于上海市陆家嘴第一届中国PPP融资论坛（中国）上，部分银行人士提出对PPP项目风险的担忧，而需要政府在融资增信方面大力支持，否则会增加贷款难度。为此，有必要拓宽其他融资渠道。2015年3月，国家发改委、国家开发银行在《关于推进开发性金融支持政府和社会资本合作有关工作的通知》（发改投资〔2015〕445号）中提出，"开发银行充分发挥开发性金融的中长期融资优势及引领导向作用，积极为各地的PPP项目建设提供'投资、贷款、债券、租赁、证券'等综合金融服务，并联合其他银行、保险公司等金融机构以银团贷款、委托贷款等方式，努力拓宽PPP项目的融资渠道"。但金融机构对PPP项目并不熟悉，或金融界缺乏类似经验，多数尚处于"旁观"状态，期待政府出台更加明确的实施细则和保障措施。

2. 政府引导基金尚不成熟

目前，中央与地方两级政府都在积极探索成立PPP引导基金。财政部与山东、山西、河南、江苏、四川及新疆等地都成立了不同规模的PPP引导基金（以下简称"PPP基金"）。但根据相关报道，河南省50亿元PPP基金、江苏省100亿元PPP基金、山东省800亿元PPP基金，以及各地设立的PPP产业基金，都无法顺利募集资金，基金难以落地。其主要原因在于：PPP基金管理公司的项目管理能力或资金投向设计不合理；基金份额的募集有着非常严谨规范的规则，而且PPP基金相对于传统的股权投资基金、产业投资基金、创新投资基金，其投资规模大、收益低、过程管理不确定性因素大，大多数机构都是望而生畏；个别基金募集方式不规范，有违金融市场规律。

3. 融资方式的创新性不足

采用PPP模式的项目多为基础设施项目，有比较稳定的现金流，金融界对此十分关注。当前，随着PPP项目的增加，各类融资机构已陆续介入，如信托、保险、资产管理公司、证券公司、基金公司等。由于PPP项目投资量大，周期长，为避免金融风险，需要采取多种组合方式来解决。同时，社会资本因融资而产生的资产负债率过高、双重税收等问题也急需采用新型的融资方式加以消化，以减小社会资本压力。从目前来看，PPP项目的成功融资方式正在探索中，尤其是基金组合、资产证券化、项目债券等方式。在金融创新的同时，不仅需要考虑降低社会资本的财务成本和融资风险，也要考虑金融机构的资金回收保障。

4. 再融资实施条件与分成问题

在财政部出台的《PPP项目合同指南（试行）》中提出，为了调动项目公司的积极性并保障融资的灵活性，在一些PPP项目合同中，还会包括允许项目公司在一定条件下对项目进行再融资的规定。实际上，当政策、行业、技术或项目公司内部投资人退出等因素产生时，项目公司为维持PPP项目的持续实施，也需要再融资，以获得资金支撑。再融资不仅仅在运营期需要，在PPP项目实施的任何时期都有可能发生。关于再融资，主要有两个问题值得讨论：

第一，再融资的条件。根据《PPP项目合同指南（试行）》，"再融资的条件通常包括：再融资应增加项目收益且不影响项目的实施、签署再融资协议前须经过政府的批准等"。问题是，如果项目公司再融资目的并不在于增加收益，而是维持PPP项目顺利运行，以抵抗不确定产生的风险，此时再融资条件是否成立？再融资需经政府批准方能实施，但政府批准手续比较复杂，而且项目公司内部的市场经营也不容时机耽误。因此，需要进一步对再融资条件予以优化。

第二，再融资的利益分成。《PPP项目合同指南（试行）》中提出"政府方对于因再融资所节省的财务费用享有按约定比例（例如50%）分成的权利"。政府方一般是通过参股项目公司获得一定的经济利益，如果在股权之外获利是否有双重收益之嫌，是否会打消社会资本改进融资结构的积极性，另外政府方是否承担部分再融资风险。这些问题如果不解决，会影响PPP项目的正常实施。

7.1.5 部分咨询机构能力有限

PPP项目不仅具有极其复杂且特许期长的特点，同时还需要政府、社会资本、项目公司和融资机构等各方面的沟通协调，从项目发起到实施过程中可能出现的问题非常多，因此，为了促进PPP项目可以顺利实施，专业的第三方咨询机构是非常重要的。事实上，已经落地的PPP项目中也都离不开专业第三方咨询机构的支持。

财政部发布的一系列文件中提出：为确保示范项目操作规范和高效，必要时可聘请专业机构协助和积极发挥第三方专业咨询机构作用。发改委在其文件中也提出了积极发挥各类专业中介机构在PPP项目中的积极作用，提高项目决策的科学性、项目管理的专业性以及项目实施效率。

但是，由于PPP项目本身也是在推广阶段，现有的咨询机构能够胜任PPP咨询的还是凤毛麟角，部分参与PPP咨询的机构更是具有以下的各种问题，整体能力更是有待进一步提升。

1. 咨询报告缺乏合理性

（1）实施方案缺乏对项目可行性分析。

实施方案是PPP项目准备阶段的重要环节，其内容一般包括项目概况、风险分配、运作方式、交易结构、合同体系、监管架构和采购方式等，这些内容是PPP项目实施的核心。实施方案也是咨询机构的主要成果，其编制质量直接影响PPP项目日后的建设和运营。由于当前咨询机构经验欠缺、行业历史数据缺乏，编制的实施方案往往准确性不高，并且无具体针对项目特点提出合理性、可操作性方案，同时缺乏必要的方案论证与分析，无法为政府提供良好的决策支持成果，导致日后PPP运作无从着手，耽误整个进程。

（2）缺少对用户付费项目公众支付意愿和能力评估等；物有所值数据缺

乏可信性。

PPP咨询报告包含的内容广泛，其中物有所值评价因为缺乏数据、假设太多、评估方法不完善，导致目前许多PPP项目的物有所值评估都是流于形式的。这并不是物有所值理念的错，是物有所值评估方法不完善、项目动机不纯和PPP咨询是否专业和尽职的问题。如果项目作物有所值评估的动机是为了做PPP项目，那即使有再完善的物有所值评估方法和统计数据，不物有所值的项目也是可以通过物有所值评估的。

此外，PPP项目在编制咨询报告的过程中，极少对用户付费项目进行公众支付意愿和能力评估，这主要还是因为这一项工作的实施极其的耗费人力物力以及时间，也受制于项目未正式立项因此前期各项经费有限的限制，对此，建议政府和社会资金在决定是否要对一个项目进行PPP模式运作前，在前期咨询上还是要支出必要的经费，做足准备工作，以减少在项目正式开始实施之后发现许多与前期咨询报告不符导致项目亏损的情况。

（3）财务模型与实际会计准则不能对应，参考性较差，结论准确度不高。

PPP项目基本为基础设施项目，其土地使用权及项目土地附着物的所有权一般均认作归政府所有，而项目公司拥有的仅为依托于该资产的特许经营权。但是，目前有许多咨询机构在构建财务模型时，将项目资产计入固定资产，并对此做折旧，而未来收益作为资产收入，并相应计入税收。这种财务模型处理的方法与实际会计准则有所背离，不能反映日后项目实施的真实状况。根据《会计准则解释第2号》，"建造合同收入应当按照收取或应收对价的公允价值计量，并分别以下情况在确认收入的同时，确认金融资产或无形资产"，其资产处理方式在财务指标计算中有所不同。因此，咨询机构在建立财务模型时，需针对项目具体情况和采用投融资模式作分析，并套用当前企业投资项目会计相关要求，提高财务模型的可参考程度，得出的结论更具准确性。

（4）缺少与政府部门的沟通，"闭门造车"现象时有发生。

PPP项目的成功离不开沟通，尤其是政府部门和社会资本的沟通，项目实施前的有效沟通可以为今后数十年的合作打下坚实的基础，避免项目实施过程中出现诸多不可调和的矛盾冲突，影响项目进度。专业咨询机构的参与，可以使政府部门在理念和商业语言上与社会资本有效对接，从而进行充分的沟通。同时，专业咨询机构相对客观的角色和视角，还可以有效润滑政府部门和社会资本之间的沟通，平衡双方的利益冲突，保证项目的实施。

但是，现在很多咨询机构并没有做到其作为第三方应该做到的沟通、平衡、公平公正和实事求是的基本工作，在编制PPP项目报告时，有时甚至不与政府部门进行及时的沟通，只是根据已有资料和理论计算便下定结论，不去考证资料的准确性和适用性，结果结论与项目实际相差甚远，这对PPP项目的推广实施是极为不利的。

2. 咨询欠缺高水平复合型人才

PPP项目的实施涉及工程、专业技术、财务、法律、金融、项目管理、运营管理等各个领域，从事PPP项目的咨询机构，在策划PPP项目的实施方案、物有所值评价以及各类合同草案时，都需要具有既懂工程又懂法律、既懂金融又懂运营管理的复合型人才或团队来完成。而在当下，由于我国是因为PPP项目尚在推广阶段，尚未形成成熟的链条，故具备多种能力的高水平复合型人才和团队极为稀缺，尚无法优质地完成目前正在推进的PPP项目的咨询工作，尽快培育或抓紧时间提前做好人才储备工作迫在眉睫。

3. 咨询机构缺少数据、知识积累

我国本轮PPP热潮现在才刚刚开始，无论咨询机构，还是政府和社会资本方，都缺少成熟的经验可借鉴，PPP项目所需的经验数据、知识的积累都非常不足。这就会导致咨询机构在做前期的物有所值评价和实施方案时，都是摸着石头过河，一边学习一边完成项目，也很难用已有的项目经验数据检测其根据理论测算出的结论，可能会使得前期报告的结论过于理论化，很难确认报告是否正确测算了项目的实际运营情况和经济价值。

对于数据积累的缺乏，目前咨询机构、政府和行业协会各方面正在尽力积累统计数据，VFM评估方法政府也已经有了草案但未正式公布执行，虽然不完善，但应该通过实践逐步完善。通过持续的学习、摸索和实践，PPP行业将会逐渐积累出PPP项目的经验数据，这是一个长期的过程，很难一蹴而就。

4. 咨询机构良莠不齐

当下我国PPP项目出现爆发式增长，经验丰富的咨询机构明显供不应求，

于是，给了其他各类公司机会。从今年开始，大量与PPP无关的公司开始转型做PPP咨询，包括律师事务所、会计师事务所、本土工程咨询公司、招标代理公司，甚至造价咨询公司等。为了获得项目，咨询公司互联压价，直接影响PPP项目的质量。

目前，国内PPP咨询服务市场还不完善、大量中介机构开始涉足PPP咨询市场，以及个别地方政府对咨询服务需求的认识也有一定偏差，导致了中介机构的服务质量良莠不齐，甚至做不到合法、合规地帮助地方政府推进PPP项目，如何规范和提高咨询服务质量成了比较普遍且十分重要的问题。

7.1.6 产品定价与调价问题

1. 市场机制与公益性产品限价的协调问题

PPP项目需要政府引入市场机制，让社会资本愿意参与PPP项目实施，来实现利益共享、风险分担及长期合作关系。由于PPP项目基本为公用事业、基础设施等公益性产品，具有非排他性、正外部性、非竞争性及自然垄断等特点，只靠市场无法形成合理的价格，必须由市场和政府共同决定。在确定公益性产品价格时，需考虑社会公众的承受能力和社会影响，其价格会受到一定的限制。一般市场产品通常由成本定价法和投资回报率法确定。由于我国PPP项目尚在初级阶段，成本、利润率等信息尚缺透明，加之政府税费和其他费用不明确、PPP项目的风险大等因素，社会资本定价会高于行业平均价。而政府在挑选社会资本时，从自身财政和公益性产品特点，提出相应的限价措施，既要能够吸引社会资本投资，又要避免价格高涨。这就需要政府事先进行细致的财务测算和市场调研，以提出合理的实施方案，来作为价格协调依据。

2. 调价机制与公众利益的平衡机制问题

由于基础设施和公用事业规模大，投资大，其特许经营期也相应长，一般需20～30年。在特许经营期内，市场环境的波动会直接引起项目运营成本的变化，进而影响项目公司的收益情况。需要设置合理的价格调整机制，以防止过高或过低付费导致项目公司亏损或获得超额利润。调价机制一般应在PPP协议中约定，目前PPP项目多数采用公式调整机制，即通过设定价格调整公式来建立政府付费价格与某些特定系数之间的联动关系，以反映成本变动等因素对项目价格的影响，当特定系数变动导致根据价格调整公式测算的结果达到约定的调价条件时，将触发调价程序，按约定的幅度自动调整定价。常见的调价系数包括：消费者物价指数、生产者物价指数、劳动力市场指数、利率变动、汇率变动等。调价系数的选择需要根据项目的性质和风险分配方案确定，并应综合考虑该系数能否反映成本变化的真实情况并且具有可操作性等。然而，部分面向公众的准公益性的公共产品，如公用事业，还需考虑公众利益的平衡，而不仅是政府与项目公司之间达成一致即可。由于目前政府与项目公司约定的调价公式、建设与运营成本并未公开，公众无从得知其真实一面，导致在调价时出现种种矛盾。因此，除合理制定调价公式外，还需加强公众对此的认知度，否则会造成PPP项目的流产。例如，上海市大场水厂和北京市第十水厂，当水厂提价时，遭到公众的反对，政府为了维护社会安定和公众利益不统一涨价，因此造成水厂严重亏损，最后只得由政府回购，最终没有达到当初实施PPP项目的目的。

7.1.7 社会主体问题

1. 国有企业参与多，而民营企业参与少，存在市场准入障碍

目前，参与PPP项目的社会资本多数为国有企业，而民营企业参与较少。在2015年10月，国家发展和改革委员会、全国工商联联合召开的政府和社会资本合作（PPP）项目推介电视电话会议上也指出了这种现象，承认"受各种因素制约，PPP模式推进过程中也遇到了一些困难和问题，特别是民间资本参与程度还不够高"。PPP模式中国有企业参与多的原因有各方面，主要表现为：PPP项目多数为城市道路、水利、污水处理、供水等大型基础设施项目，为原行业中的国有企业垄断，其他民营企业较难进入；国有企业实力强，与政府合作经验较民营企业足，抵抗PPP风险能力水平高等；基础设施盈利性较差，周期长，社会资本参与态度较国有企业更加谨慎等。由于国有企业参与PPP模式融资债务从某种角度可视做政府的隐性债务，政府总体杠杆未得到有效削减，加上部分国有企业长期以来，政府的效率并没有比社会资本高。因此，有必要在推行PPP模式中，大量吸引民营企业投入。为了能够吸引民营资本投入，政府可以采用给予民营企业相应的政策扶持作为补偿的方式，如税收优惠、贷款担保、土地优先开发权等，从而保证民营资本收益。同时，民营企业也要熟悉PPP模式运作方式，在大环境暂时没有太大改变的情况下，民营企业可以通过创新来取得竞争优势。大量的优质民营上市公司或非上市企业可以参与金融创新和管理创新；中小型乃至创业型企业在通过技术创新来进入PPP市场。

2. 地方融资平台的转换问题

融资平台公司是指由地方政府及其部门和机构等通过财政拨款或注入土地、股权等资产设立，承担政府投资项目融资功能，并拥有独立法人资格的经济实体。

《国务院关于加强地方政府性债务管理的意见》（国发［2014］43号）中提出"剥离融资平台公司政府融资职能"，这意味着，地方融资平台公司必须转型，剥离政府融资职能，不能再以政府的名义举债，政府也不能提供担保或隐性担保，逐步发展成为社会资本，参与市场化竞争，才能投入PPP项目建设。为促进地方融资平台转型，国务院办公厅在2015年5月下发《关于在公共服务领域推广政府和社会资本合作模式指导意见的通知》（国办发［2015］42号）中进一步强调，"大力推动融资平台公司与政府脱钩，进行市场化改制，健全完善公司治理结构，对已经建立现代企业制度、实现市场化运营的，在其承担的地方政府债务已纳入政府财政预算、得到妥善处置并明确公告今后不再承担地方政府举债融资职能的前提下，可作为社会资本参与当地政府和社会资本合作项目"，该文件突破原财政部《政府和社会资本合作模式操作指南（试行）》中关于社会资本不包括本级政府所属融资平台公司及其他控股国有企业的限制条件。

由于融资平台公司长期在体制框架内运作，如何培育和提高适应市场规则的公司治理、资本运作、战略规划、资源整合等水平和能力，是实现向"市场化"和"实体化"转型，真正成为自主经营市场主体的关键要素。

3. PPP项目经验不足

自2014年以来，各级地方政府纷纷推出PPP示范、试点项目。但PPP在中国的发展不够成熟，相关部委政策不统一，加上PPP本身环节比较多，涉及专业领域比较广,在项目推进过程中,有很多问题凸显出来。

从地方政府方面来讲,在项目发起环节,还没有足够的经验对项目进行识别与筛选,事实上其中推出的很多项目并不适合采取PPP模式,对社会资本方缺乏吸引力;国际上被广泛采用并行之有效的PPP项目运作方法,如市场测试、商业计划等,对部分地方政府来说还只是陌生的名词。对此建议地方政府对待PPP的态度进一步趋于理性,对于哪些项目适合做PPP要有清晰的认知。

对社会资本而言,PPP项目对其综合能力要求比较高,如项目策划能力、融资能力、运营能力等。首先,因PPP项目往往有回收期长、现金流稳定等特点,从已经实施和公开招标的项目看,收益率基本在8%左右。加之我国关于PPP项目融资的相关政策尚不明朗,在经济下行的压力下,市场上流动性趋紧,所以PPP项目对金融机构的吸引力不足,许多金融机构选择暂时观望规避,投资热情不高,PPP项目的融资难问题进一步凸显,这对社会资本的融资能力是极大的考验。其次,PPP项目有长达10~30年的运营期,要靠后期运营的收益来弥补前期的投资。因此除了具备融资能力、项目策划能力、风险管控能力等之外,还要求社会资本方有强大的运营能力。运营能力不足会对整个项目收益产生致命影响。这一点,目前我国社会资本参与PPP长期运营经验尚为缺乏,有待进一步提升积累。

4. 对风险认识不足

PPP项目优点很多,但是其潜在的风险也不少,若对项目的风险认识不足,贸然推动PPP项目,不仅不会减轻财政压力,甚至有可能加剧财政风险。

根据对我国已实施的十几个失败的PPP案例分析,发现导致其失败的风险主要包括:法律变更风险、审批延误风险、政策决策失误/冗长风险、政治反对风险、政治信用风险、不可抗力风险、融资风险、市场收益不足风险、项目唯一性风险、配套设施服务提供风险、市场需求变化风险、收费变更风险等;并且,这些项目的失败,往往不是单一风险作用的结果,而是表现为多个风险的组合作用。由此可见,在PPP初期和推动过程中,若对其整体风险认识有缺失,后期可能会产生很严重的后果,重则导致PPP项目的失败,加重政府债务等严重后果。

所以，政府以及社会资本各方面在推动PPP项目时，务必要在启动项目前进行充分的市场调查，对项目风险进行全面彻底的分析，判断项目是否可行，对其潜在的风险都想出应对措施，在风险的分担方面，应建立公平合理的风险分担机制，以确保PPP项目可以成功实施。

5. 专业人才短缺

PPP模式涉及工程、专业技术、财务、法律、金融、项目管理、运营管理、特许权、担保等多方领域，内容复杂，文件繁多。PPP模式的实施是理论与实践相结合的过程，PPP模式操作复杂，需要懂法律、经济、财务、项目管理等各方面专业技术人才。

目前，我国能贯通以上多方面技术的人才特别紧缺，这对从全面把控PPP项目以及识别处理PPP推进实施过程中的各种问题极为困难，因此，PPP项目专业人才的紧缺，也是目前PPP项目顺利推广的一大短板，政府以及项目实施机构都应注意人才的培养，同时从业人员也应注意扩展自身的知识面，以应对PPP复杂广泛的问题。

7.2 展望

7.2.1 PPP投融资模式将呈现复杂趋势

截至2016年1月31日，按照《关于规范政府和社会资本合作综合信息平台运行的通知》（财金〔2105〕166号）要求，经各省级财政部门对全国上报的9283个项目进行审核，6997个纳入财政部PPP综合信息平台项目库，总投资需求81322亿元。可见，我国PPP已进入快速通道，而各类投融资模式也将呈现复杂趋势。主要表现为：

（1）目前，PPP模式以采用BOT模式为主，部分存量项目采用TOT模式。今后随着PPP项目风险控制水平的提高与模式的创新，将出现多种投融资模式的组合，如BOT、TOT及资产管理组合（ABM）。多种组合方式，能够使投资风险分散，有利于PPP项目的成功。

（2）随着智慧城市、城镇化等综合性开发项目的出现，融资结构将趋向于组合型复杂模式。由多种融资方式组合的创新模式将出现，如基金、债券、证券及银行贷款等，并且资产证券化将逐步成为PPP主流。

（3）PPP周期中（准备期、建设期、运营期）的投资人增加和退出机制将日趋完善，再融资手段可更加丰富，有利于PPP项目投资人和社会资本方的良性互动，及时解决项目资金问题。

（4）政府引导基金机制的完善将吸引更多社会资金投入，撬动更大规模的社会资本参与到基础设施和公共服务设施领域项目建设中，同时成为社会资本参与PPP的一个增信目标，有利于项目的落地。

7.2.2　国家PPP法律和政策日趋完善

2015年，国务院及相关部委密集出台了一系列政策文件，大力推广政府与社会资本合作（PPP）模式。地方政府积极跟进，纷纷推出各类基础设施和公共服务的PPP项目。因此，2015年也被市场称之"PPP元年"。随着PPP项目逐渐融入市场机制，更需要法制化作为基本保障，需要进一步健全我国PPP相关的法律和政策，从优化顶层设计助推PPP模式。可以预见，我国PPP法律、政策的完善主要从两个方面前进：一方面抓紧PPP基本法的建立，以解决各级法律体系之间的冲突和协调；另一方面，对于目前层出不穷的法律、政策出台相应的实施条例、解释条例、指引等可操作性文件，并及时调整法律、政策中出现的问题，根据PPP项目实施中的创新机制不断整理，通过政策加以推广和运用，使PPP法律、政策体系日趋完善。

7.2.3　财政部政府和社会资本合作（PPP）中心作用的发挥

财政部政府和社会资本合作中心（PPP中心）主要承担政府和社会资本合作（PPP）相关的政策研究、咨询培训、能力建设、融资支持、信息统计和国际交流等工作。具体职责包括：收集整理研究PPP项目实践中政府采购、预算管理、投融资机制、风险控制等问题；制定PPP操作指引、合同指南，协助政府筛选适用PPP的行业、选择合适的PPP模式、制定规范的PPP项目流程等，开展PPP示范项目建设；开展咨询培训，在PPP项目识别、评估、招标采购、合同管理等环节，为政府提供技术支持；开展培训，提高PPP工作人员的业务能力；通过股权、贷款和担保等方式支持PPP项目融资，推动融资便利化；建立PPP信息平台，完善统计制度；开展与国际组织和机构的PPP工作合作与交流等。目前，该中心在PPP示范项目宣传、信息平台发布、PPP法律政策的解读方面发挥了较大的作用，已经成为PPP业界的权威中心。随着我国PPP项目体系的日益完善，财政部政府和社会资本合作中心（PPP中心）将发挥出更大的作用，为进一步推进PPP工作提供必要的技术支撑和组织保障，更好地促进PPP规范健康发展。

7.2.4 财政部PPP信息平台将发挥重要作用

近期，财政部推出的PPP综合信息平台是全国PPP信息的管理和发布平台，是PPP行业的大数据库，包括项目库、机构库和资料库。该平台着力以全透明的信息披露为宗旨，所有PPP项目的概况描述、签约情况、实施进展情况、地方政府债务或有债务情况均会在平台上公布。目前，该平台的具体信息只对地方财政部门公开，但随着国家政府信息公开制度的完善和PPP基本法的建立，财政部信息平台的公开将成必然趋势。从政府角度看，PPP信息平台的运作有利于政府上下级监督及政府部门之间协调；有利于PPP数据库的完整和统计分析；有利于经验和教训的总结。从社会角度看，PPP信息平台的运作有利于市场公平机制的发挥，有利于社会资本方掌握PPP项目信息，判断项目风险；也有利于公众对PPP项目实施过程的监督。

7.2.5 将出台各行业PPP项目合同示范文本及绩效考核标准

标准化、规范化是解决目前PPP问题的一剂良药，可以提高政府部门、社会资本、金融机构、咨询机构等PPP项目参与方的整体效率。在法律、政策的持续推出和PPP项目经验、数据的积累下，由政府方和社会组织通力合作，将陆续推出各行业PPP项目合同示范文本及绩效考核标准，不仅为各参与方提供良好的纲领性文件，引导各参与方按合理方向实施PPP项目，以少走弯路；同时，标准化、规范化也有利于各参与方互相合作，有利于协调机制的发挥。

7.2.6 社会组织（协会）将发挥市场调节、监管作用

根据财政部PPP综合信息平台项目库季报第1期（2016年2月），在库的

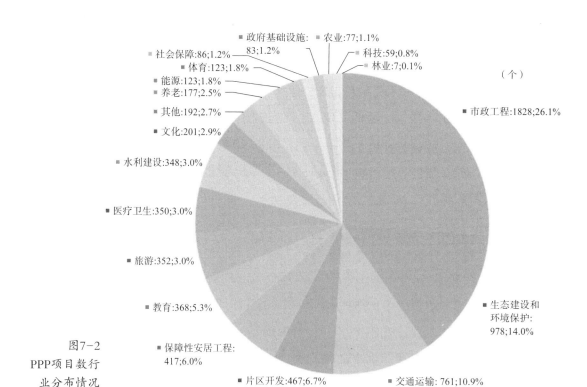

图7-2 PPP项目数行业分布情况

PPP项目包括能源、交通运输、水利建设、生态建设和环境保护、市政工程、片区开发、农业、林业、科技、保障性安居工程、旅游、医疗卫生、养老、教育、文化、体育、社会保障、政府基础设施和其他这19个行业。并且，PPP项目还涉及法律、合同管理、经济、项目管理、相关行业专业技术以及财务领域。因此，PPP模式受到大量的社会组织关注，除了地方各相关行业协会组织外，还包括律师协会、投资协会、工程咨询协会、招标投标协会等社会组织（图7-2）。

这些社会组织将积极参与政府有关决策，推动相关PPP立法，并整合自身领域专业人才的培养与管理，健全行业监督检查制度和PPP市场管理，形成自我约束的良性体系，为我国PPP模式的稳定起到积极的作用。

7.2.7 咨询机构能力和水平大幅度提高

随着PPP项目的增长，PPP第三方咨询机构的需求蓬勃发展。经历各地政府PPP项目的咨询实践和专业人才的积累，咨询机构将从原先行业某一领域专业化向集法律、财务、投资、工程等专业综合性咨询机构发展，其能力和水平将获得大幅度提高。同时，政府PPP信息的公开程度增加，也将为咨询机构带来经验和统计数据。其次，不仅政府方需要PPP咨询，社会资本方、金融方等也需要咨询机构为其出谋划策。市场更高、更多的需求，将促进咨询机构进一步改进；再次，由咨询机构提供实施方案的PPP项目将进入运营期，咨询成果的优劣程度能够进一步显现出来，政府方势必会将此作为咨询机构绩效考核目标，以此淘汰一批水平不高、专业化程度不够的咨询机构。例如，2016年3月，中国名企排行网联合组织开展的2016第十届全国招投标领域年度聚焦中，增加了PPP项目咨询服务机构百强评价推介，不仅评选出PPP项目咨询服务机构百强、十佳律师事务所、十佳会计师事务所、十佳资产评估公司等集体，还将评选出PPP项目金牌咨询工程师、金牌律师、金牌会计师、金牌资产评估师等优秀个人。可见，政府与社会对PPP咨询机构越来越重视。

7.2.8 专业人才队伍的壮大

我国正处于全面推广PPP模式的初级阶段，问题虽然层出不穷，但问题的解决需要更多的复合型人才参与。复合型的人才需要懂得法律、合同管理、经济、项目管理、相关行业专业技术以及财务等各个方面的知识，只有这种复合型人才才能作为PPP项目实施的基本保障。PPP专业人才的培养，一方面靠实践；另一方面需要靠社会培训力量。目前，随着PPP项目政策的影响力不断升温，许多大学都陆续在原有"项目融资"基础上开设针对PPP模式的课程，甚至成立了院校PPP研究中心，并在工程管理、城市管理、财经、法律等院系中培养专业化学生人才。同时，与PPP相关的工程咨询、法律、财经、金融、投资等协会也在积极组织PPP专业培训，推广PPP项目的成功经验和成熟方法，将逐渐扭转当前PPP市场专业人才的匮乏局面。

参考文献

[1] 王增忠，公私合作制（PPP）的理论与实践［M］.上海：同济大学出版社，2015.

[2] 柯永建，王守清，特许经营项目融资（PPP）：风险分担管理［M］.北京：清华大学出版社，2011.

[3] 盛和太，王守清，特许经营项目融资（PPP/BOT）：资本结构选择［M］.北京：清华大学出版社，2015.

[4] 王守清，《项目融资》课程讲义02［M］.清华大学.

[5] Darrin Grimsey, Mervyn K. Lewis, Evaluating the risks of public private partnerships for infrastructure projects［J］. International Journal of private Project Management, 2002, 20(2): 107-118

[6] 全国注册咨询工程师（投资）资格考试参考教材编写委员会，工程项目组织与管理（2012年版）［M］.北京：中国计划出版社，2012.

[7] 柯永建.中国PPP项目风险公平分担［D］.北京：清华大学，2010.

[8] 财政部，《PPP项目合同指南（试行）》（财金［2014］156号），2014.

[9] 李竞一，安庆污水PPP项目解析［J］.新理财（政府理财），2016(1)：42-44.

[10] 财政部政府和社会资本合作中心，国外PPP案例选编［M］.中国商务出版社，2014.

[11] Peter H. Pearse. Property rights and forest tenure systems. "introduction to forest aconomics"［M］, UBS Press, 1990.

[12] 王超，赵新博，王守清.基于CSF和KPI的PPP项目绩效评价指标研究［J］.项目管理技术，2014, 12(8):18-24.

[13] 黄腾.中外PPP模式的政府管理比较分析［J］.项目管理技术，2009(1):9-13.

参考文献

[14] Thomson Deals. France-Pilot PPP studies delivered [R]. Thomson Financial, 2004, July 21: http://deals. thomsonib. com.

[15] Thomson Deals. Spanish PFI [R]. Thomson Financial, 1998, October 7: http://deals. thomsonib. com.

[16] Bradford, Marc. The British model of private finance initiative anpublic-private partnership ten years later: Toward international extension in the defensesector [J]. Journal of Structured and Project Finance, 2001, 7(3):61-72.

[17] Thomson Deals. Europe & Mid East: UK PFI [R]. Thomson Financial, 1997, December 17: http://deals. thomsonib. com.

[18] Pierris, Luigi de. Gabriele Pescarini. Italian PPP at a glance [R]. Thomson Financial, 2001, May 16.

[19] Thomson Deals. Italy-Lombardy sets up PPP agency [R]. Thomson Financial, 2003, June 25: http://deals. thomsonib. com.

[20] Heijden, Daan Uan der. PPP in the Netherlands [R]. Thomson Financial, 2001, May 15.

[21] Thomson Deals. Netherlands-First road PPP signed [R]. Thomson Financial, 2003, February 19.

[22] Nigel, Middleton. Potential for Euro PPP bonds [R]. Thomson Financial, 1999, November 17.

[23] Healey, Alison. PFI into the US-finally [R]. Thomson Financial, 2004, July 7.

[24] Healey, Alison. Lead-States garner PPP proposals [R]. Thomson Financial, 2004, April 1.

[25] Thomson Deals. Canada-BC to encourage PPP [R]. Thomson Financial, 2003, January 9.

[26] Thomson Deals. Russia-EBRD to fund first PPP [R]. Thomson Financial, 2002, October 2.

[27] Minerva, Lau. PFI is changing attitudes and gaining acceptance in Japan [R]. Thomson Financial, 2003, May 29.

[28] Noda, Yumiko. Japanese PFI-A remarkable growth [R]. Thomson Financial, 2003, July 23.

[29] Lau, Minerva. Lead-Japan's biggest PFI yet [R]. Thomson Financial, 2003, September 3.

[30] Sharon, Klyne. Lead-Australian PPP comes alive [R]. Thomson Financial, 2003, October 29.

[31] Sharon, Klyne. Australian PPP push forward [R]. Thomson Financial, 2003, May 29.

[32] 周兰萍主编. PPP项目运作实务 [M]. 北京：法律出版社，2016.

[33] [英] 爱德华·法夸尔森(Farquharson,E.)等著. 新兴市场公私合作模式 [M]. 唐李雅宁译. 北京：中国电力出版社，2015.

[34] 国家发展改革委，建设部. 建设项目经济评价方法与参数（第三版）[M]. 北京：中国计划出版社，2006.

[35] 全国注册咨询工程师（投资）资格考试参考教材编写委员会. 项目决策分析与评价 [M]. 北京：中国计划出版社，2012.

[36] 杨晓敏主编. PPP项目策划与操作实务 [M]. 北京：中国建筑工业出版社，2015.

[37] 财政部政府和社会资本合作中心. PPP物有所值研究 [M]. 北京：中国商务出版社，2015.

[38] 财政部政府和社会资本合作中心. 政府和社会资本合作项目会计核算案例 [M]. 北京：中国商务出版社，2015.

[39] 金永祥. 中国PPP示范项目报道 [M]. 北京：经济日报出版社，2015.

[40] 苑红，王宁，任兵. PPP物有所值论证（VFM）的可行性思考 [J]. 中国工程咨询，2015(5):38-39.

[41] 孙惠，周颖，范志清. PPP项目评价中物有所值理论及其在国际上

的应用[C].天津大学·国际工程管理论坛,2009,11:70-74.

[42] M.H.Sobhiyah, M.R.Bemanian, Y.K.Kashtiban, Increasing VFM in PPP power station projects-Case study: Rudeshur gas turbine power station, International Journal of Project Management, 2009,27(5):512-521.

[43] Kylee Anastasi, Value For Money (VFM) and the Public Sector Comparator (PSC), Public-Private Partnership in Infrastructure (PPPI) Workshop, Qingdao, 2009, June:23-25.

[44] Jin X H, Dhloi H. Interpreting Risk Allocation Mechanism in Public-Private Partnership Projects: an Empirical Study in a Transaction Cost Economis Perspective[J]. Construction Management and Economics,2008, 26(7):707-721.

[45] 任新建.PPP"物有所值"评价解析[N].东方早报,2015.02.17(14).

[46] 彭为等.公私合作项目物有所值评估比较与分析[J].软科学,2014,28(5):28-42.

[47] 冯燕.PPP项目融资风险识别及量化研究[D].重庆:重庆大学,2007.

[48] 叶晓甦,徐春梅.我国公共项目公私合作(PPP)模式研究述评[J].软科学,2013,27(6):6-9.

[49] Yelin Xu, John F Y Yeung, Albert P C Chan, et al. Developing a Risk Assessment Model for PPP Projects in China — A Fuzzy Synthetic Evaluation Approach[J]. Automation in Construction,2010,19(7):929-943.

[50] Graeme A Hodge,Carsten Greve. Public Private Partnerships: An international Performance Review[J]. Public Administration Review, 2007, 67(3):545-558.

[51] 刘立峰.PPP的作用、问题及风险防范[J].宏观经济管理,2015(5):60-62.

[52] 张欢.基础设施建设PPP模式的风险分担机制与国际经验借鉴[J].甘肃金融,2015(1):54-55.